# TARTES, QUICHES UND PIES

# TARTES, QUICHES UND PIES

**CAROLINE BRETHERTON**

mit Jane Bamforth

DORLING KINDERSLEY

DORLING KINDERSLEY
London, New York, Melbourne,
München und Delhi

**Fotos** William Reavell
**Rezeptlektorat** Kathy Steer

**DK UK**
**Lektorat** Alison Shaw
**Herstellung** Kathryn Wilding
**Herstellungsassistenz** Jade Wheaton
**Programmleitung** Dawn Henderson
**Herstellungsleitung** Christine Keilty
**Covergestaltung** Nicola Powling
**Coverassistenz** Rosie Levine
**Produktionsleitung** Andrew Hilliard, George Nimmo, Jen Lockwood
**Technische Beratung** Sonia Charbonnier
**Herausgeber** Peggy Vance

**DK INDIA**
**Cheflektorat** Chitra Subramanyam
**Lektorat** Ligi John
**Lektoratsassistenz** Neha Samuel
**Leitung Gestaltung** Anchal Kaushal
**Gestaltung** Vandna Sonkariya, Isha Nagar, Pankaj Bhatia
**Programmleitung** Glenda Fernandes
**Leitung Herstellung** Navidita Thapa
**DTP Manager** Sunil Sharma
**DTP Designer** Satish Chandra Gaur

Für die deutsche Ausgabe
**Programmleitung** Monika Schlitzer
**Projektbetreuung** Elke Homburg
**Herstellungsleitung** Dorothee Whittaker
**Herstellung** Birgit Olbrich, Sophie Schiela

Bibliografische Information der Deutschen Bibliothek: Die Deutsche Bibliothek verzeichnet diese Publikation in der Deutschen Nationalbibliografie; detaillierte bibliografische Daten sind im Internet über http://dnb.ddb.de abrufbar.

Titel der englischen Originalausgabe:
THE PIE BOOK

Der Originaltitel erschien 2013 in Großbritannien bei Dorling Kindersley Limited, London
Ein Unternehmen der Penguin Gruppe



**Übersetzung** Angelika Feilhauer und Sahar Malak
**Lektorat** Ulrike Kraus

Printed and bound in China
ISBN: 978-3-8310-2465-0

Besuchen Sie uns im Internet
**www.dorlingkindersley.de**

# INHALT

# VORWORT

Tartes, Quiches und Pies sind wunderbar vielseitig – die Spannbreite reicht von wahren Seelentröstern für kalte Wintertage bis hin zu süßen Blätterteig- und Mürbeteigvariationen.

Und es gibt nicht nur die richtigen Teigkreationen für jeden Anlass, sondern auch für jeden Typ Koch: Ob Sie erst am Anfang Ihrer Kochlaufbahn stehen oder bereits jahrelange Erfahrung haben – Sie werden in diesem Buch Rezepte entdecken, die Sie verführen und inspirieren.

Viele Hobbyköche schrecken unnötigerweise vor der Herstellung von Mürbeteig zurück, weil sie oft glauben, dass sie schwieriger sei, als sie tatsächlich ist. Für die Zubereitung des Teiges braucht man kühle Hände (Teighände, pflegte meine Großmutter zu sagen) und einen kühlen Kopf. Beachten Sie ein paar einfache Regeln, dann kann kaum etwas schiefgehen: Den Teig möglichst wenig bearbeiten, damit er nicht überstrapaziert und trocken wird. Vor Verwendung kühlen oder ruhen lassen, damit sich das Gluten im Mehl entspannt und der Teig beim Backen nicht schrumpft. Meist sollte der Teigboden zuerst blindgebacken werden, am besten in einer Metallform. Metall leitet Hitze erheblich besser und beugt dadurch einem verbreiteten Problem vor – dem durchnässten Boden!

Es gibt einige Tricks zum Zeitsparen auf dem Weg zum perfekten Teig. Ich bereite meinen Teig oft in einer Küchenmaschine zu, das spart Zeit und Arbeit. Sie können aber auch nur Mehl und Fett in der Küchenmaschine vermischen und dann mit den Händen weiterarbeiten. Zudem bietet der Handel Fertigteige an, die von selbst gemachtem Teig kaum zu unterscheiden sind. Bei Zeitmangel spricht nichts dagegen, eine Abkürzung zu nehmen und guten Fertigteig zu verwenden. Wichtig ist, dass die fertige Tarte oder Pie lecker aussieht und ebenso lecker schmeckt.

Caroline

# EINLEITUNG

Dieses Buch enthält Rezepte für Pies und Tartes aus der ganzen Welt. Von zarten Obststrudeln bis hin zu deftigen Fleischpies wurden die köstlichsten und vielfältigsten Rezepte zusammengetragen. Pies und Tartes können so unterschiedlich wie ihr Teig und ihre Füllungen sein – hier finden Sie Rezepte für jede denkbare Teigart. Auch Kartoffelpüree- und Crumble-Hauben sind vertreten und in einigen Rezepten wird Cobbler-Teig als leckere Grundlage oder verführerische Haube verwendet.

Sie werden eine riesige Vielfalt von Tartes, Pies & Co. kennen lernen, von Klassikern im Teigmantel mit Rindfleisch oder Lachs bis hin zu ungewöhnlichen Pastillas aus Nordafrika mit einer spannenden Füllung aus Wild, Kräutern und Gewürzen.

Auch wenn Ihnen der Sinn nach einer süßen Variante steht, finden Sie eine riesige Auswahl. Dieses Buch ist **wirklich international,** und beinhaltet »Pie-artige« Speisen wie die italienische *torta della nonna*, ein einfacher Kuchen auf Ricotta-Basis, oder das knusprige Baklava aus dem Nahen Osten, das mit Nüssen, Gewürzen und Honig zubereitet wird.

Überdies präsentiert das Buch eine Auswahl an Mini-Pies, Teigtaschen, Torteletts und Pastetchen. Diese wunderbaren kleinen Gerichte sind zu den verschiedensten Anlässen bei Erwachsenen und Kindern gleichermaßen beliebt. Sie lassen sich im Handumdrehen zubereiten und können warm oder kalt gegessen werden – ideal für Picknicks, Lunchpakete und Partys.

Ungeachtet der enormen Auswahl sind die einzelnen Rezepte einfach zu verstehen. Der **Rezeptführer** am Anfang bringt Sie zu den gewünschten Gerichten, indem er alle Rezepte eines bestimmten Speisentyps auflistet. Hieraus können Sie dann das Rezept auswählen, das Ihrer Stimmung und dem Anlass am besten gerecht wird.

Die Rezepte in den einzelnen Kapiteln sind nach den **Hauptzutaten** – etwa Hähnchen, Spinat oder Apfel – geordnet, um Ihnen die Entscheidung zu erleichtern, was Sie kochen möchten. Die Rezepte sind übersichtlich aufgebaut und Icons verraten auf einen Blick Personenzahl, Zubereitungsdauer, Garzeit und Informationen zum Einfrieren. Großartige Fotos und klare Anleitungen helfen Ihnen, immer köstliche Ergebnisse zu erzielen.

Wer die Kunst der Teigherstellung in all ihren Formen beherrschen möchte, findet im Kapitel **Grundteige herstellen** präzise Schritt-für-Schritt-Anleitungen für den perfekten Teig. Ob zeitaufwendiger Strudelteig oder praktischer Blitzblätterteig, schrittweise Fotos begleiten Sie hier bei jedem Arbeitsschritt.

Möchten Sie ein rasches Abendessen zaubern, suchen Sie neue Inspirationen oder wollen Sie die perfekte Apple Pie backen? In diesem Buch gibt es für jeden etwas. Vom Neuling bis zum erfahrenen Koch – jeder findet eine bunte Mischung aus bekannten Favoriten und neuen Ideen.

Ich hoffe, dass dieses Buch für Sie viele Jahre ein heißgeliebtes und vertrauenswürdiges Nachschlagewerk für alle Arten von Tartes und Pies wird.

# PIES MIT TEIGDECKEL

Pies, deren Füllung schon vorgegart ist oder nur eine kurze Garzeit benötigt, brauchen nichts weiter als einen Deckel aus köstlichem Blätterteig, selbst gemachtem Mürbeteig oder gekauftem Filoteig.

## PIKANT



## SÜSS

# PIES MIT BODEN UND DECKEL

Saftige Pies verlangen nach einem Boden, der die Feuchtigkeit aufsaugt. Sie benötigen auch eine etwas längere Garzeit, damit Boden und Deckel gleichermaßen knusprig werden.

# COBBLERS UND CRUMBLES

Cobblers kennzeichnet ein Deckel aus runden Teigplatten, die an Knödelscheiben erinnern – ideal für herzhafte Eintöpfe und Desserts. Die Streuselkruste der Crumbles passt vor allem zu süßen Obstspeisen.

**COBBLER MIT RINDFLEISCH, FENCHEL UND PILZEN**
GARZEIT 2½ STD.
Seite 79

## PIKANT

**FISCH-CRUMBLE**
GARZEIT 35–40 MIN.
Seite 151

## SÜSS

**APFEL-BROMBEER-CRUMBLE MIT HAFERFLOCKEN**
GARZEIT 45 MIN.
Seite 173

**PFLAUMEN-ZIMT-COBBLER**
GARZEIT 30 MIN.
Seite 182

**PFLAUMEN-STREUSEL-KUCHEN**
GARZEIT 30–40 MIN.
Seite 184

**PFIRSICH-COBBLER**
GARZEIT 30–35 MIN.
Seite 186

**RHABARBER-SMULPAJ**
GARZEIT 30 MIN.
Seite 202

# MINI-TARTES UND -PIES

Für Partys oder Picknicks sind Mini-Tartes und -Pies die erste Wahl. Teigtaschen bieten sich zum Mitnehmen an und Torteletts machen sich gut zu Tee oder Kaffee.

**KÜRBIS-HÄHNCHEN-PASTETEN**
GARZEIT 40 MIN.
Seite 105

**CURRY-MIESMUSCHEL-PIES**
GARZEIT 40–45 MIN.
Seite 160

## PIKANT

**TOMATEN-PESTO-TARTES**
GARZEIT 20–25 MIN.
Seite 24

**GEMÜSE-SAMOSAS**
GARZEIT 35–40 MIN.
Seite 33

**VOLLKORNTEIGTASCHEN MIT KARTOFFEL-SPINAT-FÜLLUNG**
GARZEIT 30–35 MIN.
Seite 45

**PIKANTE KÜRBIS-FETA-TASCHEN**
GARZEIT 30 MIN.
Seite 49

**SÜSSKARTOFFEL-ZWIEBEL-SCHNITTEN MIT CHILI**
GARZEIT 50 MIN.
Seite 50

**PILZ-TORTELETTS MIT SAUCE HOLLANDAISE**
GARZEIT 40 MIN.
Seite 53

**ZIEGENKÄSE-TORTELETTS**
GARZEIT 35–40 MIN.
Seite 54

**BÖREK**
GARZEIT 10–12 MIN.
Seite 60

**BROKKOLI-TOMATEN-TASCHEN MIT MOZZARELLA**
GARZEIT 35 MIN.
Seite 64

FORTSETZUNG ....➤

**RÄUCHERFORELLEN-TORTELETTS**
GARZEIT 30 MIN.
Seite 154

**MINI-QUICHES MIT ZUCCHINI, DICKEN BOHNEN UND ERBSEN**
GARZEIT 35–40 MIN.
Seite 71

**APFEL-CAMEMBERT-TORTELETTS**
GARZEIT 25–30 MIN.
Seite 72

**CORNISH PASTIES**
GARZEIT 40–45 MIN.
Seite 80

**HÄHNCHEN-KÄSE-EMPANADAS**
GARZEIT 30 MIN.
Seite 109

**PUTEN-CRANBERRY-TASCHEN**
GARZEIT 25–30 MIN.
Seite 112

**EMPANADAS**
GARZEIT 40–50 MIN.
Seite 156

**SARDELLEN-PAPRIKA-TORTELETTS MIT THYMIAN**
GARZEIT 25–30 MIN.
Seite 159

**KLEINE HEILBUTT-SPINAT-PIES**
GARZEIT 25 MIN.
Seite 162

## SÜSS

**APFEL-MANDEL-GALETTES**
GARZEIT 20–30 MIN.
Seite 171

**FILOTEIG-TASCHEN MIT APRIKOSEN**
GARZEIT 40 MIN.
Seite 189

**KIRSCH-TORTELETTS**
GARZEIT 20–25 MIN.
Seite 207

# QUICHES UND PIKANTE TARTES

Quiches sind gewöhnlich höher als pikante Tartes und enthalten im Verhältnis mehr Eier als Sahne. Beide eignen sich ideal als leichtes Mittagessen und sind Dauerbrenner auf jedem Buffet.

**LACHS-SPINAT-QUICHE**
GARZEIT 1–1¼ STD.
Seite 146

**ZWIEBEL-ROQUEFORT-QUICHE**
GARZEIT 1½ STD.
Seite 39

**SPINAT-ZIEGENKÄSE-QUICHE**
GARZEIT 55–60 MIN.
Seite 43

**SPARGEL-FRISCHKÄSE-QUICHE**
GARZEIT 35 MIN.
Seite 61

**BROKKOLI-CHAMPIGNON-QUICHE**
GARZEIT 50–60 MIN.
Seite 65

**LAUCHQUICHE**
GARZEIT 1–1½ STD.
Seite 67

**QUICHE LORRAINE**
GARZEIT 50–60 MIN.
Seite 88

## PIKANTE TARTES

**TOMATEN-HARISSA-TARTE**
GARZEIT 15 MIN.
Seite 25

**GRILLPAPRIKATARTE**
GARZEIT 1¼ STD.
Seite 29

**OLIVEN-ZWIEBEL-TARTE MIT ROSMARIN**
GARZEIT 1¼ STD.
Seite 30

# SÜSSE TARTES

Süße Tartes verlangen nach einem Mürbeteigboden. Die Füllung kann aus Obst, Schokolade oder anderem bestehen und wird meist durch eine cremige Masse gebunden.

# FILOTEIG-PIES, STRUDEL & CO.

Blätterteig oder Filoteig eignen sich gut für geschichtete Pies oder Teigtaschen. Blätterteig schmeckt aber auch köstlich mit süßen Füllungen aus Obst oder Schokolade.

## PIKANT



## SÜSS

# TARTE TATINS

Tarte Tatin ist ein französischer Klassiker, benannt nach zwei Schwestern, deren Apfelkuchen verunglückte. Sie schmeckt aber auch mit anderen Obstsorten und sogar mit Gemüse.

**TARTE TATIN MIT ROTER BETE**
GARZEIT 35–45 MIN.
Seite 36

## PIKANT

**KARAMELLISIERTE SCHALOTTEN-TARTE-TATIN**
GARZEIT 45 MIN.
Seite 38

## SÜSS

**TARTE TATIN**
GARZEIT 35–50 MIN.
Seite 172

**TARTE TATIN MIT BIRNEN**
GARZEIT 45–55 MIN.
Seite 180

# PIES MIT KARTOFFELHAUBE

Kartoffelhauben passen zu jeder Art von Gemüse, zu Fisch oder anderen Füllungen. Ideal, um Reste von Eintöpfen zu verwerten. Kräuter, geriebener Käse oder Senf veredeln das Kartoffelpüree.

**PILZ-BOHNEN-PIE**
GARZEIT 50 MIN.
Seite 32

**PIE MIT GARTENGEMÜSE**
GARZEIT 1¼–1½ STD.
Seite 63

**FRANZÖSISCHE RINDFLEISCH-KARTOFFEL-PIE**
GARZEIT 2–2½ STD.
Seite 83

**SHEPHERD'S PIE**
GARZEIT 1 STD. 20 MIN.
Seite 85

**HÄHNCHEN-GEMÜSE-PIE**
GARZEIT 50 MIN.
Seite 106

**FISHERMAN'S PIE**
GARZEIT 50–60 MIN.
Seite 145

**LACHS-GARNELEN-PIE**
GARZEIT 35 MIN.
Seite 152

**THUNFISCH-KÄSE-PIE MIT KARTOFFELHAUBE**
GARZEIT 35–40 MIN.
Seite 157

**RÄUCHERFISCHPIE**
GARZEIT 50–55 MIN.
Seite 158

# VEGETARISCHE TARTES UND PIES

Diese köstlichen Torteletts vereinen in sich alle Aromen des Hochsommers. Anstelle von Datteltomaten können Sie auch andere Tomaten verwenden, sie sollten lediglich reif und aromatisch ein.

# TOMATEN-PESTO-TORTELETTS

ERGIBT 4 STÜCK

ZUBEREITUNG
25 MIN. + KÜHLEN

GARZEIT
20–25 MIN.

EINFRIEREN
BIS ZU 1 MONAT

KÜCHENUTENSILIEN

4 geriffelte Tarteformen (12 cm Ø) mit herausnehmbarem Boden

ZUTATEN

**FÜR DEN TEIG**

**200 g Mehl sowie Mehl zum Bestäuben**
**100 g Butter, gewürfelt, sowie Butter zum Einfetten**
**½ TL Salz**

**FÜR DIE FÜLLUNG**

**4 EL rotes Pesto**
**1 Handvoll Basilikumblätter sowie Basilikumblätter zum Garnieren**
**6 sonnengetrocknete Tomaten in Öl, abgetropft und fein gehackt**
**12–16 Datteltomaten, längs halbiert**
**Salz und Pfeffer**
**1 Ei**
**100 g Sahne**
**75 g Mozzarella, gerieben**

1 Für den Teig Mehl und Butter in einer Schüssel mischen und zwischen den Fingerspitzen reiben, bis eine feinkrümelige Mischung entstanden ist. Das Salz untermischen, 3–4 EL kaltes Wasser hinzufügen und alles zu einem weichen Teig kneten. Den Teig in Frischhaltefolie einwickeln und 30 Minuten kühl stellen. Die Tarteformen einfetten.

2 Den Teig in vier gleich große Stücke teilen. Jedes Stück auf der bemehlten Arbeitsfläche zu einem Kreis in ausreichender Größe ausrollen. In eine Form legen und die Ränder begradigen, den Boden mit einer Gabel mehrmals einstechen. Die Form auf ein Backblech stellen. Mit dem restlichen Teig ebenso verfahren und alle Böden 30 Minuten kühl stellen.

3 Den Backofen auf 200 °C vorheizen. Die Formen mit Alufolie auslegen und diese gut andrücken. Die Torteletts 5 Minuten backen, dann die Alufolie entfernen. Je 1 EL Pesto auf dem Boden jedes Torteletts verteilen. Mit ¼ des Basilikums bedecken und ¼ der getrockneten Tomaten in die Mitte setzen. Jeweils 3 oder 4 halbe Datteltomaten an den Rand der Tartes setzen. Die Törtchen nach Geschmack pfeffern.

4 Ei und Sahne in einem kleinen Rührbecher verschlagen, großzügig salzen und pfeffern und vorsichtig über die Füllung gießen. Den Mozzarella darüberstreuen. Die Tartes 15–20 Minuten backen. Mit frischen Basilikumblättern garniert servieren.

Nichts ist leichter zuzubereiten als diese einfache Tomatentarte, die im Nu auf dem Tisch steht. Servieren Sie sie mit einem gemischten Salat als kleines Abendessen oder als Vorspeise für Gäste.

# TOMATEN-HARISSA-TARTE

**FÜR 6 PERS.** | **ZUBEREITUNG 30 MIN.** | **GARZEIT 15 MIN.**

1 Den Backofen auf 200 °C vorheizen. Den Teig auf der bemehlten Arbeitsfläche zu einem großen Rechteck oder Quadrat ausrollen. Auf das Backblech legen. Den Teig mit einem scharfen Messer in 5 cm Abstand vom Rand rundum einritzen, aber nicht durchschneiden. Den Teigrand mit dem Messerrücken rundum einkerben.

2 Die Teigplatte innerhalb des Randes mit der Tapenade bestreichen. Eier- und Kirschtomaten mit den Schnittseiten nach oben in einem gleichmäßigen Muster auf dem Teig verteilen. Harissa und Olivenöl verrühren und über die Tomaten träufeln. Die Thymianblätter darüberstreuen.

3 Die Tarte etwa 15 Minuten backen, bis der Teig durchgebacken und goldbraun ist. Heiß servieren.

KÜCHENUTENSILIEN
**Backblech**

ZUTATEN

**FÜR DEN TEIG**
**400 g Fertig-Blätterteig (oder selbst gemachter Blätterteig s. S. 122)**
**Mehl zum Bestäuben**

**FÜR DIE FÜLLUNG**
**2 EL vegetarische oder normale Tapenade (Olivenpaste)**
**3 Eiertomaten, halbiert**
**12 Kirschtomaten, halbiert**
**2–3 EL Harissa (orientalische Chilipaste)**
**1 EL Olivenöl**
**Blätter von 4 Thymianzweigen**

Diese einfache Tarte bereitet man am besten in der Tomatensaison zu, wenn die Früchte reif und aromatisch sind. Der Mürbeteig ist hier mit frisch geriebenem Parmesan und Basilikum aufgepeppt.

# TOMATENTARTE MIT PARMESAN-BASILIKUM-TEIG

**FÜR 6–8 PERS.**

**ZUBEREITUNG 20 MIN. + KÜHLEN UND RUHEN**

**GARZEIT 55 MIN.**

**EINFRIEREN TEIGBODEN BIS ZU 2 MONATE**

**1** Für den Teig Mehl, Parmesan, Butter, Basilikumblätter und Salz in einer Küchenmaschine mischen, bis feine grüne Krümel entstanden sind. Das Ei und 1 EL oder etwas mehr kaltes Wasser hinzufügen und alles zu einem weichen Teig kneten. Den Teig in Frischhaltefolie einwickeln und 30 Minuten kühl stellen. Den Backofen auf 200 °C vorheizen.

**2** Den Teig auf der bemehlten Arbeitsfläche etwa 3 mm dick zu einem großen Kreis ausrollen. In die Tarteform legen und die überhängenden Ränder bis auf 1 cm abschneiden. Den Boden mit einer Gabel mehrmals einstechen, mit Backpapier auslegen und mit den Hülsenfrüchten beschweren. Auf einem Backblech in 15 Minuten hell backen, dann Hülsenfrüchte und Papier entfernen und den Boden in weiteren 5 Minuten knusprig backen. Die Ränder noch warm begradigen. Die Ofentemperatur auf 180 °C herunterschalten.

**3** Für die Füllung den Boden dachziegelartig mit den Tomatenscheiben auslegen und die Petersilie darüberstreuen. Sahne, Crème fraîche, Eier, Senf, Salz und Pfeffer in einer großen Schüssel verschlagen. Die Tarte auf das Blech setzen, die Sahnemischung über die Tomaten gießen und den Parmesan darüberstreuen.

**4** Die Tarte 35 Minuten backen, bis sie goldbraun und die Füllung gerade gestockt ist. Mindestens 30 Minuten abkühlen lassen, dann warm oder kalt servieren. Am besten schmeckt die Tomatentarte frisch.

## KÜCHENUTENSILIEN

**1 Tarteform (22 cm Ø) mit herausnehmbarem Boden**
**Hülsenfrüchte zum Blindbacken**

## ZUTATEN

**FÜR DEN TEIG**

**160 g Mehl sowie Mehl zum Bestäuben**
**20 g Parmesan, gerieben**
**90 g weiche Butter**
**10 Basilikumblätter**
**½ TL Salz**
**1 Ei**

**FÜR DIE FÜLLUNG**

**3–4 mittelgroße reife Tomaten mit gleicher Größe und Form, in dünne Scheiben geschnitten**
**1 EL fein gehackte glatte Petersilie**
**150 g Sahne**
**150 g Crème fraîche**
**2 Eier**
**1 gehäufter TL Dijonsenf**
**Salz und Pfeffer**
**20 g Parmesan, gerieben**

Dieses Rezept ist eine köstliche vegetarische Alternative zu Fleischpies. Der Striezel schmeckt warm und kalt, und da er sich gut transportieren lässt, eignet er sich perfekt für ein Picknick.

# MEDITERRANER STRIEZEL

**FÜR 4 PERS.** **ZUBEREITUNG 20 MIN.** **GARZEIT 25 MIN.**

KÜCHENUTENSILIEN
**Backblech**

ZUTATEN

**FÜR DEN TEIG**
**500 g Fertig-Blätterteig (oder selbst gemachter Blätterteig s. S. 122)**
**Mehl zum Bestäuben**
**verquirltes Ei oder Milch zum Bestreichen**

**FÜR DIE FÜLLUNG**
**3 EL grünes Pesto**
**200 g Mozzarella, in 1 cm große Würfel geschnitten oder gerieben**
**140 g Artischocken in Öl, abgetropft**
**140 g sonnengetrocknete Tomaten in Öl, abgetropft**
**30 g entsteinte grüne Oliven**
**schwarzer Pfeffer**

1 Den Backofen auf 220 °C vorheizen. Das Backblech befeuchten. Knapp die Hälfte des Teiges auf der bemehlten Arbeitsfläche zu einem Rechteck (15 x 30 cm) ausrollen und auf das Backblech legen. Den restlichen Teig zu einem etwas breiteren Rechteck (18 x 30 cm) ausrollen. Dünn mit Mehl bestäuben und der Länge nach zusammenklappen. Die Teigplatte an der gefalteten Kante im Abstand von 1 cm so tief einschneiden, dass noch ein 2,5 cm breiter Rand bestehen bleibt.

2 Das Pesto auf der auf dem Blech liegenden Teigplatte verstreichen, dabei einen 2,5 cm breiten Rand frei lassen. Die Hälfte des Käses auf das Pesto streuen. Artischocken und Tomaten mit Küchenpapier trocken tupfen und mit den Oliven auf dem Käse verteilen. Die Füllung mit dem restlichen Käse und Pfeffer nach Geschmack bestreuen.

3 Die Teigränder mit Wasser bestreichen. Vorsichtig das zweite Teigstück auseinanderfalten und auf die Füllung setzen. Die Teigränder zusammendrücken und überschüssigen Teig abschneiden. Die Oberfläche mit verquirltem Ei bestreichen. Den Striezel 25 Minuten backen, bis er goldbraun und knusprig ist. Einige Minuten abkühlen lassen, dann aufschneiden und servieren. Dazu passt ein grüner Salat.

Diese italienisch inspirierte Tarte eignet sich perfekt für heiße Sommertage. Noch rascher ist sie zubereitet, wenn Sie bereits gegrillte Paprikaschoten aus dem Glas verwenden.

# GRILLPAPRIKATARTE

FÜR 6–8 PERS.

ZUBEREITUNG 15 MIN.

GARZEIT 1¼ STD.

**1** Den Backofen auf 200 °C vorheizen. Für die Füllung die Paprikaschoten halbieren, in einen Bräter legen und einölen. Etwa 20 Minuten backen, bis die Haut leicht verkohlt ist. In einen Folienbeutel geben und darin etwas abkühlen lassen. Dann häuten und die Samen entfernen.

**2** In der Zwischenzeit den Teig auf der bemehlten Arbeitsfläche ausrollen und die Form damit auskleiden, überschüssigen Teig abschneiden. Den Boden mit Backpapier auslegen und mit den Hülsenfrüchten beschweren. 15–20 Minuten backen, bis die Ränder goldbraun sind. Dann Hülsenfrüchte und Papier entfernen, den Boden mit Ei bestreichen und in weiteren 2–3 Minuten knusprig backen. Herausnehmen und abkühlen lassen. Die Ofentemperatur auf 180 °C herunterschalten.

**3** Gegrillte Paprikaschoten, Eier, Mascarpone und Basilikum in einer Küchenmaschine mixen. Die Mischung salzen und pfeffern. Das Pesto auf dem Boden verstreichen und die Paprikamischung daraufgießen. Die Tarte 25–35 Minuten backen, bis sie gestockt ist. Dann 10 Minuten abkühlen lassen. Mit Basilikum garnieren und nach Belieben mit einem Rucola-Fenchel-Salat servieren.

## KÜCHENUTENSILIEN

**1 große quadratische geriffelte Tarteform (23 x 23 cm) mit herausnehmbarem Boden**
**Hülsenfrüchte zum Blindbacken**

## ZUTATEN

**FÜR DIE FÜLLUNG**

**4 große rote Paprikaschoten**
**1 EL Olivenöl**
**2 Eier**
**1 EL Mascarpone**
**1 Handvoll Basilikumblätter sowie Basilikumblätter zum Garnieren**
**Salz und Pfeffer**
**1 TL rotes Pesto**

**FÜR DEN TEIG**

**300 g Fertig-Mürbeteig**
**Mehl zum Bestäuben**
**1 Ei, verquirlt, zum Bestreichen**

Ein Glas Tapenade im Vorratsschrank ist eine wunderbare Sache. Hier verleiht sie ein paar einfachen Zutaten ein kräftiges Aroma. Zu dieser Tarte passt am besten ein Rucolasalat mit Nussvinaigrette.

# OLIVEN-ZWIEBEL-TARTE MIT ROSMARIN

FÜR 4–6 PERS. | ZUBEREITUNG 15 MIN. + KÜHLEN | GARZEIT 1¼ STD. | EINFRIEREN BIS ZU 1 MONAT

KÜCHENUTENSILIEN

**1 große geriffelte Tarteform (22 cm Ø) mit herausnehmbarem Boden**
**Hülsenfrüchte zum Blindbacken**

ZUTATEN

**FÜR DEN TEIG**

**115 g Butter**
**3 EL Milch**
**150 g Mehl**
**6 g Backpulver**

**FÜR DIE FÜLLUNG**

**3 EL Olivenöl**
**3 rote Zwiebeln, in dünne Scheiben geschnitten**
**1 TL Zucker**
**2 EL fein gehackte Rosmarinnadeln**
**1 TL Salz**
**240 g Sahne**
**3 Eier, verquirlt**
**schwarzer Pfeffer**
**30 g Parmesan, gerieben**
**2 EL vegetarische oder normale Tapenade aus schwarzen Oliven**
**5–10 entsteinte grüne Oliven**
**5–10 entsteinte schwarze Oliven**

1 Für den Teig Butter und Milch in einem Topf erhitzen, bis die Butter geschmolzen ist. Das Mehl untermischen und alles verrühren, bis eine Teigkugel entstanden ist. Abkühlen lassen, dann den Teig in die Form drücken und 30 Minuten kühl stellen.

2 Den Backofen auf 200 °C vorheizen. Den Boden mit Backpapier auslegen und mit den Hülsenfrüchten beschweren. Den Boden 15 Minuten backen, dann Papier und Hülsenfrüchte entfernen und den Boden weitere 5 Minuten backen, bis er goldbraun ist und sich fest anfühlt.

3 Für die Füllung das Öl in einer Pfanne erhitzen. Die Zwiebeln darin bei großer Hitze unter Rühren 5 Minuten braten. Zucker, Rosmarinnadeln und Salz hinzufügen. Die Hitze herunterschalten und die Zwiebeln unter gelegentlichem Rühren 20 Minuten langsam garen, bis sie weich und leicht karamellisiert sind. In der Zwischenzeit Sahne, Eier, Pfeffer und Parmesan in einer Schüssel verschlagen.

4 Die Ofentemperatur auf 190 °C herunterschalten. Die Form auf ein Backblech setzen und den Boden mit der Tapenade bestreichen. Die Zwiebeln darauf verteilen, die Sahnemischung vorsichtig darübergießen und die Oliven daraufsetzen. Die Tarte 25 Minuten backen, bis sie gerade gestockt und goldbraun ist. Warm oder kalt servieren.

Diese knusprige Filoteig-Pie ist recht mächtig, aber lecker. Sahne und Eier sind hier nicht erforderlich, weil die Kartoffeln und der Käse die Füllung binden. Schmeckt warm oder kalt.

# FILOTEIG-PIE MIT KARTOFFELN UND BLAUSCHIMMELKÄSE

**FÜR 6 PERS.** **ZUBEREITUNG 35–40 MIN.** **GARZEIT 45–55 MIN.**

1 Den Backofen auf 180 °C vorheizen. Die Butter in einem Topf zerlassen und die Springform mit etwas Butter einfetten. Ein feuchtes Küchentuch auf die Arbeitsfläche legen und die Filoteig-Blätter darauf ausbreiten.

2 Die Form daraufsetzen und einen Kreis etwa 8 cm größer als die Form aus den Teigblättern ausschneiden. Mit einem zweiten feuchten Küchentuch abdecken.

3 1 Teigblatt auf ein drittes feuchtes Küchentuch legen, mit Butter bestreichen und in die Form drücken. Mit einem 2. Blatt ebenso verfahren, dieses aber im rechten Winkel zum ersten in die Form legen. So fortfahren, bis die Hälfte der Teigblätter verbraucht ist.

4 Für die Füllung die Hälfte der Kartoffeln in der Form verteilen. Jeweils die Hälfte von Käse, Schalotten und Kräutern sowie Salz und Pfeffer darübergeben. Mit den restlichen Zutaten für die Füllung ebenso verfahren. Den verbliebenen Filoteig darauflegen, dabei jedes Blatt mit Butter bestreichen. Mit einem Messer ein 7 cm großes Loch in die Mitte des Deckels schneiden, sodass die Füllung sichtbar wird.

5 Die Pie 45–55 Minuten backen, bis sie goldbraun ist. Dann den Sauerrahm in die Mitte der heißen Pie gießen. Die Pie in Stücke schneiden und servieren. Sie kann ungebacken bis zu zwei Tage im Voraus zubereitet und in Frischhaltefolie eingewickelt im Kühlschrank aufbewahrt werden.

## KÜCHENUTENSILIEN

**1 Springform (28 cm Ø)**

## ZUTATEN

**FÜR DEN TEIG**

**190 g Butter**
**500 g Filoteig**

**FÜR DIE FÜLLUNG**

**1 kg Kartoffeln, in sehr dünne Scheiben geschnitten**
**125 g Blauschimmelkäse, zerkrümelt**
**4 Schalotten, fein gehackt**
**je 4–5 Stängel Petersilie, Estragon und Kerbel, die Blätter fein gehackt**
**Salz und Pfeffer**
**3–4 EL Sauerrahm**

Die vegetarische Füllung dieser Pie basiert auf einer Mischung aus Pilzen und Hülsenfrüchten. Anstelle von Adzukibohnen können Sie auch braune Linsen verwenden.

# PILZ-BOHNEN-PIE

FÜR 4 PERS.

ZUBEREITUNG 15 MIN.

GARZEIT 50 MIN.

KÜCHENUTENSILIEN

**1 Auflaufform**

ZUTATEN

**FÜR DIE HAUBE**

**675 g mehligkochende Kartoffeln, geschält und geviertelt**
**Salz**
**2 EL Butter**

**FÜR DIE FÜLLUNG**

**1 EL Olivenöl**
**1 Zwiebel, fein gehackt**
**1 Lorbeerblatt**
**Salz und Pfeffer**
**3 Stangen Staudensellerie, fein gehackt**
**3 Möhren, fein gehackt**
**200 g Egerlinge, grob gehackt**
**Blätter von 1 Handvoll Thymianzweigen**
**1 Spritzer dunkle Sojasauce**
**1 Dose Adzukibohnen (etwa 400 g), abgespült und abgetropft**
**150 ml heiße Gemüsebrühe**

1 Den Backofen auf 200 °C vorheizen. Für die Haube die Kartoffeln in einem großen Topf mit kochendem Salzwasser in 15–20 Minuten weich garen. Abtropfen lassen, wieder in den Topf geben und zerstampfen. 1 EL Butter sorgfältig untermischen und das Püree beiseitestellen.

2 Für die Füllung das Olivenöl bei kleiner Hitze in einer großen Pfanne erhitzen. Die Zwiebel mit dem Lorbeerblatt und 1 Prise Salz darin etwa 5 Minuten anschwitzen, bis sie weich ist. Sellerie und Möhren hinzufügen und 5 Minuten sanft garen.

3 Die Egerlinge in einer Küchenmaschine fein hacken, aber nicht pürieren. Mit Thymianblättern und Sojasauce zum Gemüse geben. Alles 5–10 Minuten garen, bis die Pilze beginnen Flüssigkeit zu ziehen. Die Bohnen hinzufügen, dann alles großzügig salzen und pfeffern. Die Brühe dazugießen und zum Kochen bringen. Die Hitze etwas herunterschalten und das Gemüse 5 Minuten köcheln lassen.

4 Die Füllung in die Form geben und das Kartoffelpüree darauf verstreichen. Die restliche Butter in Flöckchen daraufsetzen. Die Pie backen, bis die Oberfläche braun und knusprig ist. Heiß servieren.

Diese exotischen kleinen Teigtaschen können warm oder kalt serviert werden. Probieren Sie anstelle der Kartoffeln auch einmal Süßkartoffeln und experimentieren Sie mit den Gewürzen!

# GEMÜSE-SAMOSAS

ERGIBT 16 STÜCK

ZUBEREITUNG 45 MIN. + KÜHLEN

GARZEIT 35–40 MIN.

EINFRIEREN UNGEGART BIS ZU 1 MONAT

**KÜCHENUTENSILIEN**
**Fritteuse oder großer Topf**

**ZUTATEN**

**FÜR DEN TEIG**
**350 g Mehl sowie Mehl zum Bestäuben**
**½ TL Salz**
**6 EL Pflanzenöl oder Ghee (indisches Butterschmalz) sowie Fett zum Braten**

**FÜR DIE FÜLLUNG**
**450 g Kartoffeln mit Schale**
**Salz**
**225 g Blumenkohl, in kleine Röschen geteilt**
**175 g TK-Erbsen, aufgetaut**
**3 EL Pflanzenöl oder Ghee**
**2 Schalotten, in Scheiben geschnitten**
**2 EL Currypulver oder -paste**
**2 EL gehackte Korianderblätter**
**2 EL Zitronensaft**

1 Für den Teig Mehl und Salz in eine Schüssel sieben. Das Öl unterrühren und nach und nach 120 ml warmes Wasser dazugeben. Alles erst zu einem Teig verrühren, dann auf der bemehlten Arbeitsfläche glatt kneten. Den Teig in Frischhaltefolie einwickeln und mindestens 30 Minuten kühl stellen.

2 Für die Füllung die Kartoffeln in einem großen Topf mit kochendem Salzwasser in 15–20 Minuten weich garen. Abtropfen und etwas abkühlen lassen, dann schälen und in kleine Stücke schneiden.

3 Blumenkohlröschen und Erbsen in einem weiteren Topf mit kochendem Salzwasser 2–3 Minuten blanchieren, bis sie gerade weich sind. Abtropfen lassen.

4 Das Öl in einer großen Pfanne erhitzen. Die Schalotten darin unter Rühren 3–4 Minuten braten, bis sie weich sind. Kartoffeln, Blumenkohl, Erbsen, Curry, Koriander und Zitronensaft hinzufügen und alles bei kleiner Hitze 2–3 Minuten garen, dabei gelegentlich umrühren. Abkühlen lassen.

5 Den Teig in acht Stücke teilen. Jedes Stück auf der bemehlten Arbeitsfläche zu einem Kreis (18 cm Ø) ausrollen. Die Kreise halbieren, die Ränder befeuchten und die Halbkreise zu Tütchen formen. In jedes Tütchen etwas Füllung geben, den oberen Rand der Tütchen befeuchten und zusammendrücken.

6 Fritteuse oder Topf halb mit Öl füllen. Das Öl auf 180 °C erhitzen. Die Samosas darin portionsweise 3–4 Minuten frittieren, bis sie rundum goldbraun sind. Auf Küchenpapier abtropfen lassen und warm oder kalt servieren. Dazu nach Belieben Gurke und etwas Raita oder Chutney reichen.

Am besten bereiten Sie diese köstliche, mediterran inspirierte Pie im Spätsommer zu. Die intensiven süßen Aromen des Gemüses unterstreicht ein kräftiger Käse.

# RÖSTGEMÜSE-ZIEGENKÄSE-TARTE

**FÜR 6 PERS.**

**ZUBEREITUNG 30 MIN. + KÜHLEN**

**GARZEIT 1¼–1½ STD.**

**EINFRIEREN TEIGBODEN BIS ZU 1 MONAT**

KÜCHENUTENSILIEN

1 runde Tarteform (20 cm Ø)
Hülsenfrüchte zum Blindbacken

ZUTATEN

**FÜR DEN TEIG**

**150 g Mehl sowie Mehl zum Bestäuben**
**75 g kalte Butter, gewürfelt**
**30 g alter Cheddar, gerieben**
**1 Eigelb**

**FÜR DIE FÜLLUNG**

**½ rote Paprikaschote, fein gehackt**
**½ rote Zwiebel, fein gehackt**
**2 Knoblauchzehen, fein gehackt**
**1 kleine Zucchini, in dünne Scheiben geschnitten**
**1 kleine Aubergine, in dünne Scheiben geschnitten**
**4 Datteltomaten, halbiert**
**1 EL Olivenöl**
**½ TL getrocknetes Basilikum**
**Salz und Pfeffer**
**120 g Sahne**
**2 Eier**
**100 g Ziegenkäserolle, in dünne Scheiben geschnitten**

1 Für den Teig Mehl und Butter in einer Schüssel mischen und zwischen den Fingerspitzen reiben, bis eine feinkrümelige Mischung entstanden ist. Den Käse und das Eigelb unterrühren, 1–2 TL kaltes Wasser untermischen und alles zu einem glatten Teig kneten. Den Teig in Frischhaltefolie einwickeln und 30 Minuten kühl stellen.

2 Für die Füllung den Backofen auf 200 °C vorheizen. Paprika, Zwiebel, Knoblauch, Zucchini, Aubergine und Tomaten in einen Bräter füllen. Olivenöl, Basilikum, Salz und Pfeffer hinzufügen und alles sorgfältig mischen. 20 Minuten backen, dann abkühlen lassen. Die Ofentemperatur auf 180 °C herunterschalten.

3 Den Teig auf der bemehlten Arbeitsfläche zu einem Kreis in ausreichender Größe ausrollen. Den Teig in die Form legen und gut an Boden und Rand andrücken, überstehenden Teig abschneiden. Den Boden mit einer Gabel mehrmals einstechen und die Form auf ein Backblech stellen. Die Form mit Backpapier auslegen und mit den Hülsenfrüchten füllen. Den Boden 15 Minuten backen, dann Hülsenfrüchte und Papier entfernen und den Boden noch einmal 10 Minuten backen.

4 Die Sahne und die Eier in einen Rührbecher geben, großzügig salzen und pfeffern und verschlagen. Das gegarte Gemüse auf dem Boden verteilen, die Ziegenkäsescheiben darauflegen und die Sahnemischung vorsichtig darübergießen. Die Tarte 30–35 Minuten backen, bis sie goldbraun ist.

Diese knusprige Pie eignet sich wunderbar für ein Picknick. Sie kann kalt serviert werden oder mit Zimmertemperatur – dann kommt das Aroma der Füllung besonders gut zur Geltung.

# MEDITERRANE FILOTEIG-PIE

**FÜR 6 PERS.**

**ZUBEREITUNG 20 MIN.**

**GARZEIT 50–55 MIN.**

1 Für die Füllung das Olivenöl in einer großen Pfanne erhitzen. Die Zwiebeln darin bei mittlerer Hitze 5 Minuten garen. Knoblauch, Paprika, Zucchini und Aubergine hinzufügen und sorgfältig mischen. Das Gemüse bei mittlerer Hitze in 15 Minuten weich garen, dabei ab und zu umrühren, damit es nicht anbrennt. Beiseitestellen.

2 Den Backofen auf 200 °C vorheizen. 1 Blatt Filoteig so auf den Boden der Form legen, dass die Ränder über die Seiten hängen. Großzügig mit zerlassener Butter bestreichen. Ein 2. Teigblatt im rechten Winkel daraufsetzen. Ebenfalls mit Butter bestreichen. So fortfahren, bis der Teig aufgebraucht und der Boden der Form vollständig bedeckt ist.

3 Die Hälfte des Gemüses in die Form füllen. Darauf jeweils die Hälfte von Pesto, Basilikum und Feta verteilen und alles großzügig salzen und pfeffern. Die restlichen Zutaten wie oben einschichten. Die überhängenden Teigränder vorsichtig über die Füllung legen. Die Pie mit der restlichen Butter bestreichen. Auf ein Backblech setzen und 35–40 Minuten backen, bis der Teig goldbraun und knusprig ist. Den Ring der Form abnehmen und die Pie 15 Minuten ruhen lassen, dann in Stücke schneiden.

## KÜCHENUTENSILIEN

**1 Springform (20 cm Ø)**

## ZUTATEN

**Für die Füllung**
**1 EL Olivenöl**
**2 rote Zwiebeln, in dünne Scheiben geschnitten**
**2 Knoblauchzehen, fein gehackt**
**1 rote Paprikaschote, in schmale Streifen geschnitten**
**1 gelbe Paprikaschote, in schmale Streifen geschnitten**
**1 Zucchini, in Scheiben geschnitten**
**1 kleine Aubergine, in Scheiben geschnitten**
**4 EL Pesto aus getrockneten Tomaten**
**Blätter von 1 Bund Basilikum**
**200 g Feta, grob zerkrümelt**
**Salz und Pfeffer**

**FÜR DEN TEIG**
**270 g Filoteig (6 Blätter, à etwa 26 x 44 cm)**
**30 g Butter, zerlassen**

Manchmal mögen Leute Rote Bete nicht, weil sie nur die eingelegte Variante kennen. Gebackene frische Rote Beten werden sie mit ihrem süßen erdigen Geschmack aber sicher überzeugen.

# TARTE TATIN MIT ROTER BETE

**FÜR 6 PERS.** **ZUBEREITUNG 20 MIN.** **GARZEIT 35–45 MIN.**

**KÜCHENUTENSILIEN**
1 ofenfeste Pfanne (23 cm Ø)

**ZUTATEN**

**FÜR DIE FÜLLUNG**
- 25 g Butter
- 2 EL Balsamessig
- 1 EL Zucker
- 1 EL fein gehackter Salbei
- Salz und Pfeffer
- 500 g gegarte Rote Beten, abgetropft und in Scheiben geschnitten
- 100 g Hart- oder Schnittkäse aus Ziegenmilch, in dünne Scheiben geschnitten

**FÜR DEN TEIG**
- 200 g Fertig-Blätterteig (oder selbst gemachter Blätterteig s. S. 122)
- Mehl zum Bestäuben

1 Den Backofen auf 200 °C vorheizen. Für die Füllung die Butter in der Pfanne zerlassen. Balsamessig und Zucker hinzufügen und kurz erhitzen, bis der Zucker sich aufgelöst hat und eine sirupartige Mischung entstanden ist. Den Salbei in die Pfanne streuen, dann alles großzügig salzen und pfeffern.

2 Die Roten Beten hinzufügen und bei mittlerer Hitze 5–10 Minuten garen, bis sie dunkel werden und die Flüssigkeit eingekocht ist. Sie sollte den Boden der Pfanne gerade noch bedecken. Die Roten Beten gleichmäßig in der Pfanne verteilen und leicht zusammendrücken. Den Ziegenkäse darauflegen.

3 Den Teig auf der bemehlten Arbeitsfläche 5–7 mm dick zu einem Kreis etwas größer als die Pfanne ausrollen. Auf die Pfanne legen und überschüssigen Teig an den Rändern mit einem kleinen scharfen Messer abschneiden. Den abgeschnittenen Teig am Rand unter die Roten Beten schieben, sodass die fertige Tarte nach dem Stürzen einen erhöhten Rand hat.

4 Die Tarte 25–30 Minuten backen, bis der Teig aufgegangen und goldbraun ist. Aus dem Backofen nehmen und einen großen Teller auf die Pfanne setzen. Den Pfannenboden mit einem Küchentuch festhalten und die Tarte mit einer raschen Bewegung auf den Teller stürzen. Die Pfanne noch 1–2 Minuten auf der Tarte lassen, damit sich die Roten Beten vollständig lösen können. Dann die Pfanne entfernen.

5 Die Tarte warm servieren. Für ein gehaltvolleres Gericht können Sie noch zusätzlich etwas Ziegenkäse darüberkrümeln. Am besten frisch verzehren.

Tarte Tatin ist gewöhnlich ein süßer Kuchen, aber probieren Sie einmal eine pikante Variante etwa mit Schalotten oder Roter Bete. Zu den süßsauren Aromen passt ein grüner Salat.

# KARAMELLISIERTE SCHALOTTEN-TARTE-TATIN

**FÜR 4–6 PERS.** **ZUBEREITUNG** 20 MIN. + KÜHLEN **GARZEIT** 45 MIN.

KÜCHENUTENSILIEN
1 ofenfeste Pfanne

ZUTATEN

**FÜR DEN TEIG**
**150 g Mehl sowie Mehl zum Bestäuben**
**1 Prise Meersalz**
**75 g Butter**
**(oder 250 g Fertig-Mürbeteig)**

**FÜR DIE FÜLLUNG**
**25 g Butter**
**2 EL Olivenöl extra vergine**
**400 g Schalotten, geschält und längs halbiert**
**2 EL Balsamessig**
**einige Thymianzweige**

1 Für den Teig Mehl, Salz und Butter in einer Küchenmaschine mischen, bis feine Krümel entstanden sind. Esslöffelweise kaltes Wasser hinzufügen, bis der Teig zusammenhält. Oder den Teig von Hand herstellen: Die Zutaten zwischen den Fingerspitzen reiben, bis Krümel entstanden sind, dann wie oben kaltes Wasser dazugeben und alles zu einem weichen Teig kneten. Den Teig in Frischhaltefolie einwickeln und 30 Minuten kühl stellen.

2 Den Backofen auf 200 °C vorheizen. Für die Füllung Butter und Öl in der Pfanne erhitzen. Die Schalotten mit den Schnittseiten nach unten in die Pfanne legen und darin 10 Minuten sanft garen, bis sie gebräunt sind. Umdrehen und weitere 5 Minuten garen. Essig und 2 EL Wasser hinzufügen. Die Pfanne vom Herd nehmen und die Thymianzweige zwischen die Schalotten stecken.

3 Den Teig auf der bemehlten Arbeitsfläche zu einem Kreis etwas größer als die Pfanne ausrollen. Auf die Schalotten legen, überschüssigen Teig an den Rändern abschneiden und die Teigränder nach innen stecken. Die Tarte in 30 Minuten goldbraun backen.

4 Die Pfanne herausnehmen und vorsichtig aufklopfen, damit sich die Schalotten lösen. Mit einem Messer um den Teigrand fahren. Einen großen Teller auf die Pfanne setzen und die Tarte rasch darauf stürzen. Die Tarte Tatin warm mit grünem Salat servieren.

Langsam gegarte Zwiebeln entwickeln eine zarte Süße. Kombiniert mit dem leicht salzigen Blauschimmelkäse wird daraus diese wunderbare vegetarische Quiche für jeden Anlass.

# ZWIEBEL-ROQUEFORT-QUICHE

FÜR 6–8 PERS.

ZUBEREITUNG 30 MIN. + KÜHLEN

GARZEIT 1½ STD.

EINFRIEREN BIS ZU 1 MONAT

1 Für den Teig das Mehl auf die Arbeitsfläche sieben. Eine Mulde in die Mitte drücken. Eigelb, Salz, 3 EL Wasser und Butter hineingeben. Alles zwischen den Fingerspitzen reiben, bis Krümel entstanden sind, und den Teig zu einer Kugel formen.

2 Den Teig auf der bemehlten Arbeitsfläche mit den Handballen 1–2 Minuten kneten, bis er glatt ist und sich in einem Stück von der Arbeitsfläche löst. Zu einer Kugel formen, in Frischhaltefolie einwickeln und 15 Minuten kühl stellen.

3 Die Form einfetten. Den Teig auf der bemehlten Arbeitsfläche zu einem Kreis (30 cm Ø) ausrollen. In die Form legen und gleichmäßig andrücken, überschüssigen Teig abschneiden. Den Boden mit einer Gabel mehrmals einstechen, 30 Minuten kühl stellen.

4 Den Backofen auf 220 °C vorheizen. Den Boden mit Backpapier auslegen und mit den Hülsenfrüchten beschweren. 15 Minuten backen, dann Papier und Hülsenfrüchte entfernen. Die Ofentemperatur auf 190 °C herunterschalten und den Boden 5–8 Minuten backen.

5 Für die Füllung die Butter zerlassen. Zwiebeln, Thymian, Salz und Pfeffer dazugeben und eine eingefettete Alufolie darauflegen. Zwiebeln zugedeckt unter gelegentlichem Rühren 20–30 Minuten weich garen, sie sollen nicht bräunen. Ei, Eigelb, Milch, Salz, Pfeffer, Muskatnuss und Sahne verquirlen. Den Käse so lange unterrühren, bis er geschmolzen ist. Alles etwas abkühlen lassen, dann auf dem Boden verteilen. Die Form auf ein Blech setzen, den Guss darübergeben und unterheben. Die Quiche 30–35 Minuten backen, bis ein hineingesteckter Spieß beim Herausziehen sauber ist. Am besten warm servieren.

## KÜCHENUTENSILIEN

**1 Tarteform (25 cm Ø)**
**Hülsenfrüchte zum Blindbacken**

## ZUTATEN

**FÜR DEN TEIG**

**200 g Mehl sowie Mehl zum Bestäuben**
**1 Eigelb**
**½ TL Salz**
**100 g weiche Butter sowie Butter zum Einfetten**

**FÜR DIE FÜLLUNG**

**30 g Butter**
**500 g Zwiebeln, in Scheiben geschnitten**
**Blätter von 2–3 Thymianzweigen**
**Salz und Pfeffer**
**1 Ei sowie 1 Eigelb**
**125 ml Milch**
**1 Prise frisch geriebene Muskatnuss**
**4 EL Sahne**
**175 g Roquefort, zerkrümelt**

Diese klassische Spinattarte wird mit einer Mischung aus Gruyère und Feta aromatisiert. Mit jungem Spinat und Fertigteig ist sie im Handumdrehen zubereitet.

# SPINAT-KÄSE-TARTE MIT THYMIAN

FÜR 6 PERS.

ZUBEREITUNG 15 MIN.

GARZEIT 1¼ STD.

EINFRIEREN BIS ZU 1 MONAT

**KÜCHENUTENSILIEN**

1 geriffelte Tarteform (23 cm Ø) mit herausnehmbarem Boden
Hülsenfrüchte zum Blindbacken

**ZUTATEN**

**FÜR DEN TEIG**

**300 g Fertig-Blätterteig (oder selbst gemachter Blätterteig s. S. 122)**

**FÜR DIE FÜLLUNG**

**1 EL Olivenöl**
**1 Zwiebel, fein gehackt**
**Salz und Pfeffer**
**2 Knoblauchzehen, fein gehackt**
**Blätter von 1 Bund frischem Thymian**
**250 g junger Spinat**
**je 125 g Gruyère und Feta**
**200 g Sahne**
**2 Eier**

**1** Den Backofen auf 200 °C vorheizen. Den Teig auf der bemehlten Arbeitsfläche ausrollen und in die Form legen, überschüssigen Teig abschneiden. Den Teig mit Backpapier auslegen und mit den Hülsenfrüchten beschweren. Den Boden 15–20 Minuten backen, dann Hülsenfrüchte und Papier entfernen und den Boden in weiteren 1–2 Minuten knusprig backen. Die Ofentemperatur auf 180 °C herunterschalten.

**2** Für die Füllung das Öl bei kleiner Hitze in einem Topf erhitzen. Die Zwiebel mit 1 Prise Salz dazugeben und darin 5 Minuten anschwitzen, bis sie weich ist. Knoblauch und Thymian hinzufügen und einige Sekunden garen. Den Spinat dazugeben und 5 Minuten rühren, bis er zusammenfällt.

**3** Die Tarte zusammenstellen (s. unten). 30–40 Minuten backen, bis sie fest und goldbraun ist. Dann 10 Minuten abkühlen lassen und noch warm servieren.

## Die Tarte zusammenstellen

**1** Die Spinatmischung in die Form geben und gleichmäßig auf dem Boden verteilen.

**2** Geriebenen Gruyère und gewürfelten Feta gleichmäßig darüberstreuen, dann salzen und pfeffern.

**3** Sahne und Eier in einem Rührbecher verschlagen und vorsichtig über die Füllung gießen.

Ein traditionelles griechisches Gericht, das bei Ihrer Familie sicher großen Anklang finden wird. Wer mag, würzt die Füllung noch mit 1 Prise geriebener Muskatnuss.

# SPINATPIE MIT RICOTTA, PINIEN-KERNEN UND ROSINEN

**FÜR 4 PERS.**

**ZUBEREITUNG**
**15 MIN. KÜHLEN**

**GARZEIT**
**35 MIN.**

**1** Den Backofen auf 180 °C vorheizen. Für die Füllung das Olivenöl bei kleiner Hitze in einer Pfanne erhitzen. Die Zwiebel mit 1 Prise Salz hineingeben und etwa 5 Minuten anschwitzen, bis sie weich ist. Den Knoblauch hinzufügen und einige Sekunden garen.

**2** Den Spinat hinzufügen und etwa 3 Minuten rühren, bis er zusammenfällt. Salzen und pfeffern, dann vom Herd nehmen. Rosinen und Pinienkerne unterrühren. Die Mischung abkühlen lassen. Ricotta und Ei dazugeben und sorgfältig untermischen.

**3** 2 Blätter Filoteig aufeinander in die Form legen, dabei an zwei Seiten überhängen lassen. 2 weitere Blätter im rechten Winkel zur ersten Schicht hineinlegen. So fortfahren, bis 8 Blätter verbraucht sind.

**4** Die Spinatmischung in die Form füllen. Die Teigenden darüberfalten und die restlichen Teigblätter auf die Pie legen. Die Teigenden dabei fest in die Form stecken. Die Pie noch einmal mit zerlassener Butter bestreichen und 20–30 Minuten backen, bis sie goldbraun und knusprig ist.

## KÜCHENUTENSILIEN

**1 runde (20 cm Ø) oder quadratische Backform mit herausnehmbarem Boden**

## ZUTATEN

**FÜR DIE FÜLLUNG**
**1 EL Olivenöl**
**1 Zwiebel, fein gehackt**
**Salz und Pfeffer**
**2 Knoblauchzehen, fein gehackt**
**550 g Spinat**
**1 Handvoll Rosinen**
**75 g Pinienkerne, geröstet**
**200 g Ricotta**
**1 Ei, verquirlt**

**FÜR DEN TEIG**
**12 Blätter Filoteig**
**30 g Butter, zerlassen**

Ich liebe die leuchtende Farbe dieser Tarte, die bei Familie und Freunden ein Dauerbrenner ist. Spinat und Brunnenkresse sollten Sie vor der Verwendung immer gründlich waschen.

# SAHNIGE SPINATTARTE

FÜR 4–6 PERS.

ZUBEREITUNG 15 MIN.

GARZEIT 1 STD.

KÜCHENUTENSILIEN

1 geriffelte Tarteform (20 cm Ø) mit herausnehmbarem Boden
Hülsenfrüchte zum Blindbacken

ZUTATEN

**FÜR DEN TEIG**

**300 g Fertig-Mürbeteig**
**Mehl zum Bestäuben**
**1 Ei, verquirlt, zum Bestreichen**

**FÜR DIE FÜLLUNG**

**1 EL Olivenöl**
**1 Zwiebel, fein gehackt**
**Salz und schwarzer Pfeffer**
**2 Knoblauchzehen, zerdrückt oder fein gehackt**
**500 g Spinat**
**200 g Brunnenkresse**
**200 g Sahne**
**2 Eier**
**1 Prise frisch geriebene Muskatnuss**

1 Den Backofen auf 200 °C vorheizen. Den Teig auf der bemehlten Arbeitsfläche ausrollen und in die Form legen, überschüssigen Teig abschneiden. Den Boden mit Backpapier auslegen und mit den Hülsenfrüchten beschweren. 15–20 Minuten backen, bis die Ränder goldbraun sind, dann Hülsenfrüchte und Papier entfernen. Den Boden mit etwas Ei bestreichen und in weiteren 2–3 Minuten knusprig backen, abkühlen lassen. Die Ofentemperatur auf 180 °C herunterschalten.

2 Für die Füllung das Olivenöl bei kleiner Hitze in einer großen Pfanne erhitzen. Die Zwiebel darin mit 1 Prise Salz etwa 5 Minuten anschwitzen, bis sie weich ist. Den Knoblauch hinzufügen und einige Sekunden garen. Die Mischung auf dem Boden verteilen.

3 Den Spinat und die Brunnenkresse in einer Küchenmaschine fein hacken, aber nicht pürieren. Sahne und Eier hinzufügen und untermischen. Alles großzügig salzen und pfeffern, dann vorsichtig in die Form gießen und die Muskatnuss darüberstreuen. Die Tarte 20–30 Minuten backen, bis sie fest ist. 10 Minuten abkühlen lassen, dann aus der Form nehmen. Nach Belieben mit Kartoffeln und Tomatensalat servieren.

Spinat und Ziegenkäse sind die klassische Kombination für eine leckere Quiche. Sie schmeckt mit einem Salat warm oder kalt als Sommermittagessen oder bei einem Picknick.

# SPINAT-ZIEGENKÄSE-QUICHE

FÜR 4–6 PERS.

ZUBEREITUNG 20 MIN. + KÜHLEN

GARZEIT 55–60 MIN.

EINFRIEREN TEIGBODEN BIS ZU 2 MONATE

1 Für den Teig Mehl, Butter und Salz zwischen den Fingerspitzen reiben, bis eine krümelige Mischung entstanden ist. Nach und nach 3–4 EL kaltes Wasser hinzufügen und alles zu einem weichen Teig kneten. Falls nötig, noch etwas Wasser dazugeben. Den Teig in Frischhaltefolie einwickeln und 30 Minuten kühl stellen. Den Backofen auf 180 °C vorheizen.

2 Den Teig auf der bemehlten Arbeitsfläche etwa 3 mm dick zu einem großen Kreis ausrollen. So in die Form legen, dass die Ränder überhängen. Die Ränder bis auf 1 cm abschneiden. Den Boden mit einer Gabel mehrmals einstechen, mit Backpapier auslegen und mit den Hülsenfrüchten beschweren. Auf ein Backblech setzen und in 20–25 Minuten hell backen. Dann Hülsenfrüchte und Papier entfernen und den Boden in weiteren 5 Minuten knusprig backen. Die Ränder noch warm begradigen.

3 Für die Füllung den Spinat mit Olivenöl und Knoblauch 2–3 Minuten garen, bis er weich wird. In ein Sieb geben und überschüssiges Wasser herausdrücken. Abkühlen lassen.

4 Den abgekühlten Spinat mit Käse, Sahne und Eiern in einem Mixer glatt pürieren. Großzügig mit Salz und Pfeffer würzen.

5 Die Form auf ein Backblech setzen und die Spinat-Käse-Mischung vorsichtig hineingießen. Die Tarte 30 Minuten backen, bis die Füllung gerade gestockt ist. Vor dem Servieren mindestens 15 Minuten abkühlen lassen.

## KÜCHENUTENSILIEN

**1 geriffelte Tarteform (22 cm Ø) mit herausnehmbarem Boden**
**Hülsenfrüchte zum Blindbacken**

## ZUTATEN

**FÜR DEN TEIG**

**150 g Mehl sowie Mehl zum Bestäuben**
**75 g weiche Butter, in kleinen Stücken**
**½ TL Salz**

**FÜR DIE FÜLLUNG**

**200 g junger Spinat**
**1 EL Olivenöl**
**1 Knoblauchzehe, zerdrückt**
**200 g Ziegenweichkäse**
**100 g Sahne**
**2 Eier**
**Salz und Pfeffer**

Diese Teigtaschen sollten vor dem Backen unbedingt kühl gestellt werden, damit der Teig fest wird und beim Backen zusammenhält. Sie sind vollwertig und schmecken sowohl warm als auch kalt.

# VOLLKORNTEIGTASCHEN MIT KARTOFFEL-SPINAT-FÜLLUNG

**ERGIBT 4 STÜCK** | **ZUBEREITUNG** 45 MIN. + KÜHLEN | **GARZEIT** 30–35 MIN. | **EINFRIEREN** BIS ZU 1 MONAT

1 Für den Teig beide Mehle und Butter zwischen den Fingerspitzen reiben, bis eine krümelige Mischung entstanden ist. Das Salz und etwa 4 EL kaltes Wasser dazugeben und alles zu einem weichen Teig kneten. In Frischhaltefolie eingewickelt 30 Minuten kühl stellen.

2 Für die Füllung die Kartoffeln in einem kleinen Topf mit kochendem Salzwasser 10 Minuten garen. Abtropfen und abkühlen lassen. Den Spinat in einem Durchschlag mit kochendem Wasser übergießen, damit er zusammenfällt. Die gesamte Flüssigkeit herausdrücken und den Spinat fein hacken. Mit Knoblauch, Ricotta, Käse, Muskatnuss, Salz und Pfeffer in einer großen Schüssel gut vermischen. Beiseitestellen.

3 Den Backofen auf 190 °C vorheizen. Die Bleche mit Backpapier auslegen. Die abgekühlten Kartoffeln in die Spinatmischung rühren.

4 Den Teig in vier Stücke schneiden. Jedes Stück auf der bemehlten Arbeitsfläche etwa 5 mm dick zu einem Kreis (20 cm Ø) ausrollen. Jeweils ¼ der Füllung auf eine Hälfte jedes Kreises setzen, dabei einen 1 cm breiten Rand frei lassen. Die Ränder mit verquirltem Ei bestreichen, aufeinanderlegen und in einem dekorativen Muster zusammendrücken. Die Taschen etwa 10 Minuten kühl stellen.

5 Die Taschen auf die Backbleche legen und mit dem restlichen Ei bestreichen. Oben jeweils einen Schlitz hineinschneiden und die Taschen 20–25 Minuten backen. Dann warm oder kalt servieren.

### KÜCHENUTENSILIEN

**2 Backbleche**

### ZUTATEN

**FÜR DEN TEIG**

**150 g Vollkornmehl**
**150 g Mehl (Type 405) sowie Mehl zum Bestäuben**
**150 g kalte Butter, gewürfelt**
**½ TL Salz**
**1 Ei, verquirlt, zum Bestreichen**

**FÜR DIE FÜLLUNG**

**300 g festkochende Kartoffeln mit Schale, in kleine Stücke geschnitten**
**Salz und schwarzer Pfeffer**
**225 g Spinat**
**1 Knoblauchzehe, fein gehackt**
**250 g Ricotta**
**75 g Grana Padano, gerieben, oder vegetarischer Parmesanersatz**
**frisch geriebene Muskatnuss**

Durch das langsame Garen des Fenchels wird hier die Füllung weich und süß. Am besten schmeckt diese Tarte frisch, man kann sie aber auch eine Nacht im Kühlschrank aufbewahren.

# FENCHEL-PARMESAN-TARTE

**FÜR 6–8 PERS.**

**ZUBEREITUNG**
**20 MIN. + KÜHLEN**

**GARZEIT**
**1¼ STD.**

**EINFRIEREN**
**TEIGBODEN**
**BIS ZU 2 MONATE**

### KÜCHENUTENSILIEN

1 geriffelte Tarteform (22 cm Ø) mit herausnehmbarem Boden
Hülsenfrüchte zum Blindbacken

### ZUTATEN

**FÜR DEN TEIG**

**150 g Mehl sowie Mehl zum Bestäuben**
**75 g weiche Butter**
**½ TL Salz**

**FÜR DIE FÜLLUNG**

**2 große Fenchelknollen (geputzt etwa 300 g), in dünne Scheiben geschnitten (das Grün aufbewahrt)**
**1 Zwiebel, in dünne Scheiben geschnitten**
**2 EL Olivenöl**
**1 EL weiche Butter**
**Saft und abgeriebene Schale von 2 Bio-Zitronen**
**300 g Sahne**
**2 große Eier**
**50 g Parmesan, gerieben**
**Salz und Pfeffer**

1 Für den Teig Mehl, Butter und Salz zwischen den Fingerspitzen reiben, bis eine feinkrümelige Mischung entstanden ist. Nach und nach 3–4 EL Wasser hinzufügen und alles zu einem weichen Teig kneten. Den Teig in Frischhaltefolie einwickeln und 30 Minuten kühl stellen.

2 Den Backofen auf 180 °C vorheizen. Den Teig auf der bemehlten Arbeitsfläche etwa 3 mm dick zu einem großen Kreis ausrollen. So in die Form legen, dass die Ränder überhängen. Die Ränder bis auf 1 cm abschneiden. Den Boden mit einer Gabel mehrmals einstechen, mit Backpapier auslegen und mit den Hülsenfrüchten beschweren. Auf einem Blech in 20–25 Minuten hell backen. Dann Hülsenfrüchte und Papier entfernen und den Boden in weiteren 5 Minuten knusprig backen. Die Ränder noch warm begradigen.

3 In der Zwischenzeit für die Füllung Fenchel und Zwiebel in Öl, Butter und Zitronensaft 20 Minuten garen. Dabei gelegentlich umrühren, damit nichts anbrennt. Falls nötig, einen Deckel auflegen. Den Deckel 5 Minuten vor Garzeitende entfernen, damit überschüssiges Wasser verdampfen kann. Abkühlen lassen.

4 Sahne, Eier, Parmesan und Zitronenschale verschlagen und alles gut salzen und pfeffern. 1–2 EL Fenchelgrün fein hacken und hinzufügen.

5 Die Fenchelmischung gleichmäßig locker auf dem Boden verteilen und die Sahnemischung vorsichtig darübergießen. Die Tarte 30 Minuten backen, bis sie gerade gestockt ist. 30 Minuten abkühlen lassen, dann warm oder kalt servieren.

Eine köstliche vegetarische Alternative für jede Party. Sie können diese Mini-Strudel einige Stunden im Voraus zubereiten und gewinnen vor dem Essen Zeit, sich um andere Speisen zu kümmern.

# KÜRBIS-ZIEGENKÄSE-STRUDEL

ERGIBT 4 STÜCK

ZUBEREITUNG 15 MIN.

GARZEIT 30–35 MIN.

EINFRIEREN BIS ZU 1 MONAT

1 Den Backofen auf 200 °C vorheizen. Für die Füllung das Öl bei mittlerer Hitze in einer Pfanne erhitzen. Die Zwiebeln darin etwa 5 Minuten weich garen. Essig, Zucker und großzügig Salz und Pfeffer dazugeben. Alles bei kleiner Hitze 5 Minuten garen.

2 Bei Verwendung von Filoteig 4 Blätter auf die bemehlte Arbeitsfläche legen. Jeweils mit Butter bestreichen und ein zweites Blatt darauflegen, ebenfalls bestreichen. So fortfahren, bis alle Blätter verbraucht sind. Die obersten Blätter vor allem an den Rändern sorgfältig mit Butter bestreichen, damit die Strudel später besser zusammenhalten. Alternativ den Strudelteig in vier Stücke teilen und ausrollen.

3 Den Kürbis gleichmäßig auf den Platten verteilen, dabei an drei Seiten einen etwa 2 cm breiten Rand frei lassen. Nacheinander Zwiebeln, Salbei und Ziegenkäse daraufgeben und mit Salz und Pfeffer würzen.

4 Zwei Teigränder umschlagen. Die Strudel von der randlosen Seite her aufrollen. Dabei darauf achten, dass die Ränder eingeschlagen bleiben. Die Strudel mit der Nahtstelle auf das Blech legen und mit der übrigen Butter bestreichen.

5 Die Strudel auf der obersten Schiene 20–25 Minuten backen, bis sie goldbraun und knusprig sind. Werden sie heiß serviert, die Strudel mindestens 10 Minuten abkühlen lassen, sie schmecken aber auch kalt. Ungebacken können sie zugedeckt einige Stunden im Kühlschrank aufbewahrt werden. Gebackene Strudel lassen sich am nächsten Tag wieder erhitzen.

KÜCHENUTENSILIEN
Backblech

ZUTATEN

**FÜR DIE FÜLLUNG**
**2 EL Olivenöl**
**3 rote Zwiebeln, in dünne Scheiben geschnitten**
**2 EL Balsamessig**
**1 Prise Zucker**
**Salz und schwarzer Pfeffer**
**500 g Butternusskürbis, geschält und nach Entfernen der Samen geraspelt**
**2 EL fein gehackte Salbeiblätter**
**250 g Ziegenweichkäse, grob gewürfelt**

**FÜR DEN TEIG**
**12 Blätter Filoteig (à etwa 25 x 25 cm) oder**
**1 Packung Fertig-Strudelteig (oder selbst gemachter Strudelteig s. S. 126)**
**Mehl zum Bestäuben**
**50 g Butter, zerlassen**

Kürbis ist ein wunderbar vielseitiges Gemüse. Im Backofen gegart entwickelt er ein großartiges Aroma. Ein milder Blauschimmelkäse wie Dolcelatte ergänzt seine süße erdige Note fantastisch.

# KÜRBIS-KÄSE-TARTE MIT THYMIAN

**FÜR 6 PERS.** | **ZUBEREITUNG** 25 MIN. + KÜHLEN | **GARZEIT** 1½ STD. | **EINFRIEREN** BIS ZU 1 MONAT

### KÜCHENUTENSILIEN

1 Tarteform (20 cm Ø) mit herausnehmbarem Boden
Hülsenfrüchte zum Blindbacken

### ZUTATEN

**FÜR DEN TEIG**

**225 g Mehl sowie Mehl zum Bestäuben**
**115 g kalte Butter**

**FÜR DIE FÜLLUNG**

**500 g Kürbis, geschält und die Samen entfernt**
**1–2 EL Olivenöl**
**Blätter von 1 Bund frischem Thymian oder 1 TL getrockneter Thymian**
**400 g Rucola**
**2 große Eier sowie 1 Eigelb**
**300 g Sahne**
**50 g Parmesan, gerieben**
**etwas frisch geriebene Muskatnuss**
**Salz und Pfeffer**
**125 g Dolcelatte**

1 Für den Teig Mehl und Butter in einer Küchenmaschine mischen, bis eine krümelige Mischung entstanden ist. Gerade so viel Wasser hinzufügen, dass ein weicher Teig entsteht. Den Teig auf der bemehlten Arbeitsfläche ausrollen und die Form damit auskleiden. 30 Minuten kühl stellen.

2 Den Backofen auf 180 °C vorheizen. Den Boden mit einer Gabel mehrmals einstechen, mit Backpapier auslegen und mit den Hülsenfrüchten beschweren. Den Boden 10 Minuten backen, dann Papier und Hülsenfrüchte entfernen und den Boden in weiteren 10 Minuten knusprig backen.

3 Für die Füllung den Kürbis in dicke Scheiben schneiden. Die Scheiben in einen Bräter legen, dünn mit etwas Olivenöl bestreichen und mit Thymian bestreuen. 30 Minuten backen, bis sie weich sind. In der Zwischenzeit den Rucola mit etwas Olivenöl in einem Topf bei mittlerer Hitze 1–2 Minuten garen, bis er zusammengefallen ist. Abtropfen und abkühlen lassen. Eier, Eigelb, Sahne, Parmesan und Muskatnuss verschlagen, nach Geschmack salzen und pfeffern.

4 Den Rucola ausdrücken und auf dem Boden verteilen. Den Kürbis darauflegen, den Käse darüberkrümeln und die Eimischung darübergießen. Die Tarte 30–40 Minuten backen, bis sie gestockt ist. Vor dem Servieren mindestens 10 Minuten abkühlen lassen.

Diese knusprigen kleinen Filoteig-Taschen sind eine Variante eines beliebten arabischen Snacks. Abwandlungen der Teigtaschen finden sich im gesamten Nahen Osten und Nordafrika.

# PIKANTE KÜRBIS-FETA-TASCHEN

ERGIBT 24 STÜCK

ZUBEREITUNG 20 MIN. + KÜHLEN

GARZEIT 30 MIN.

EINFRIEREN BIS ZU 1 MONAT

1 Für die Füllung den Kürbis in einem kleinen Topf gerade mit Wasser bedecken. Zum Kochen bringen, dann die Hitze herunterschalten und den Kürbis zugedeckt in 5 Minuten weich köcheln. Abtropfen und abkühlen lassen.

2 Den Backofen auf 180 °C vorheizen und das Backblech einfetten. Kürbis, Pinienkerne und Feta mischen und die Gewürze hinzufügen. Beiseitestellen.

3 Die Filoteig-Blätter aufeinanderlegen und in 4 Streifen von etwa 7,5 cm Breite schneiden. Die Streifen aufeinanderlegen und mit feuchtem Küchenpapier abdecken.

4 Jeweils 1 Streifen mit zerlassener Butter bestreichen. Auf ein Ende 1 gehäuften TL Füllung setzen. Das Ende des Streifens so über die Füllung klappen, dass sie bedeckt ist.

5 Eine Ecke des Teiges schräg falten, sodass eine dreieckige gefüllte Tasche entsteht. Den Streifen auf diese Weise einmal rechts, einmal links bis zum Ende des Streifens falten, um dreieckige Taschen zu erhalten. Falls nötig, Löcher im Teig zudrücken. Fertige Taschen auf der bemehlten Arbeitsfläche aufeinanderschichten und mit einem feuchten Küchentuch abdecken. Dann die Päckchen auf das Backblech legen.

6 Die Taschen mit der restlichen Butter bestreichen und 20–25 Minuten backen, bis sie goldbraun und knusprig sind. Noch warm servieren. Die Taschen können bis zu 24 Stunden im Voraus zubereitet und bis zum Backen im Kühlschrank aufbewahrt werden.

## KÜCHENUTENSILIEN

**Backblech**

## ZUTATEN

**FÜR DIE FÜLLUNG**

**100 g Butternusskürbis, geschält und nach Entfernen der Samen fein gewürfelt**
**25 g geröstete Pinienkerne**
**100 g Feta, fein zerkrümelt**
**schwarzer Pfeffer**
**½ TL gemahlener Koriander**
**½ TL gemahlener Kreuzkümmel**
**½ TL Chiliflocken**

**FÜR DEN TEIG**

**6 Blätter Filoteig (à etwa 30 x 40 cm)**
**50 g Butter, zerlassen, sowie Butter zum Einfetten**
**Mehl zum Bestäuben**

Wenn Sie wenig Zeit haben, verwenden Sie hierfür Fertig-Blätterteig. Kaufen Sie am besten einen mit Butter zubereiteten Teig, der sich von selbst gemachtem Teig fast nicht unterscheidet.

# SÜSSKARTOFFEL-ZWIEBEL-SCHNITTEN MIT CHILI

**ERGIBT 4 STÜCK** **ZUBEREITUNG 20 MIN.** **GARZEIT 50 MIN.**

KÜCHENUTENSILIEN

**1 oder 2 Backbleche**

ZUTATEN

**FÜR DIE FÜLLUNG**

**2 mittelgroße Süßkartoffeln (geschält etwa 300 g)**
**2 rote Zwiebeln, in Spalten geschnitten**
**1 EL Olivenöl**
**Salz und Pfeffer**
**½ rote Chilischote, nach Entfernen von Stielansatz, Samen und Scheidewänden fein gehackt**
**1 TL fein gehackter Thymian**

**FÜR DEN TEIG**

**375 g Fertig-Blätterteig (oder selbst gemachter Blätterteig s. S. 122)**
**Mehl zum Bestäuben**
**1 Eigelb, verquirlt, zum Bestreichen**

1 Den Backofen auf 200 °C vorheizen. Für die Füllung die Süßkartoffeln in Scheiben schneiden und mit den Zwiebeln in einer großen Schüssel im Olivenöl wenden. Dann großzügig salzen und pfeffern. Auf einem Backblech verteilen und 30 Minuten backen, bis sie weich und an den Rändern goldbraun sind.

2 Den Teig auf der bemehlten Arbeitsfläche zu einem Rechteck (30 x 40 cm) ausrollen, dann vierteln. Die Rechtecke auf ein oder zwei Backbleche legen und mit verquirltem Eigelb bestreichen.

3 Gehackte Chilischote und gehackten Thymian unter das gegarte Gemüse mischen. Die Mischung auf die Teigrechtecke verteilen, dabei einen 1 cm breiten Rand frei lassen.

4 Die Schnitten 20 Minuten backen, bis der Teig aufgegangen und an den Rändern goldbraun ist. Die Böden sollten sich fest anfühlen und goldgelb sein. Die Schnitten 5 Minuten abkühlen lassen, dann nach Belieben mit grünem Blattsalat servieren. Gegart können sie bis zu zwei Tage im Kühlschrank aufbewahrt werden. Vor dem Servieren wieder erhitzen.

Für diese reichhaltige Tarte können Sie eine beliebige Pilzmischung verwenden. Zusätzliches Aroma erhält der Belag durch eine Handvoll getrockneter Steinpilze.

# MISCHPILZ-WALNUSS-TARTE

**FÜR 6 PERS.**

**ZUBEREITUNG 15 MIN.**

**GARZEIT 1 STD.**

**EINFRIEREN TEIGBODEN BIS ZU 1 MONAT**

KÜCHENUTENSILIEN

**1 geriffelte Tarteform (12 x 35 cm) mit herausnehmbarem Boden**
**Hülsenfrüchte zum Blindbacken**

ZUTATEN

**FÜR DEN TEIG**

**250 g Fertig-Mürbeteig**
**Mehl zum Bestäuben**
**1 Ei, verquirlt, zum Bestreichen**

**FÜR DIE FÜLLUNG**

**3–4 EL Olivenöl**
**140 g etwas ungewöhnlichere Pilze wie Steinpilze oder Shiitakepilze, grob gehackt**
**200 g Egerlinge, grob gehackt**
**3 Knoblauchzehen, gerieben oder fein gehackt**
**50 g Walnusskerne, grob gehackt**
**Salz und Pfeffer**
**2 Handvoll Spinat, grob gehackt**
**200 g Sahne**
**2 Eier**

1 Den Backofen auf 200 °C vorheizen. Den Teig auf der bemehlten Arbeitsfläche ausrollen und die Form damit auskleiden. Mit Backpapier auslegen und mit den Hülsenfrüchten beschweren. Den Boden 15–20 Minuten backen, bis die Ränder goldbraun sind. Dann Hülsenfrüchte und Papier entfernen. Den Boden mit verquirltem Ei bestreichen und in weiteren 2–3 Minuten knusprig backen. Herausnehmen und abkühlen lassen. Die Ofentemperatur auf 180 °C herunterschalten.

2 Für die Füllung das Olivenöl bei kleiner Hitze in einer großen tiefen Pfanne erhitzen. Pilze, Knoblauch und Walnusskerne hinzufügen und großzügig salzen und pfeffern. Unter gelegentlichem Rühren etwa 10 Minuten garen, bis die Pilze Wasser ziehen. Den Spinat dazugeben und unter Rühren 5 Minuten garen, bis er gerade zusammengefallen ist. Die Mischung auf dem Boden verteilen.

3 Sahne und Eier verschlagen, dann großzügig salzen und pfeffern. Die Sahnemischung über die Füllung gießen und ein wenig Pfeffer darüberstreuen. Die Tarte 15–20 Minuten backen, bis sie fest geworden ist. 10 Minuten im Ofen abkühlen lassen, dann herausnehmen und warm oder kalt servieren.

Diese verführerischen Törtchen sind eine großartige Vorspeise und lassen sich leicht in letzter Minute fertigstellen. Noch schneller geht es mit einer guten Fertig-Hollandaise.

# PILZ-TORTELETTS MIT SAUCE HOLLANDAISE

ERGIBT 6 STÜCK | ZUBEREITUNG 40 MIN. + KÜHLEN | GARZEIT 40 MIN.

1 Für den Teig beide Mehlsorten und Butter in einer Küchenmaschine mischen, bis Krümel entstanden sind. Das Ei untermischen und alles zu einer Teigkugel kneten. Falls nötig, noch 1–2 Tropfen Wasser hinzufügen. Den Teig in sechs Stücke teilen, jeweils auf der bemehlten Arbeitsfläche ausrollen und die Förmchen damit auskleiden. Die Böden mit einer Gabel mehrmals einstechen und 30 Minuten kühl stellen.

2 Den Backofen auf 200 °C vorheizen. Die Böden mit Backpapier auslegen und mit den Hülsenfrüchten beschweren. 10 Minuten backen, dann Papier und Hülsenfrüchte entfernen und die Böden in weiteren 5 Minuten knusprig backen. Abkühlen lassen und die Ofentemperatur auf 190 °C herunterschalten.

3 Für die Füllung die Trockenpilze mit kochendem Wasser bedecken und 10 Minuten quellen lassen. Zwiebel und Pilze in Butter bei mittlerer Hitze garen. Abgetropfte Trockenpilze hacken und dazugeben. Wenn die Pilze Wasser gezogen haben, die Hitze erhöhen und alles kochen, bis die Flüssigkeit verdampft ist. Zitronensaft, Salz und Pfeffer hinzufügen. Abkühlen lassen.

4 Pilzmischung mit dem Käse im Mixer pürieren, salzen und pfeffern. Für die Sauce die Butter zerlassen, Eigelbe, Essig und Pfeffer in der Küchenmaschine 1 Minute verschlagen, dann unter Rühren langsam die Butter dazugeben, bis die Sauce dick ist. Abschmecken.

5 Die Füllung auf die Teigböden verteilen und die Sauce darübergießen. Die Törtchen 10 Minuten backen und mit Schnittlauch garniert heiß servieren.

## KÜCHENUTENSILIEN

**6 Tortelett-Förmchen mit herausnehmbarem Boden**
**Hülsenfrüchte zum Blindbacken**

## ZUTATEN

**FÜR DEN TEIG**
**85 g Mehl (Type 405) sowie Mehl zum Bestäuben**
**85 g Vollkornmehl**
**85 g kalte Butter, gewürfelt**
**1 kleines Ei**

**FÜR DIE FÜLLUNG**
**15 g getrocknete Wald- oder Steinpilze**
**1 rote Zwiebel, gehackt**
**400 g gemischte Zuchtpilze wie Austernpilze, Shiitakepilze, Egerlinge oder Champignons, in Scheiben geschnitten**
**30 g Butter**
**Saft von ½ Zitrone**
**Salz und Pfeffer**
**175 g Frischkäse (Doppelrahmstufe)**

**FÜR DIE SAUCE HOLLANDAISE**
**225 g Butter**
**4 Eigelb**
**1 EL Weißweinessig**
**Salz und schwarzer Pfeffer**
**1 kleines Bund Schnittlauch, gehackt**

Die Zugabe von Haferflocken zu dem klassischen Mürbeteig verleiht dieser Tarte einen nussigen Geschmack. Für die Füllung wird hier statt Sahne üppiger griechischer Joghurt verwendet.

# ZIEGENKÄSE-TORTELETTS

**ERGIBT 4 STÜCK**

**ZUBEREITUNG** 25 MIN. + KÜHLEN

**GARZEIT** 35–40 MIN.

**EINFRIEREN** TEIGBODEN BIS ZU 1 MONAT

KÜCHENUTENSILIEN

4 Tortelett-Förmchen (12,5 cm Ø, 2,5 cm hoch)
Hülsenfrüchte zum Blindbacken

ZUTATEN

**FÜR DEN TEIG**

**85 g Mehl sowie Mehl zum Bestäuben**
**1 Prise Salz**
**25 g Haferflocken**
**60 g kalte Butter, gewürfelt**

**FÜR DIE FÜLLUNG**

**2 große Eier**
**100 g griechischer Joghurt (10 % Fett)**
**150 ml Milch**
**2 EL Schnittlauchröllchen**
**Salz und schwarzer Pfeffer**
**100 g Ziegenkäse, zerkrümelt**

1 Für den Teig Mehl und Salz in eine große Schüssel sieben. Die Haferflocken unterrühren. Mit den Fingerspitzen die Butter einarbeiten, bis eine krümelige Mischung entstanden ist. 2 EL kaltes Wasser dazugeben und mit einer Palette einarbeiten. Den Teig auf der bemehlten Arbeitsfläche in wenigen Sekunden glatt kneten. Dann in Frischhaltefolie einwickeln und 30 Minuten kühl stellen.

2 Den Backofen auf 200 °C vorheizen und ein Backblech darin erhitzen. Den Teig in vier Stücke teilen. Jedes Stück auf der bemehlten Arbeitsfläche dünn ausrollen und die Förmchen damit auskleiden. Die Böden mit einer Gabel mehrmals einstechen, mit Alufolie auslegen und mit den Hülsenfrüchten beschweren. 10 Minuten backen, dann Alufolie und Hülsenfrüchte entfernen und die Böden weitere 5 Minuten backen. Herausnehmen und abkühlen lassen. Die Ofentemperatur auf 180 °C herunterschalten.

3 Für die Füllung Eier, Joghurt, Milch, Schnittlauch, Salz und Pfeffer in einem Rührbecher verschlagen. Den Käse auf die Torteletts verteilen und die Eimasse vorsichtig darübergießen. 20–25 Minuten backen, bis die Füllung leicht gestockt und gebräunt ist.

4 Die Torteletts etwas abkühlen lassen, dann aus den Förmchen lösen und warm servieren. Die Förmchen können bis zu einem Tag im Voraus mit dem Teig ausgekleidet werden. Die fertigen Torteletts lassen sich mit Frischhaltefolie zugedeckt bis zu 48 Stunden im Kühlschrank aufbewahren.

Ein schwedischer Klassiker, der buttrigen Teig mit kräftigem Käse kombiniert. Dazu servieren Sie am besten grünen Blattsalat mit würzigem Dressing.

# SCHWEDISCHE KÄSETARTE

**FÜR 6–8 PERS.**

**ZUBEREITUNG**
**20 MIN. + KÜHLEN**

**GARZEIT**
**55–60 MIN.**

**EINFRIEREN**
**TEIGBODEN**
**BIS ZU 2 MONATE**

1 Für den Teig Mehl, Butter und Salz zwischen den Fingerspitzen reiben, bis eine feinkrümelige Mischung entstanden ist. Nach und nach 3–4 EL kaltes Wasser hinzufügen und alles zu einem weichen Teig kneten. Den Teig in Frischhaltefolie einwickeln und 30 Minuten kühl stellen. Den Backofen auf 180 °C vorheizen.

2 Den Teig auf der bemehlten Arbeitsfläche etwa 3 mm dick zu einem Kreis ausrollen. So in die Form legen, dass der Teig über die Seiten hängt und die Ränder bis auf 1 cm abschneiden. Den Teig mit den Fingern gut in die Form drücken. Den Boden mit einer Gabel mehrmals einstechen, mit Backpapier auslegen und mit den Hülsenfrüchten beschweren. Die Form auf ein Backblech setzen und in 20–25 Minuten hell backen. Dann Hülsenfrüchte und Papier entfernen und den Boden in weiteren 5 Minuten knusprig backen. Die Ränder noch warm begradigen.

3 Für die Füllung Sahne, Milch und Eier verschlagen. Großzügig pfeffern und etwas Salz hinzufügen – nicht zu viel, da der Käse recht salzig ist.

4 Den Käse gleichmäßig auf den gebackenen Boden streuen und die Sahnemischung vorsichtig darübergießen. Die Form auf ein Backblech setzen und die Tarte 30 Minuten backen, bis die Füllung gerade gestockt, etwas aufgegangen und goldbraun ist.

5 Die Tarte mindestens 15 Minuten ruhen lassen, dann warm servieren. Am besten schmeckt sie am Tag der Zubereitung, sie lässt sich jedoch über Nacht im Kühlschrank aufbewahren.

### KÜCHENUTENSILIEN

**1 geriffelte Tarteform (22 cm Ø) mit herausnehmbarem Boden**
**Hülsenfrüchte zum Blindbacken**

### ZUTATEN

**FÜR DEN TEIG**
**150 g Mehl sowie Mehl zum Bestäuben**
**75 g weiche Butter**
**½ TL Salz**

**FÜR DIE FÜLLUNG**
**175 g Sahne**
**75 ml Milch**
**2 große Eier**
**Salz und Pfeffer**
**250 g Västerbotten oder ein anderer würziger Hartkäse, gerieben**

Spinat harmoniert gut mit würzigem Käse wie Blauschimmelkäse, Ziegenkäse oder Feta. Hier wird die klassische Füllung abgewandelt und von knusprigem Filoteig umhüllt.

# FETA-KRÄUTER-PIE

FÜR 6 PERS.

ZUBEREITUNG 30 MIN. + KÜHLEN

GARZEIT 1 STD.

KÜCHENUTENSILIEN
1 Springform (20 cm Ø)

ZUTATEN

**FÜR DIE FÜLLUNG**

**1 kg Spinat**
**100 g Butter sowie Butter zum Einfetten**
**je 2 Zwiebeln und Knoblauchzehen, fein gehackt**
**120 g Grillpaprikaschoten in Öl, abgetropft und gehackt**
**1 Handvoll Basilikumblätter**
**3 EL gehackte Minzeblätter**
**3 EL gehackte Petersilie**
**Salz und Pfeffer**
**300 g Feta, zerkrümelt**

**FÜR DEN TEIG**

**6 Blätter Filoteig (à etwa 30 x 40 cm)**

1 Für die Füllung Spinat mit wenig Wasser in einem Topf zugedeckt 8–10 Minuten garen, bis er zusammengefallen ist. Abkühlen und dabei abtropfen lassen.

2 In einer Pfanne 25 g Butter zerlassen. Die Zwiebeln darin unter gelegentlichem Rühren 3 Minuten garen. Knoblauch hinzufügen und 2 Minuten garen. Paprika und Kräuter unterrühren. Die Mischung beiseitestellen. Den Backofen auf 200 °C vorheizen.

3 Den Spinat mit Küchenpapier trocken tupfen und fein hacken. Unter die Zwiebeln rühren und abschmecken. Die übrige Butter zerlassen und die Form damit einfetten. Die Pie zusammenstellen (s. unten).

4 Die Pie mit der restlichen Butter bestreichen und auf ein Backblech setzen. 35–40 Minuten backen, bis sie goldbraun und knusprig ist. 10 Minuten stehen lassen, dann vorsichtig aus der Form nehmen. Heiß oder warm in Stücke geschnitten servieren.

## Die Pie zusammenstellen

**1** 1 Filoteig-Blatt so in die Form legen, dass die Ränder überhängen, und mit Butter bestreichen.

**2** Jeweils um 90 Grad versetzt noch 5 weitere Blätter hineinlegen und ebenfalls mit Butter bestreichen.

**3** Die Hälfte der Füllung, dann Feta und zuletzt die übrige Füllung einschichten. Die Teigränder darüberklappen.

Eine einfache, aber raffinierte Tarte. Sie sollten allerdings unbedingt auf beste Zutaten achten und frischen Ricotta und junge Rosmarinnadeln verwenden.

# RICOTTA-ROSMARIN-TARTE MIT PINIENKERNEN

**FÜR 6 PERS.**

**ZUBEREITUNG 30 MIN. + KÜHLEN**

**GARZEIT 1–1¼ STD.**

**EINFRIEREN TEIGBODEN BIS ZU 1 MONAT**

KÜCHENUTENSILIEN
1 Tarteform (20 cm Ø)

ZUTATEN

**FÜR DEN TEIG**

**150 g Mehl sowie Mehl zum Bestäuben**
**75 g kalte Butter, gewürfelt**
**1 TL getrocknete Rosmarinnadeln**
**1 Eigelb**

**FÜR DIE FÜLLUNG**

**1 EL Olivenöl**
**2 rote Zwiebeln, in dünne Scheiben geschnitten**
**2 Knoblauchzehen, fein gehackt**
**Salz und Pfeffer**
**250 g Ricotta**
**2 Eier**
**85 g Pinienkerne, geröstet**
**1 EL gehackte frische Rosmarinnadeln**

1 Für den Mürbeteig Mehl und Butter zwischen den Fingerspitzen reiben, bis eine feinkrümelige Mischung entstanden ist. Rosmarin und Eigelb dazugeben. 1–2 TL kaltes Wasser hinzufügen und alles zu einem glatten Teig kneten. Den Teig in Frischhaltefolie einwickeln und 30 Minuten kühl stellen.

2 In der Zwischenzeit das Olivenöl bei mittlerer Hitze in einer Pfanne erhitzen. Die Zwiebeln hinzufügen und darin 10 Minuten garen. Den Knoblauch dazugeben und 2 Minuten garen. Alles großzügig salzen und pfeffern und in eine große Schüssel füllen. Den Ricotta gut untermischen. Die Eier hinzufügen und sorgfältig unterschlagen. Pinienkerne und frischen Rosmarin unterrühren. Die Mischung beiseitestellen.

3 Den Backofen auf 180 °C vorheizen. Den Teig auf der bemehlten Arbeitsfläche in ausreichender Größe ausrollen. Den Teig in die Form legen und an Boden und Rand fest andrücken. Überschüssigen Teig abschneiden. Die Form auf ein Backblech setzen. Den Boden mit einer Gabel mehrmals einstechen, mit Backpapier auslegen und mit den Hülsenfrüchten beschweren. Den Boden 20 Minuten backen, dann Hülsenfrüchte und Papier entfernen und den Boden weitere 5 Minuten backen.

4 Die Ricottamischung auf dem Boden verteilen und die Tarte in 25–30 Minuten goldbraun backen.

Aus den klassischen Zutaten für Waldorfsalat lässt sich auch eine köstliche Tarte zubereiten. Gehackte Walnüsse verleihen dem Teig zusätzlich Struktur und Geschmack. Dazu passt grüner Blattsalat.

# APFEL-SELLERIE-TARTE

FÜR 6–8 PERS.

ZUBEREITUNG 30 MIN. + KÜHLEN

GARZEIT 60–65 MIN.

EINFRIEREN TEIGBODEN BIS ZU 1 MONAT

**1** Für den Teig Mehl und Butter zwischen den Fingerspitzen reiben, bis eine feinkrümelige Mischung entstanden ist. Eigelb und gehackte Walnüsse hinzufügen. 2–3 EL kaltes Wasser dazugeben und alles zu einem glatten Teig kneten. Den Teig in Frischhaltefolie einwickeln und 30 Minuten kühl stellen.

**2** Für die Füllung die Butter in einer Pfanne zerlassen und den Sellerie darin 5 Minuten sanft garen. Aus der Pfanne nehmen und beiseitestellen. Die Apfelscheiben in die Pfanne geben und darin 5 Minuten braten, bis sie leicht gebräunt sind.

**3** Käse, Milch, Eier und reichlich Pfeffer in einer Küchenmaschine sorgfältig pürieren.

**4** Den Backofen auf 180 °C vorheizen. Den Teig auf der bemehlten Arbeitsfläche zu einem Kreis in ausreichender Größe ausrollen. Den Teig in die Form legen und gut an Boden und Rand drücken. Überschüssigen Teig abschneiden. Die Form auf ein Backblech setzen. Den Boden mit einer Gabel mehrmals einstechen, mit Backpapier auslegen und mit den Hülsenfrüchten beschweren. Den Boden 20 Minuten backen, dann Papier und Hülsenfrüchte entfernen und den Boden in weiteren 5 Minuten knusprig backen.

**5** Sellerie und Walnusskerne auf dem Boden verteilen. Darauf die Äpfel in drei Reihen arrangieren und die Käsemischung vorsichtig darübergießen. Die Tarte 25–30 Minuten backen, bis sie goldbraun ist.

KÜCHENUTENSILIEN

1 quadratische Tarteform (20 x 20 cm) mit herausnehmbarem Boden
Hülsenfrüchte zum Blindbacken

ZUTATEN

**FÜR DEN TEIG**

**225 g Mehl sowie Mehl zum Bestäuben**
**115 g kalte Butter, gewürfelt**
**1 Eigelb**
**2 EL Walnusskerne, sehr fein gehackt**

**FÜR DIE FÜLLUNG**

**25 g Butter**
**4 Stangen Staudensellerie, fein gehackt**
**2 rote Tafeläpfel wie Gala, geviertelt, entkernt und in je 16 Stücke geschnitten**
**140 g Stilton oder anderer Blauschimmelkäse, grob zerkrümelt**
**150 ml Milch**
**2 Eier**
**schwarzer Pfeffer**
**25 g Walnusskerne, grob gehackt**

Diese kleinen zigarrenförmigen Filoteig-Taschen sind mit gewürztem Feta gefüllt und knusprig gebacken. Mit gerösteten Pinienkernen und frisch gehacktem Dill lassen sie sich lecker variieren.

# BÖREK

**ERGIBT 20 STÜCK** | **ZUBEREITUNG 25 MIN.** | **GARZEIT 10–12 MIN.** | **EINFRIEREN BIS ZU 1 MONAT**

**KÜCHENUTENSILIEN**
**Backblech**

**ZUTATEN**

**FÜR DIE FÜLLUNG**
**175 g Feta, fein zerkrümelt**
**1 Prise frisch geriebene Muskatnuss**
**1 TL getrocknete Minze**
**schwarzer Pfeffer**

**FÜR DEN TEIG**
**8 Blätter Filoteig (etwa 30 x 40 cm)**
**60 g Butter, zerlassen, sowie Butter zum Einfetten**
**Mehl zum Bestäuben**

1 Den Backofen auf 180 °C vorheizen. Das Backblech einfetten. Für die Füllung den Feta in eine Schüssel geben und mit Muskatnuss, Minze und Pfeffer nach Geschmack mischen.

2 Die Filoteig-Blätter aufeinanderlegen und in drei Streifen von 10 cm Breite schneiden.

3 Jeden Streifen mit zerlassener Butter bestreichen. Auf ein Ende jeweils 1 gehäuften Teelöffel Käsemischung setzen und den Teig zigarrenförmig aufrollen. Die Ränder nach etwa ⅓ der Länge einschlagen, um die Füllung vollständig zu umschließen. Darauf achten, dass die Enden fest verschlossen sind. Mit den übrigen Teigblättern ebenso verfahren.

4 Die fertigen Börek-Röllchen auf der bemehlten Arbeitsfläche aufeinanderlegen und mit einem feuchten Küchentuch abdecken.

5 Die Rollen nebeneinander auf das Backblech legen und mit der restlichen Butter bestreichen. 10–12 Minuten backen, bis sie goldbraun und knusprig sind. Am besten heiß oder lauwarm servieren. Börek kann vor dem Backen bis zu 24 Stunden im Voraus zubereitet werden.

Diese Quiche ist ein Dauerbrenner im Frühling. Eine Schicht aus Rahmfrischkäse und Cheddar unter dem Spargel gibt zusätzliches Aroma. Die Quiche schmeckt warm oder kalt mit grünem Salat.

# SPARGEL-FRISCHKÄSE-QUICHE

**FÜR 4–6 PERS.**

**ZUBEREITUNG**
**20 MIN. + KÜHLEN**

**GARZEIT**
**35 MIN.**

1 Für den Teig Mehl und Salz in eine Schüssel sieben. Das Fett hinzufügen. Die Zutaten zwischen den Fingerspitzen reiben, bis eine feinkrümelige Mischung entstanden ist. 2 EL kaltes Wasser untermischen und alles zu einem festen Teig kneten. Den Teig auf der bemehlten Arbeitsfläche ausrollen. Die Springform auf ein Backblech setzen und mit dem Teig auskleiden, dann 30 Minuten kühl stellen.

2 Den Backofen auf 180 °C vorheizen. Für die Füllung den Spargel in etwas Olivenöl wenden. In einer heißen Grillpfanne auf jeder Seite etwa 2 Minuten garen, bis er leuchtend grün und gerade weich ist.

3 Den Frischkäse auf dem Boden verstreichen und Thymian, etwas Pfeffer und Cheddar darüberstreuen. Falls nötig, den Spargel kürzen, damit er auf die Quiche passt, und die Stangen in einem hübschen Muster darauf verteilen.

4 Eier und Sahne mit etwas Salz und Pfeffer verschlagen und vorsichtig über den Spargel gießen. Die Quiche 30 Minuten backen, bis sie goldbraun und fest ist. Warm oder kalt servieren.

## KÜCHENUTENSILIEN

**1 Springform (20 cm Ø)**
**Hülsenfrüchte zum Blindbacken**

## ZUTATEN

**FÜR DEN TEIG**
**(bebilderte Schritt-für-Schritt-Anleitung für Schmalzmürbeteig s. S. 120)**
**175 g Mehl**
**1 Prise Salz**
**45 g kaltes Schweineschmalz, gewürfelt**
**45 g kalte Butter, gewürfelt**

**FÜR DIE FÜLLUNG**
**175 g grüner Spargel**
**Olivenöl**
**125 g Frischkäse (Doppelrahmstufe)**
**2 TL gehackter Thymian**
**Salz und schwarzer Pfeffer**
**85 g alter Cheddar, gerieben**
**2 Eier**
**150 g Sahne**

Ein perfektes Gericht für den Frühsommer, das hübsch aussieht und gut schmeckt. Die pürierten Erbsen haben eine leuchtend grüne Farbe und verleihen der Tarte einen süßlichen Geschmack.

# SPARGEL-ERBSEN-TARTE

**FÜR 4–6 PERS.**

**ZUBEREITUNG 25 MIN. + KÜHLEN**

**GARZEIT 60–65 MIN.**

**EINFRIEREN TEIGBODEN BIS ZU 1 MONAT**

**KÜCHENUTENSILIEN**
1 Tarteform (20 cm Ø)
Hülsenfrüchte zum Blindbacken

**ZUTATEN**

**FÜR DEN TEIG**
**150 g Mehl sowie Mehl zum Bestäuben**
**75 g kalte Butter, gewürfelt**
**20 g Parmesan, gerieben**
**1 Eigelb**

**FÜR DIE FÜLLUNG**
**125 g TK-Erbsen**
**Salz und Pfeffer**
**125 g dünner grüner Spargel, in 6 cm große Stücke geschnitten**
**100 ml Milch**
**2 Eier**
**2 Knoblauchzehen, grob gehackt**
**2 EL gehackte Minzeblätter**
**50 g Cheddar, gerieben**

1 Für den Teig Mehl und Butter zwischen den Fingerspitzen reiben, bis eine feinkrümelige Mischung entstanden ist. Parmesan und Eigelb unterrühren, 1–2 EL kaltes Wasser hinzufügen und alles zu einem weichen Teig kneten. Den Teig in Frischhaltefolie einwickeln und 30 Minuten kühl stellen.

2 Für die Füllung die Erbsen in einem kleinen Topf mit kochendem Salzwasser 2 Minuten weich garen. Abtropfen lassen. Den Spargel 5 Minuten dämpfen, bis er gerade weich ist. Abtropfen lassen und auf Küchenpapier legen. Erbsen, Milch, Eier, Knoblauch sowie großzügig Salz und Pfeffer in einer Küchenmaschine sorgfältig pürieren.

3 Den Backofen auf 180 °C vorheizen. Den Teig auf der bemehlten Arbeitsfläche zu einem Kreis in ausreichender Größe ausrollen. Den Teig in die Form legen und gut an Boden und Rand drücken, überschüssigen Teig abschneiden. Die Form auf ein Backblech setzen. Den Boden mit einer Gabel mehrmals einstechen, mit Backpapier auslegen und mit den Hülsenfrüchten beschweren. Den Boden 20 Minuten backen, dann Hülsenfrüchte und Papier entfernen und den Boden weitere 5 Minuten backen.

4 Die gehackte Minze in die Form streuen und die Spargelstangen wie Radspeichen daraufsetzen. Vorsichtig die Erbsenmischung darübergießen und zuletzt den Cheddar daraufstreuen. Die Tarte 25–30 Minuten backen, bis sie goldbraun ist.

Versuchen Sie dieses köstliche Gericht unter der Kartoffelkruste mit dem Besten zuzubereiten, was die Natur gerade zu bieten hat. Je nach Saison können Sie unterschiedliche Gemüse verwenden.

# PIE MIT GARTENGEMÜSE

**FÜR 4 PERS.** **ZUBEREITUNG 20 MIN.** **GARZEIT 1¼–1½ STD.**

1 Den Backofen auf 200 °C vorheizen. Für die Füllung Lauch, Pastinaken, Kürbis, Möhren, Zwiebel und Knoblauch in einen großen Bräter geben. Öl, Chiliflocken, Rosmarin sowie großzügig Salz und Pfeffer hinzufügen und alles gut mischen. 35–45 Minuten im Backofen garen, bis das Gemüse weich ist.

2 In der Zwischenzeit für die Haube die Kartoffeln in einem Topf mit kochendem Salzwasser in 15 Minuten weich garen. Abtropfen lassen und zerstampfen. Butter, Milch und Käse sorgfältig untermischen. Mit Salz und Pfeffer abschmecken und beiseitestellen.

3 Petersilie, Brot und Parmesan in einer Küchenmaschine zerkleinern, bis feine Krümel entstanden sind. Salzen und pfeffern und die Zitronenschale untermischen.

4 Die Butter in einem mittelgroßen Topf zerlassen und das Mehl mit einem Holzlöffel hineinrühren. Unter Rühren bei mittlerer Hitze 2–3 Minuten garen, bis eine glatte Paste entstanden ist. Nach und nach die Milch unterrühren und eine Béchamel-Sauce herstellen. Senf, Cheddar und Gemüse unterrühren und alles kräftig salzen und pfeffern.

5 Die Mischung in die Form füllen. Das Kartoffelpüree in einer gleichmäßigen Schicht darauf verteilen und die Brotkrümel darüberstreuen. Das Gericht auf ein Backblech setzen und 20 Minuten backen. Am besten frisch aus dem Ofen und heiß servieren.

## KÜCHENUTENSILIEN

**1 Auflaufform (2,5 l Inhalt)**

## ZUTATEN

**FÜR DIE FÜLLUNG**

**100 g junger Lauch, in Scheiben geschnitten**
**200 g Pastinaken, in mundgerechte Stücke geschnitten**
**300 g Butternusskürbis, geschält und nach dem Entfernen der Samen in Stücke geschnitten**
**200 g junge Möhren, in mundgerechte Stücke geschnitten**
**1 rote Zwiebel, fein gehackt**
**2 Knoblauchzehen, fein gehackt**
**2 EL Olivenöl**
**½ TL Chiliflocken**
**2 EL gehackter frischer Rosmarin oder**
**1 TL getrockneter Rosmarin**
**Salz und Pfeffer**
**Blätter von 1 kleinen Bund Petersilie**
**50 g Weißbrot**
**30 g Parmesan, gerieben**
**abgeriebene Schale von 1 Bio-Zitrone**
**50 g Butter**
**50 g Mehl**
**450 ml Milch**
**1 TL Senf**
**60 g alter Cheddar, gerieben**

**FÜR DIE HAUBE**

**1 kg mehligkochende Kartoffeln, geschält und in kleine Stücke geschnitten**
**Salz und Pfeffer**
**50 g Butter**
**50 ml Milch**
**60 g alter Cheddar, gerieben**

Manchmal lassen sich ein paar wenige Zutaten zu einem leckeren Gericht kombinieren. Dieses geht schnell und schmeckt am besten direkt aus dem Ofen mit neuen Kartoffeln und Tomatensalat.

# BROKKOLI-TOMATEN-TASCHEN MIT MOZZARELLA

ERGIBT 4 STÜCK | ZUBEREITUNG 20 MIN. | GARZEIT 35 MIN.

KÜCHENUTENSILIEN
Backblech

ZUTATEN

**FÜR DIE FÜLLUNG**
**175 g Brokkoli, in Röschen geteilt**
**Salz und Pfeffer**
**100 g Mozzarella, gerieben**
**6 sonnengetrocknete Tomaten in Öl, abgetropft und fein gehackt**
**6 EL Crème fraîche sowie Crème fraîche zum Bestreichen**

**FÜR DEN TEIG**
**375 g bereits ausgerollter Fertig-Blätterteig (etwa 23 x 40 cm, oder selbst gemachter Blätterteig s. S. 122)**

1 Für die Füllung den Brokkoli in einem Topf mit leicht gesalzenem kochenden Wasser 2 Minuten garen, bis er fast weich ist. Abtropfen lassen, unter kaltem Wasser abschrecken und wieder abtropfen lassen. Den Backofen auf 220 °C vorheizen. Das Backblech mit ein paar Spritzern Wasser befeuchten.

2 Die Brokkoliröschen in eine große Schüssel geben. Mozzarella, Tomaten und Crème fraîche sowie Salz und Pfeffer hinzufügen. Die Zutaten sorgfältig vermischen.

3 Den Teig in vier rechteckige Stücke schneiden. Jeweils auf eine Hälfte eines Rechtecks ¼ der Füllung setzen, dabei einen kleinen Rand frei lassen. Die Teigränder rundum mit Wasser bestreichen. Den Teig über die Füllung klappen und die Ränder gut zusammendrücken. Die Teigtaschen auf das Backblech setzen. Mehrmals auf der Oberseite einschneiden und mit etwas Crème fraîche bestreichen. 30 Minuten backen, bis sie aufgegangen, goldbraun und knusprig sind.

Wer keine Küchenmaschine besitzt, kann den Mürbeteig auch mit den Händen kneten. Das dauert nur ein paar Minuten und ist tatsächlich sehr entspannend.

# BROKKOLI-CHAMPIGNON-QUICHE

FÜR 6-8 PERS.

ZUBEREITUNG 25–30 MIN. + KÜHLEN

GARZEIT 50–60 MIN.

EINFRIEREN BIS ZU 1 MONAT

1 Für den Teig das Mehl auf die Arbeitsfläche sieben und in die Mitte eine Mulde drücken. Eigelb, Salz, Butter und 3 EL Wasser hineingeben. Die Zutaten mit den Fingerspitzen vermischen, bis grobe Krümel entstanden sind. Vorsichtig zu einer Kugel zusammendrücken. Falls nötig, noch etwas Wasser daraufträufeln. Den Teig auf der bemehlten Arbeitsfläche 1–2 Minuten kneten, bis er glatt ist. Zu einer Kugel formen, in Frischhaltefolie einwickeln und 30 Minuten kühl stellen.

2 Den Backofen auf 220 °C vorheizen. Die Form einfetten. Den Teig auf der bemehlten Arbeitsfläche zu einem Kreis (30 cm Ø) ausrollen und die Form damit auskleiden. Den Teig mit Daumen und Zeigefinger gleichmäßig von unten an die Formwand drücken, damit der Rand höher wird. Den Boden mit einer Gabel mehrmals einstechen und mindestens 15 Minuten kühl stellen, bis er fest ist.

3 Den Boden mit Alufolie auslegen und mit den Hülsenfrüchten beschweren. Den Boden in 12–15 Minuten goldgelb backen, dann Alufolie und Hülsenfrüchte entfernen. Die Ofentemperatur auf 190 °C herunterschalten und den Boden weitere 5 Minuten backen.

4 Für die Füllung den Brokkoli in einem Topf mit kochendem Salzwasser 3–5 Minuten garen, dann abtropfen lassen. Die Butter in einer Pfanne zerlassen. Pilze und Knoblauch darin braten, bis die gesamte Flüssigkeit verdampft ist. Eier, Eigelbe, Milch, Sahne, Salz, Pfeffer und Muskatnuss verschlagen. Die Pilze auf dem Teigboden verteilen, den Brokkoli daraufsetzen und den Käse darüberstreuen. Die Eimasse fast bis zum Rand darübergießen. Die Quiche 30–35 Minuten backen und warm servieren.

## KÜCHENUTENSILIEN

**1 geriffelte Tarteform (25 cm Ø)**
**Hülsenfrüchte zum Blindbacken**

## ZUTATEN

**FÜR DEN TEIG**

**200 g Mehl sowie Mehl zum Bestäuben**
**1 Eigelb**
**½ TL Salz**
**100 g weiche Butter sowie Butter zum Einfetten**

**FÜR DIE FÜLLUNG**

**500 g Brokkoli, in Röschen geteilt**
**Salz und Pfeffer**
**30 g Butter**
**100 g Egerlinge, in Scheiben geschnitten**
**100 g kleine Champignons, halbiert**
**2 Knoblauchzehen, fein gehackt**
**3 Eier sowie 2 Eigelb**
**375 ml Milch**
**250 g Sahne**
**1 Prise frisch geriebene Muskatnuss**
**125 g alter Cheddar, gerieben**

Diese Lauchtorte stammt aus der Picardie im Norden Frankreichs. Blauschimmelkäse verleiht dem süßlichen Lauch hier Würze, gehört aber nicht zum traditionellen Rezept. Warm oder kalt servieren.

# FLAMICHE

FÜR 4–6 PERS.

ZUBEREITUNG 20 MIN.

GARZEIT 40–45 MIN.

KÜCHENUTENSILIEN

**1 Springform (18 cm Ø) mit herausnehmbarem Boden**

ZUTATEN

**FÜR DIE FÜLLUNG**

**50 g Butter**
**2 EL Olivenöl**
**500 g Lauch, geputzt und in feine Streifen geschnitten**
**Salz und Pfeffer**
**frisch geriebene Muskatnuss**
**2 EL Mehl**
**250 ml Milch**
**100 g Blauschimmelkäse (nach Belieben)**

**FÜR DEN TEIG**

**500 g Fertig-Blätterteig (oder selbst gemachter Blätterteig s. S. 122)**
**Mehl zum Bestäuben**
**Öl zum Einfetten**
**1 Ei, verquirlt, zum Bestreichen**

1 Den Backofen auf 200 °C vorheizen. Für die Füllung die Butter mit dem Öl in einem großen Topf zerlassen. Den Lauch darin bei kleiner Hitze unter gelegentlichem Rühren 10 Minuten garen, bis er sehr weich, aber noch nicht gebräunt ist. Großzügig salzen und pfeffern und etwas Muskatnuss hinzufügen. Das Mehl daraufstreuen und sorgfältig unterrühren.

2 Nach und nach die Milch unterrühren. Die Mischung wird zunächst dick werden, dann wieder flüssiger. Zum Kochen bringen, die Hitze herunterschalten und die Mischung 3–5 Minuten garen, bis sie gut eingedickt ist. Vom Herd nehmen und nach Belieben den Käse unterrühren.

3 Den Teig auf der bemehlten Arbeitsfläche 3–5 mm dick zu einem Rechteck (20 x 40 cm) ausrollen. Die Form auf ein Ende setzen und damit einen Kreis für den Deckel ausschneiden. Die Form einfetten. Den restlichen Teig passend zurechtschneiden und die Form damit auskleiden. Die Ränder sollten ein wenig überhängen. Den Teig innen mit etwas verquirltem Ei bestreichen und 5 Minuten beiseitestellen.

4 Die Lauchmischung in die Form füllen und die Teigränder mit etwas Ei bestreichen. Den Teigdeckel aufsetzen und die Ränder zusammendrücken. Den Deckel mit verquirltem Ei bestreichen. Zwei kleine Schlitze oben hineinschneiden, damit Dampf entweichen kann.

5 Die Flamiche 25–30 Minuten backen, bis sie aufgegangen und goldbraun ist. Herausnehmen, die Ränder noch warm begradigen. Vor dem Servieren mindestens 10 Minuten abkühlen lassen. Die Flamiche kann eine Nacht im Kühlschrank aufbewahrt werden. .

Lauch ist ein ungemein unterschätztes Gemüse. Meist wird er zur Ergänzung anderer Gemüse verwendet – hier spielt er die Hauptrolle und schmeckt, langsam mit Zwiebeln gegart, einfach fantastisch.

# LAUCHQUICHE

**FÜR 6–8 PERS.**

**ZUBEREITUNG 30 MIN. + KÜHLEN**

**GARZEIT 1–1½ STD.**

**EINFRIEREN TEIGBODEN BIS ZU 2 MONATE**

1 Für den Teig Mehl, Butter und Salz zwischen den Fingerspitzen reiben, bis eine feinkrümelige Mischung entstanden ist. Nach und nach 4–6 EL kaltes Wasser hinzufügen und alles zu einem weichen Teig kneten. Falls nötig, noch etwas Wasser dazugeben. Den Teig in Frischhaltefolie einwickeln und 30 Minuten kühl stellen. Den Backofen auf 180 °C vorheizen.

2 Den Teig auf der bemehlten Arbeitsfläche etwa 5 mm dick zu einem großen Kreis ausrollen. In die Form legen, dabei darauf achten, dass die Ränder überhängen. Den Rand bis auf 1 cm abschneiden. Den Boden mit einer Gabel mehrmals einstechen, mit Backpapier auslegen und mit den Hülsenfrüchten beschweren. Auf einem Backblech in 20–25 Minuten hell backen. Dann Hülsenfrüchte und Papier entfernen und den Boden in weiteren 5 Minuten knusprig backen. Die Ränder noch warm begradigen.

3 Für die Füllung die Butter in einer Pfanne zerlassen. Den Lauch darin bei mittlerer Hitze unter gelegentlichem Rühren 15 Minuten garen, bis er weich, aber noch nicht gebräunt ist. Gleichmäßig auf dem Teigboden verteilen.

4 Sahne, Crème fraîche, Eier, Thymian, Salz und Pfeffer in einer Schüssel verschlagen. Die Form auf ein Backblech setzen und die Sahnemischung vorsichtig hineingießen. Die Quiche 45 Minuten backen, bis sie gerade fest und hell goldbraun ist.

5 Aus dem Backofen nehmen und mindestens 15 Minuten abkühlen lassen. Warm oder kalt servieren. Am besten wird die Quiche am Tag ihrer Zubereitung gegessen, sie kann aber auch über Nacht im Kühlschrank aufbewahrt werden.

## KÜCHENUTENSILIEN

**1 geriffelte Tarteform (22 cm Ø, 3 cm hoch) mit herausnehmbarem Boden**
**Hülsenfrüchte zum Blindbacken**

## ZUTATEN

**FÜR DEN TEIG**

**200 g Mehl sowie Mehl zum Bestäuben**
**100 g weiche Butter, in kleinen Stücken**
**½ TL Salz**

**FÜR DIE FÜLLUNG**

**50 g Butter**
**500 g geputzter Lauch, in 1 cm dicke Scheiben geschnitten**
**200 g Sahne**
**100 g Crème fraîche**
**2 Eier**
**½ EL fein gehackter Thymian**
**Salz und Pfeffer**

Diese Pie schmeckt nach den Aromen des Waldes und ergibt mit Kartoffelpüree und einem Gemüse ein wunderbares Abendessen. Weihnachten ist sie eine perfekte vegetarische Alternative zum Braten.

# MARONEN-PILZ-PIE

FÜR 4–6 PERS.

ZUBEREITUNG 15 MIN.

GARZEIT 35–40 MIN.

KÜCHENUTENSILIEN
1 Pieform (23 cm Ø)

ZUTATEN

**FÜR DIE FÜLLUNG**

**1 EL Olivenöl**
**1 rote Zwiebel, fein gehackt**
**2 Knoblauchzehen, fein gehackt**
**500 g Mischpilze wie Austernpilze, Shiitakepilze, Egerlinge und Champignons, große Pilze in Scheiben geschnitten, kleine ganz verwendet**
**200 ml Rotwein**
**Blätter von 4 Zweigen frischem Thymian oder 1 TL getrockneter Thymian**
**Salz und Pfeffer**
**150 g Maronen, gegart, geschält und halbiert**

**FÜR DEN TEIG**

**215 g bereits ausgerollter Fertig-Blätterteig (oder selbst gemachter Blätterteig s. S. 122)**
**1 Ei, verquirlt, zum Bestreichen**

1 Für die Füllung das Olivenöl in einer großen beschichteten Pfanne erhitzen. Die Zwiebel darin 3 Minuten sanft braten. Den Knoblauch hinzufügen und 1–2 Minuten garen.

2 Pilze, Rotwein und Thymian dazugeben. Die Mischung großzügig salzen und pfeffern, zum Köcheln bringen und bei mittlerer Hitze 5 Minuten garen. Die Maronen untermischen, dabei gelegentlich umrühren. Den Pfanneninhalt in die Pieform füllen. Den Backofen auf 200 °C vorheizen.

3 Vom Teig genügend 2 cm breite Streifen für den Rand der Form abschneiden. Den Rand der Form innen mit Wasser bestreichen und mit den Teigstreifen auskleiden. Mit dem restlichen Teig die Pie bedecken, überschüssigen Teig abschneiden. Die Ränder fest zusammendrücken und den Deckel mit verquirltem Ei bestreichen. In der Mitte ein Loch in den Teigdeckel schneiden, damit der Dampf entweichen kann. Die Pie auf ein Backblech setzen und 15–20 Minuten backen, bis sie gebräunt ist.

Bei diesem Rezept ist es wichtig, die Zucchiniraspel gesalzen abtropfen zu lassen. Dadurch wird ihnen möglichst viel Wasser entzogen, sodass der zarte Filoteig nach dem Garen nicht durchweichen kann.

# ZUCCHINI-FETA-PIE

**FÜR 4–6 PERS.** **ZUBEREITUNG 1 STD.** **GARZEIT 50–55 MIN.**

1 Für die Füllung die geraspelten Zucchini gründlich mit dem Salz mischen. Die Raspel in ein Sieb geben, auf eine Schüssel setzen und mit einem sauberen Teller und einem Gewicht beschweren. 30 Minuten abtropfen lassen, danach kräftig mit der Hand ausdrücken, um möglichst viel Flüssigkeit zu entfernen.

2 Das Olivenöl in einer Pfanne erhitzen. Zwiebel und Knoblauch darin 5 Minuten braten, bis sie weich sind. Die Zucchini hinzufügen und bei kleiner Hitze unter gelegentlichem Rühren 10–15 Minuten garen, bis die gesamte Flüssigkeit verdampft ist. Abkühlen lassen.

3 Den Backofen auf 180 °C vorheizen. Eier, Joghurt und Minze unter die Zucchini mischen, dann großzügig salzen und pfeffern. Den Feta unterrühren.

4 Den Boden der Form mit etwas Olivenöl einfetten. 1 Teigblatt längs in die Form legen und mit wenig Öl bestreichen. Das nächste Blatt im rechten Winkel darauflegen, dabei darauf achten, dass es einen der schmalen Ränder der Form berührt. Mit Öl bestreichen. Das nächste Blatt in der gleichen Richtung so darauflegen, dass es den anderen Rand berührt. Mit Öl bestreichen. 3 weitere Teigblätter in die Form legen. Die Füllung gleichmäßig in der Form verteilen. 1 Teigblatt längs darauflegen. Die Hälfte der überhängenden Teigränder darüberklappen. Mit Öl bestreichen und 1 weiteres Blatt längs darauflegen. Die restlichen Teigränder umfalten und mit Öl bestreichen. Die beiden restlichen Teigblätter auf die Pie legen. Überstehende Ränder einschlagen.

5 Die Pie mit etwas Öl bestreichen und 35–40 Minuten backen. Mindestens 10 Minuten abkühlen lassen, dann heiß oder warm servieren. Die Pie kann abgedeckt bis zu zwei Tage im Kühlschrank aufbewahrt werden. Dann kalt servieren oder wieder erhitzen.

## KÜCHENUTENSILIEN

**1 rechteckige Auflaufform (20 x 30 cm)**

## ZUTATEN

**FÜR DIE FÜLLUNG**

**600 g Zucchini, geraspelt**
**1 TL feines Salz**
**6 EL Olivenöl**
**1 rote Zwiebel, fein gehackt**
**1 Knoblauchzehe, zerdrückt**
**2 Eier, verquirlt**
**1 EL griechischer Joghurt (10 % Fett)**
**3–4 EL gehackte Minze**
**Pfeffer**
**200 g Feta, zerkrümelt**

**FÜR DEN TEIG**

**10 Blätter Filoteig**
**Olivenöl zum Einfetten und Bestreichen**

Diese zarten kleinen Quiches sind mit Sommergemüsen gefüllt. Der verwendete Käse verleiht dem Teig zusätzliche Würze, die in einem schönen Kontrast zu der Süße der Gemüse steht.

# MINI-QUICHES MIT ZUCCHINI, DICKEN BOHNEN UND ERBSEN

ERGIBT 6 STÜCK

ZUBEREITUNG 15 MIN. + KÜHLEN

GARZEIT 35–40 MIN.

EINFRIEREN BIS ZU 1 MONAT

1 Den Backofen auf 170 °C vorheizen. Das Mehl in einer Küchenmaschine 1 Minute rühren. Dann die Butter in kleinen Stücken hinzufügen. Oder das Mehl und die Butter zwischen den Fingerspitzen reiben, bis eine krümelige Mischung entstanden ist. Eigelb, Parmesan und etwas Salz und Pfeffer hinzufügen. Etwas Milch dazugeben und alles zu einem weichen Teig kneten. Den Teig in Frischhaltefolie einwickeln und 30 Minuten kühl stellen.

2 Für die Füllung in einem Topf Salzwasser zum Kochen bringen. Die Dicken Bohnen darin 3 Minuten blanchieren. Unter kaltem Wasser abschrecken und abtropfen lassen, dann enthülsen.

3 Die Förmchen mit Butter einfetten und mit Mehl ausstäuben. Den Teig auf der bemehlten Arbeitsfläche ausrollen und die Förmchen damit auskleiden. 10 Minuten kühl stellen, dann mit Backpapier bedecken und 8 Minuten backen. Abkühlen lassen, anschließend das Gemüse darauf verteilen.

4 Eigelbe und Sahne verschlagen und Minze sowie etwas Salz und Pfeffer hinzufügen. Die Mischung bis zum Rand in die Förmchen füllen. Die Mini-Quiches 25 Minuten backen, bis sie gerade gestockt sind. 5 Minuten abkühlen lassen, dann nach Belieben mit gemischtem Blattsalat servieren.

## KÜCHENUTENSILIEN

6 geriffelte Tortelett-Förmchen (10 cm Ø, 4 cm hoch)

## ZUTATEN

**FÜR DEN TEIG**

**200 g Mehl sowie Mehl zum Bestäuben**
**100 g Butter sowie Butter zum Einfetten**
**1 Eigelb**
**40 g Parmesan, gerieben**
**Salz und schwarzer Pfeffer**
**etwas Milch**

**FÜR DIE FÜLLUNG**

**Salz und Pfeffer**
**650 g Dicke Bohnen in der Hülse**
**200 g Zucchini, in 1 cm große Würfel geschnitten**
**400 g frische Erbsen (enthülst 120 g)**
**6 Eigelb**
**150 g Sahne**
**1 EL gehackte Minze**

Diese pikanten Törtchen können in Portionsgröße oder als kleine Canapés zubereitet werden. Für Happen in mundgerechter Größe die Garzeit entsprechend verkürzen.

# APFEL-CAMEMBERT-TORTELETTS

ERGIBT 4 STÜCK

ZUBEREITUNG 10 MIN.

GARZEIT 25–30 MIN.

KÜCHENUTENSILIEN
**Backblech**

ZUTATEN

**FÜR DEN TEIG**

**200 g Fertig-Blätterteig (oder selbst gemachter Blätterteig s. S. 122)**
**Mehl zum Bestäuben**
**1 Eigelb, mit etwas Wasser verquirlt, zum Bestreichen**
**1 TL Dijonsenf**

**FÜR DIE FÜLLUNG**

**250 g Camembert (nach Möglichkeit nicht reif), in sehr dünne Scheiben geschnitten**
**4 kleine Tafeläpfel wie Cox oder Gala, entkernt und in sehr dünne Scheiben geschnitten**
**Salz und Pfeffer**

1 Den Backofen auf 200 °C vorheizen. Den Teig auf der bemehlten Arbeitsfläche etwa 5 mm dick ausrollen. Mit Hilfe eines kleinen Tellers vier Kreise (15 cm Ø) ausschneiden. Die Kreise zuerst mit Eigelb und dann mit Senf bestreichen.

2 Auf jeden Kreis 2 Scheiben Käse legen. Sollte der Käse zu reif zum Schneiden sein, mit den Fingern Stücke abbrechen und auf den Teig setzen. Dabei einen 2 cm breiten Rand frei lassen. Die Apfelscheiben kreisförmig sich leicht überlappend auf den Käse setzen. Die Törtchen salzen und pfeffern und den restlichen Käse darauf verteilen.

3 Die Törtchen 25–30 Minuten backen, bis sie aufgegangen und goldbraun sind. Vor dem Servieren 5 Minuten abkühlen lassen.

Es gibt kaum etwas Köstlicheres als eine gute Zwiebeltarte. Garen Sie die Zwiebeln langsam, damit sie weich und süß werden, und verwenden Sie am besten selbst gemachten buttrigen Mürbeteig.

# ZWIEBELTARTE

FÜR 8 PERS.

ZUBEREITUNG 25 MIN. + KÜHLEN

GARZEIT 60–70 MIN.

EINFRIEREN BIS ZU 2 MONATE

1 Für die Füllung Öl und Butter in einer Pfanne erhitzen. Die Zwiebeln hineingeben und großzügig mit Salz und Pfeffer würzen. Wenn der Pfanneninhalt brutzelt, auf kleine Hitze herunterschalten. Die Zwiebeln zugedeckt unter gelegentlichem Rühren 20 Minuten garen, bis sie weich, aber nicht gebräunt sind. Den Deckel abnehmen und die Hitze heraufschalten. Die Zwiebeln weitere 5–10 Minuten garen, bis die gesamte Flüssigkeit verdampft ist.

2 Den Fertigboden in die Tarteform setzen und die Zwiebeln gleichmäßig auf dem Boden verteilen. Sahne, Ei, Eigelb, Salz und Pfeffer verschlagen. Die Form auf ein Backblech stellen und die Sahnemischung über die Zwiebeln gießen. Die Mischung mit einer Gabel gleichmäßig verteilen, dabei die Zwiebeln etwas hin- und herschieben.

3 Die Tarte 30 Minuten backen, bis sie gerade gestockt, hell goldbraun und aufgegangen ist. Herausnehmen und die Ränder noch warm begradigen. 10 Minuten abkühlen lassen. Die Tarte kann warm oder kalt gegessen werden und schmeckt frisch am besten. Man kann sie auch über Nacht im Kühlschrank aufbewahren und bei mittlerer Hitze im Backofen wieder vorsichtig erhitzen. Der Boden kann zwei Tage im Voraus zubereitet und bis zur Verwendung in Frischhaltefolie eingewickelt im Kühlschrank aufbewahrt werden.

## KÜCHENUTENSILIEN

**1 Tarteform (22 cm Ø) mit herausnehmbarem Boden**

## ZUTATEN

**FÜR DIE FÜLLUNG**

**2 EL Olivenöl**
**25 g Butter**
**500 g Zwiebeln, in dünne Scheiben geschnitten**
**Salz und Pfeffer**
**200 g Sahne**
**1 großes Ei sowie 1 Eigelb**

**FÜR DEN TEIG**

**1 vorgebackener Fertig-Mürbeteigboden (oder ein selbst gemachter Mürbeteigboden s. S. 43)**

# TARTES UND PIES MIT FLEISCH UND GEFLÜGEL

Ein perfektes Herbstgericht für Gäste, das einfach und dennoch ungewöhnlich ist. Sollten Sie keine frischen Waldpilze bekommen, verwenden Sie getrocknete Pilze oder auch Egerlinge.

# RINDFLEISCH-WALDPILZ-PIE

FÜR 4–6 PERS.

ZUBEREITUNG 50–55 MIN. + KÜHLEN

GARZEIT 2½–3 STD.

EINFRIEREN BIS ZU 1 MONAT

## KÜCHENUTENSILIEN

1 Pieform (2 l Inhalt)
Pastetenkamin

## ZUTATEN

**FÜR DIE FÜLLUNG**

**500 g gemischte frische Waldpilze, oder 75 g getrocknete Waldpilze, 30 Min. eingeweicht, dann abgetropft**
**35 g Mehl**
**Salz und Pfeffer**
**1 kg Rinderschmorfleisch, in 2,5 cm große Würfel geschnitten**
**4 Schalotten, fein gehackt**
**900 ml Rinderbrühe oder Wasser oder etwas mehr**
**Blätter von 6 Stängeln Petersilie, fein gehackt**

**FÜR DEN TEIG**

**(bebilderte Schritt-für-Schritt-Anleitung für Blätterteig** **s. S. 122)**
**250 g Mehl sowie Mehl zum Bestäuben**
**½ TL feines Salz**
**175 g Butter, gewürfelt**
**1 Ei, verquirlt, zum Bestreichen**

1 Den Backofen auf 180 °C vorheizen. Für die Füllung die Pilze in Scheiben schneiden. Das Mehl salzen und pfeffern und die Fleischwürfel darin wenden.

2 Fleisch, Pilze und Schalotten in einen Bräter füllen. Die Brühe hinzufügen und unter Rühren erhitzen, bis sie kocht. Alles zugedeckt 2–2¼ Stunden im Ofen garen, bis das Fleisch weich ist.

3 Für den Teig Mehl und Salz in eine Schüssel sieben. 120 g Butter mit den Fingerspitzen einarbeiten, bis eine krümelige Mischung entstanden ist. 100 ml Wasser hinzufügen und alles zu einem Teig kneten. In Frischhaltefolie einwickeln und 15 Minuten kühl stellen.

4 Den Teig auf der bemehlten Arbeitsfläche zu einem Rechteck (15 x 38 cm) ausrollen. Auf zwei Dritteln die restliche Butter in Flöckchen verteilen und das übrige Drittel darüberfalten. Die Platte noch einmal so falten, dass die Butter vollständig von Teig umschlossen ist. Umdrehen und mit dem Nudelholz über die Ränder rollen. Den Teig wieder 15 Minuten kühl stellen. Zu einem Rechteck (15 x 45 cm) ausrollen, wie oben zusammenfalten, um 90 Grad drehen und über die Ränder rollen. 15 Minuten kühlen. Den letzten Arbeitsschritt dreimal wiederholen.

5 Petersilie, Salz und Pfeffer zur gegarten Fleisch-Pilz-Mischung geben und alles in die Form füllen. Die Ofentemperatur auf 220 °C heraufschalten. Den Teig ausrollen und vom Rand einen Streifen abschneiden. Den Rand der Form befeuchten und den Teigstreifen fest andrücken. Den ausgerollten Teig darauflegen und gut andrücken. Mit Ei bestreichen und in der Mitte den Pastetenkamin einsetzen. Die Pie 15 Minuten kühlen, dann in 25–35 Minuten goldbraun backen. Falls sie zu rasch bräunt, Alufolie darüberlegen.

Bei den meisten Cobblern geht der Teig beim Backen kräftig auf. Lässt man das Backpulver weg, bekommt der Teigdeckel eine andere Konsistenz und wird dünner und knuspriger.

# COBBLER MIT RINDFLEISCH, FENCHEL UND PILZEN

**FÜR 8 PERS.** | **ZUBEREITUNG** 20 MIN. + KÜHLEN | **GARZEIT** 2½ STD. | **EINFRIEREN** FÜLLUNG BIS ZU 2 MONATE

**1** Für die Füllung den Backofen auf 180 °C vorheizen. Die Fleischstücke salzen und pfeffern. In einer Schüssel sorgfältig in Mehl und Paprikapulver wenden, bis sie rundum davon überzogen sind.

**2** Die Hälfte des Öls in einem Topf erhitzen. Das Fleisch darin portionsweise bei mittlerer Hitze unter Rühren 8–10 Minuten braten, bis es gleichmäßig gebräunt ist. Herausheben und beiseitestellen.

**3** Das restliche Öl im Bräter erhitzen. Die Zwiebeln darin 6–8 Minuten weich garen, gut salzen und pfeffern. Den Fenchel hinzufügen und 6 Minuten garen, bis er etwas weich wird. Den Wein dazugeben, die Hitze heraufschalten und alles 1–2 Minuten köcheln lassen, bis sich der Alkohol verflüchtigt. Fleisch und Brühe in den Topf geben, alles aufkochen und dann zugedeckt im Ofen 1 Stunde garen.

**4** Für den Cobbler-Teig beide Mehlsorten, 1 Prise Salz und die Butter mit den Fingerspitzen reiben, bis eine krümelige Mischung entstanden ist. Milch unterrühren und alles zu einem weichen Teig kneten. 20 Minuten kühl stellen, dann auf der bemehlten Arbeitsfläche ausrollen und 16 Kreise ausstechen.

**5** Wenn das Fleisch gegart ist, Pilze und Oregano in der Butter 5 Minuten garen. Pilze in die Fleischmischung rühren und alles noch 30 Minuten garen. Die Ofentemperatur auf 200 °C heraufschalten. Die Teigkreise sich überlappend auf den Eintopf legen, dabei einige Lücken lassen. Die Kreise mit Ei bestreichen und den Cobbler in 30–40 Minuten goldbraun backen. Vor dem Servieren 5 Minuten ruhen lassen.

## KÜCHENUTENSILIEN

1 großer gusseiserner Bräter
runde Ausstechform (6 cm Ø)

## ZUTATEN

**FÜR DIE FÜLLUNG**

**1 kg Rinderschmorfleisch, in mundgerechte Stücke geschnitten**
**Salz und Pfeffer**
**1 EL Mehl**
**2 TL edelsüßes Paprikapulver**
**3 EL Olivenöl**
**2 Zwiebeln, in dünne Scheiben geschnitten**
**3 Fenchelknollen, geputzt und geachtelt**
**150 ml trockener Weißwein**
**1,2 l heiße Rinder- oder Gemüsebrühe**
**500 g Egerlinge, geviertelt**
**1 Prise getrockneter Oregano**
**1 EL Butter**

**FÜR DEN COBBLER-TEIG**
**(bebilderte Schritt-für-Schritt-Anleitung für Cobbler-Teig s. S. 130)**

**je 150 g Weizen- und Maismehl sowie Mehl zum Bestäuben**
**50 g Butter**
**90 ml Milch**
**1 Eigelb, verquirlt, zum Bestreichen**

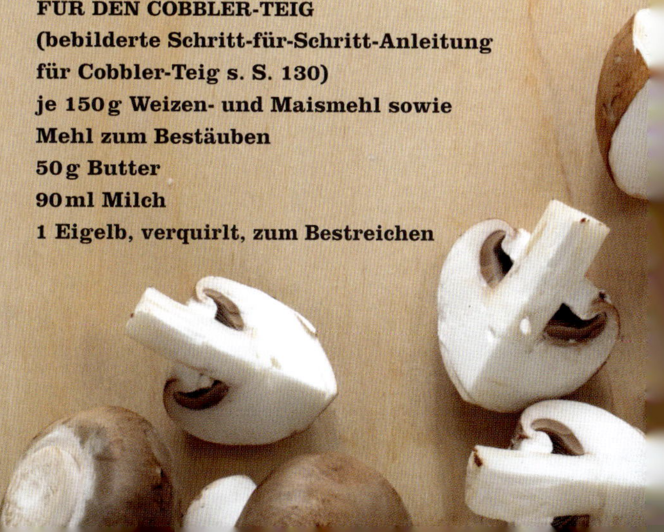

Diese Teigtaschen wurden ursprünglich als Lunchpaket für Feldarbeiter zubereitet. Die Arbeiter hielten sie beim Essen mit ihren schmutzigen Fingern an dem dicken Teigrand fest, den sie später wegwarfen.

# CORNISH PASTIES

ERGIBT 4 STÜCK | ZUBEREITUNG 20 MIN. + KÜHLEN | GARZEIT 40–45 MIN. | EINFRIEREN BIS ZU 1 MONAT

KÜCHENUTENSILIEN
Backblech

ZUTATEN

**FÜR DEN TEIG**
**100 g kaltes Schweineschmalz, gewürfelt**
**50 g kalte Butter, gewürfelt**
**300 g Mehl sowie Mehl zum Bestäuben**
**½ TL Salz**
**1 Ei, verquirlt, zum Bestreichen**

**FÜR DIE FÜLLUNG**
**250 g Bauchlappen vom Rind, in 1 cm große Würfel geschnitten**
**1 Steckrübe, in 5 mm große Würfel geschnitten**
**100 g festkochende Kartoffeln, in 5 mm große Würfel geschnitten**
**1 große Zwiebel, fein gehackt**
**1 Spritzer Worcestersauce**
**1 TL Mehl**
**Salz und Pfeffer**

1 Für den Teig Schmalz, Butter und Mehl zwischen den Fingerspitzen reiben, bis eine feinkrümelige Mischung entstanden ist. Salz und ausreichend kaltes Wasser hinzufügen und alles zu einem weichen Teig kneten. Kurz auf der bemehlten Arbeitsfläche kneten, dann in Frischhaltefolie einwickeln und 30 Minuten kühl stellen.

2 Den Backofen auf 190 °C vorheizen. Alle Zutaten für die Füllung in einer Schüssel mischen und kräftig mit Salz und Pfeffer würzen.

3 Den Teig auf der bemehlten Arbeitsfläche 5 mm dick ausrollen. Mit einem Beilagenteller oder einer Untertasse vier Kreise (15 cm Ø) aus dem Teig ausschneiden, dabei die Teigreste neu ausrollen. Die Kreise jeweils zusammenfalten und wieder öffnen, sodass in der Mitte eine leichte Markierung entsteht. Jeweils ¼ der Füllung auf einen Kreis setzen, dabei rundum einen 2 cm breiten Rand frei lassen.

4 Die Teigränder mit etwas verquirltem Ei bestreichen. Über der Füllung zusammennehmen und fest andrücken. Mit dem Fingern wellen, damit eine schöne Kante entsteht. Die fertigen Teigtaschen rundum mit etwas verquirltem Ei bestreichen.

5 Die Pasties auf der mittleren Schiene 40–45 Minuten backen, bis sie goldbraun sind. Mindestens 15 Minuten abkühlen lassen, dann warm oder kalt servieren. Im Kühlschrank aufbewahrt halten sich die Teigtaschen bis zu zwei Tage.

Die französische Pie ist eine Variante der klassischen Cottage Pie und diente ursprünglich der Verwertung von übrig gebliebenem Rinderbraten. Heute wird sie oft mit frischem Rinderhackfleisch zubereitet.

# FRANZÖSISCHE RINDFLEISCH-KARTOFFEL-PIE

**FÜR 6 PERS.** **ZUBEREITUNG 25–30 MIN.** **GARZEIT 2–2½ STD.**

1 Für die Füllung den Knoblauch fein hacken. In einer Pfanne ⅓ des Öls erhitzen. Die Zwiebel darin 3–5 Minuten unter Rühren garen, bis sie weich, aber noch nicht gebräunt ist. Knoblauch, Hackfleisch, Salz, Pfeffer und Tomaten hinzufügen. Die Hitze herunterschalten und alles 10–12 Minuten garen, bis das Fleisch gebräunt ist, dabei ab und zu umrühren. Die Brühe und den Wein unterrühren und alles bei kleiner Hitze 25–30 Min. garen, bis die meiste Flüssigkeit verdampft ist. Das Fleisch nicht zu rasch garen, sonst wird es zäh.

2 Für die Haube die Kartoffeln in einen Topf mit reichlich kaltem Wasser geben und Salz hinzufügen. Zugedeckt aufkochen, die Hitze herunterschalten und die Kartoffeln in 15–20 Minuten weich köcheln. Basilikum, Petersilie, Knoblauch und Öl in einer Küchenmaschine pürieren, dabei zwischendurch die Gefäßwände abschaben.

3 Die Kartoffeln abtropfen lassen und im Topf zerstampfen. Das Kräuterpüree hinzufügen. In einem weiteren Topf die Milch erhitzen. Nach und nach bei mittlerer Hitze unter die Kartoffeln schlagen und alles 2–3 Minuten rühren. Nach Geschmack würzen.

4 Den Backofen auf 190 °C vorheizen. Die Auflaufform einfetten. Die Fleischmischung abschmecken, dann in die Form füllen. Eine gleichmäßige Schicht Kartoffelbrei darauf verteilen, mit dem Löffelrücken glatt streichen und ein Wellenmuster hineindrücken. Die Pie 35–40 Minuten backen, bis die Haube goldbraun ist, die Sauce an den Rändern blubbert und ein für 30 Sekunden in die Mitte geschobener Metallspieß beim Herausziehen heiß ist.

## KÜCHENUTENSILIEN

**1 flache Auflaufform**

## ZUTATEN

**FÜR DIE FÜLLUNG**

**2 Knoblauchzehen**
**25 ml Öl sowie Öl zum Einfetten**
**1 große Zwiebel, gewürfelt**
**1 kg Rinderhackfleisch**
**Salz und Pfeffer**
**1 Dose Tomatenstücke (etwa 400 g)**
**250 ml Rinderbrühe**
**125 ml trockener Weißwein**

**FÜR DIE HAUBE**

**1 kg Kartoffeln, geschält und in je 2–3 Stücke geschnitten**
**Salz und Pfeffer**
**1 Bund Basilikum, nur die Blätter**
**1 Bund Petersilie, nur die Blätter**
**2 Knoblauchzehen**
**50 ml Öl**
**250 ml Milch oder etwas mehr**

Pinienkerne, Trockenaprikosen und exotische Gewürze machen diese Lammpie zu etwas ganz Besonderem. Dazu passt ein grüner Salat mit dünnen Scheiben roter Zwiebel und schwarzen Oliven.

# FRUCHTIGE LAMMPIE

FÜR 4 PERS.

ZUBEREITUNG 15 MIN.

GARZEIT 1¼ STD.

EINFRIEREN BIS ZU 1 MONAT

KÜCHENUTENSILIEN
1 Pieform (1,2 l Inhalt)

ZUTATEN

**FÜR DIE FÜLLUNG**
**1–2 EL Olivenöl**
**1 Zwiebel, fein gehackt**
**Salz und Pfeffer**
**2 Knoblauchzehen, fein gehackt**
**350 g Lammhüftsteak, in mundgerechte Stücke geschnitten**
**1 TL gemahlene Kurkuma**
**½ TL Piment**
**1 TL gemahlener Koriander**
**1 TL gemahlener Kreuzkümmel**
**2 EL Mehl sowie Mehl zum Bestäuben**
**900 ml heiße Lammbrühe**
**50 g Pinienkerne**
**50 g Trockenaprikosen, grob gehackt**
**50 g Rosinen**

**FÜR DEN TEIG**
**300 g Fertig-Mürbeteig**
**1 Ei, verquirlt, zum Bestreichen**

1 Für die Füllung in einem großen Topf bei kleiner Hitze 1 EL Öl erhitzen. Die Zwiebel mit 1 Prise Salz hinzufügen und etwa 5 Minuten leicht anschwitzen, bis sie weich und glasig ist. Den Knoblauch hinzufügen, dann auf mittlere Hitze heraufschalten und, falls nötig, noch etwas Öl dazugeben. Das Fleisch hinzufügen und mit den Gewürzen bestreuen. Dann unter gelegentlichem Rühren 6–8 Minuten garen, bis das Fleisch rundum gebräunt ist.

2 Vom Herd nehmen und das Mehl sowie 1 EL Brühe unterrühren. Auf den Herd zurückstellen und die restliche Brühe dazugießen. Pinienkerne, Aprikosen und Rosinen sowie großzügig Salz und Pfeffer dazugeben. Zum Kochen bringen, dann auf kleine Hitze herunterschalten und alles etwa 20 Minuten köcheln lassen, bis es dick geworden ist. Zwischendurch ab und zu umrühren, damit nichts anbrennt.

3 In der Zwischenzeit den Backofen auf 200 °C vorheizen. Die Fleischmischung in die Pieform füllen. Den Teig auf der bemehlten Arbeitsfläche etwa 5 cm größer als die Form ausrollen. Am Rand einen etwa 2,5 cm breiten Streifen abschneiden. Den Rand der Form mit etwas Wasser anfeuchten und den Teigstreifen darauf rundum fest andrücken. Den Streifen mit wenig verquirltem Ei bestreichen, dann den Teigdeckel daraufsetzen und überschüssigen Teig abschneiden. Die Teigränder mit Daumen und Zeigefinger zusammendrücken. Falls gewünscht, den Deckel verzieren.

4 Die Oberfläche der Pie mit dem restlichen Ei bestreichen und zwei Schlitze hineinschneiden, damit Dampf entweichen kann. Die Pie 30–40 Minuten backen, bis sie gar und goldbraun ist. Heiß servieren.

**Variante**

**FRUCHTIGE RINDFLEISCHPIE**

Als Alternative Schmorfleisch vom Rind verwenden und die Lammbrühe durch Rinderbrühe ersetzen. Rindfleisch 30 Minuten länger köcheln lassen, ehe es in die Pieform gefüllt wird.

Es gibt viele Rezepte für diese traditionelle englische Pie, die klassische Kartoffelhaube ist aber ein Muss. Nach Belieben können Sie ihr noch etwas Senf, Meerrettich oder Worcestersauce hinzufügen.

# SHEPHERD'S PIE

**FÜR 4 PERS.**

**ZUBEREITUNG 30 MIN.**

**GARZEIT 1 STD. 20 MIN.**

**EINFRIEREN BIS ZU 6 MONATE**

1 Für die Haube die Kartoffeln in einem großen Topf mit kochendem Salzwasser 15 Minuten weich garen. Abtropfen lassen, wieder in den Topf geben und sorgfältig zerstampfen. Die Butter hinzufügen und gründlich untermischen. Das Püree salzen und pfeffern und beiseitestellen.

2 In der Zwischenzeit für die Füllung das Olivenöl bei mittlerer Hitze in einem großen Topf erhitzen. Zwiebel und Möhren dazugeben und darin 5 Minuten garen, bis die Zwiebel weich ist. Das Lammfleisch hinzufügen und unter Rühren 10 Minuten garen, bis es nicht mehr rosa ist. Knoblauch und Oregano hinzufügen und 1 Minute garen. Die Tomaten unterrühren und alles aufkochen. Den Backofen auf 180 °C vorheizen.

3 Die Erbsen in den Topf dazugeben und alles großzügig salzen und pfeffern. Zum Kochen bringen, dann die Hitze herunterschalten. Alles 20 Minuten köcheln lassen, dabei ab und zu umrühren.

4 Die Mischung in die große Form oder die vier Portionsförmchen füllen und mit dem Kartoffelpüree bedecken. Die Pie 25 Minuten backen, bis sie gebräunt ist und heiß dampft.

KÜCHENUTENSILIEN

1 Auflaufform oder 4 Portionsförmchen

ZUTATEN

**FÜR DIE HAUBE**

**500 g mehligkochende Kartoffeln**
**Salz und Pfeffer**
**1 EL Butter**

**FÜR DIE FÜLLUNG**

**3 EL Olivenöl**
**1 große Zwiebel, gewürfelt**
**2 große Möhren, gewürfelt**
**500 g Lammhackfleisch**
**3 Knoblauchzehen, gehackt**
**1½ TL getrockneter Oregano**
**2 Dosen Tomatenstücke (à etwa 400 g)**
**125 g TK-Erbsen**
**Salz und Pfeffer**

Diese Picknick-Pie macht sich auch großartig als Mittelpunkt eines Sommerbuffets. Auf altmodisch britische Weise mit Schmalz zubereitet, bleibt der Teig tagelang knusprig, ohne dass die Füllung austritt.

# HACKFLEISCH-APFEL-PIE

**FÜR 8 PERS.** **ZUBEREITUNG 30 MIN. + KÜHLEN** **GARZEIT 1 STD.**

1 Für den Teig Mehl, Schmalz und Salz zwischen den Fingerspitzen reiben, bis eine krümelige Mischung entstanden ist. Nach und nach 6–8 EL kaltes Wasser hinzufügen und alles zu einem Teig kneten. Falls nötig, weiteres Wasser hinzufügen. Den Teig in Frischhaltefolie einwickeln und 30 Minuten kühl stellen.

2 Für die Füllung das Olivenöl in einer Pfanne erhitzen. Zwiebel und Speck darin 5 Minuten braten, bis die Zwiebel weich, aber noch nicht gebräunt ist. Abkühlen lassen. In einer großen Schüssel Hackfleisch, Äpfel, Apfelsaft, Muskatnuss, Kräuter sowie reichlich Salz und Pfeffer mit den Händen mischen. Zum Schluss die abgekühlte Zwiebelmischung untermengen.

3 Den Backofen auf 190 °C vorheizen. Den Teig auf der bemehlten Arbeitsfläche etwa 7 mm dick zu einem Kreis ausrollen und die Form damit auskleiden, dabei die Ränder überhängen lassen. Diese bis auf 1 cm abschneiden und den Teig mit den Fingern sorgfältig in die Form drücken.

4 Die Füllung in der Form verteilen und fest andrücken. Die Teigreste zu einem Kreis ausrollen, der die Pie vollständig bedeckt. Die Teigränder mit etwas Ei bestreichen. Den Deckel auflegen und fest andrücken. Die Ränder wellen. Den Deckel mit dem restlichen Ei bestreichen und mit einem Spieß oder einem Essstäbchen zwei kleine Löcher hineinstechen.

5 Die Pie auf ein Backblech setzen und 1 Stunde backen, bis sie goldbraun ist. Vor dem Servieren vollständig abkühlen lassen. Gut eingewickelt lässt sie sich bis zu drei Tage im Kühlschrank aufbewahren.

## KÜCHENUTENSILIEN

**1 geriffelte Tarteform (22 cm Ø, 3 cm hoch) mit herausnehmbarem Boden**

## ZUTATEN

**FÜR DEN TEIG**

**400 g Mehl sowie Mehl zum Bestäuben**
**150 g Schweineschmalz**
**1 TL Salz**

**FÜR DIE FÜLLUNG**

**1 EL Olivenöl**
**1 Zwiebel, fein gehackt**
**100 g Bauchspeck, fein gehackt**
**500 g Schweinehackfleisch**
**2 Tafeläpfel, geschält, entkernt und geraspelt**
**2 EL Apfelsaft**
**¼ TL frisch geriebene Muskatnuss**
**1 EL fein gehackte frische Salbeiblätter oder glatte Petersilie**
**Salz und Pfeffer**
**1 Eigelb, mit 1 TL kaltem Wasser verquirlt, zum Bestreichen**

Eine gute Quiche Lorraine gehört zweifellos zu den feinsten Gerichten der Welt und kann zu jedem Anlass serviert werden. Nehmen Sie sich die Zeit, den Mürbeteig selbst zu machen.

# QUICHE LORRAINE

**FÜR 4–6 PERS.** **ZUBEREITUNG 35 MIN. + KÜHLEN** **GARZEIT 50–60 MIN.** **EINFRIEREN BIS ZU 1 MONAT**

KÜCHENUTENSILIEN

1 Pieform (23 cm Ø, 4 cm hoch)
Hülsenfrüchte zum Blindbacken

ZUTATEN

**FÜR DEN TEIG**

**225 g Mehl sowie Mehl zum Bestäuben**
**115 g Butter, gewürfelt**
**1 Eigelb**
**3–4 EL Eiswasser**

**FÜR DIE FÜLLUNG**

**200 g Bauchspeck, in feinen Streifen**
**1 Zwiebel, fein gehackt**
**75 g Gruyère, gerieben**
**4 große Eier, verquirlt**
**150 g Sahne**
**150 ml Milch**
**schwarzer Pfeffer**

1 Für den Teig Mehl und Butter in einer Küchenmaschine mischen, bis feine Krümel entstanden sind. Eigelb und Eiswasser hinzufügen und alles auf der bemehlten Arbeitsfläche zu einem glatten Teig kneten. Bei Herstellung von Hand die Butter mit den Fingerspitzen in das Mehl reiben, bis eine feinkrümelige Mischung entstanden ist. Eigelb und Eiswasser hinzufügen und alles zu einem glatten Teig kneten. Den Teig in Frischhaltefolie einwickeln und 30 Minuten kühl stellen.

2 Den Backofen auf 190 °C vorheizen. Den Teig auf der bemehlten Arbeitsfläche ausrollen. In die Form legen und sorgfältig an den Rand drücken. Den Boden mit einer Gabel mehrmals einstechen, mit Backpapier auslegen und mit Hülsenfrüchten beschweren. 12 Minuten backen, dann Papier und Hülsenfrüchte entfernen und den Boden in weiteren 10 Minuten goldbraun backen.

3 In der Zwischenzeit für die Füllung eine große Pfanne erhitzen. Die Speckstreifen darin ohne Fett 3–4 Minuten braten. Die Zwiebel hinzufügen und 2–3 Minuten braten. Zwiebel und Speck auf dem Boden verteilen und den Käse darüberstreuen.

4 Eier, Sahne, Milch und Pfeffer mit einem Schneebesen verrühren und in die Form gießen. Die Form auf ein Backblech setzen und die Quiche 25–30 Minuten backen, bis sie goldbraun und gerade gestockt ist. Kurz ruhen lassen, dann in Stücke schneiden und servieren. Sie kann 48 Stunden im Voraus zubereitet und abgekühlt im Kühlschrank aufbewahrt werden. Zum Servieren im 160 °C heißen Backofen in 15–20 Minuten wieder erhitzen.

Diese winterliche Pie kommt aus der französischen Auvergne und eignet sich ideal für Tage, an denen es draußen kalt und ungemütlich ist. Am nächsten Tag kalt serviert schmeckt sie aber ebenso gut.

# KARTOFFELPIE

**FÜR 8 PERS.** **ZUBEREITUNG 30 MIN.** **GARZEIT 1¼ STD.**

**1** Für die Füllung die Butter in einem großen Topf zerlassen. Die Zwiebel darin bei mittlerer Hitze 10 Minuten garen. Knoblauch und Speckstreifen hinzufügen und alles weitere 5 Minuten garen, bis die Zwiebel weich, aber nicht gebräunt ist.

**2** Den Backofen auf 180 °C vorheizen. Den Teig auf der bemehlten Arbeitsfläche ausrollen. Auf einer Seite mit Hilfe der Form einen ausreichend großen Kreis für den Deckel ausschneiden und kühl stellen. Den restlichen Teig neu ausrollen und die Pieform damit auskleiden, dabei 1 cm Teig über den Rand hängen lassen.

**3** Den Boden einschließlich der Teigränder mit dem verquirlten Ei bestreichen.

**4** ⅓ der Kartoffelscheiben auf dem Boden verteilen. Jeweils die Hälfte der Zwiebel-Speck-Mischung und des geriebenen Käses daraufgeben. Die Hälfte der Petersilie darüberstreuen und alles gut salzen und pfeffern. Den letzten Arbeitsschritt wiederholen. Zum Schluss die übrigen Kartoffeln darüber verteilen. Sahne und Eigelb verschlagen und über die Füllung gießen.

**5** Den gekühlten Teigdeckel auflegen und die Ränder rundum gut andrücken. Die Ränder wellen. Den Deckel mit dem restlichen Eigelb bestreichen und zwei kleine Schlitze hineinschneiden, damit Dampf entweichen kann. Die Pie auf ein Backblech setzen und 1 Stunde backen, bis sie aufgegangen und goldbraun ist. Vor dem Servieren 15–20 Minuten ruhen lassen.

## KÜCHENUTENSILIEN

1 Pieform (23 cm Ø)

## ZUTATEN

**FÜR DIE FÜLLUNG**

**30 g Butter**
**1 große Zwiebel, in dünne Scheiben geschnitten**
**1 Knoblauchzehe, fein gehackt**
**100 g Bauchspeck, in kleinen Streifen**
**650 g festkochende neue Kartoffeln, geschält und in dünne Scheiben geschnitten**
**100 g milder Cheddar, gerieben**
**1 gehäufter EL fein gehackte glatte Petersilie**
**Salz und Pfeffer**
**200 g Sahne**
**1 Eigelb**

**FÜR DEN TEIG**

**500 g Fertig-Blätterteig (oder selbst gemachter Blätterteig s. S. 122)**
**Mehl zum Bestäuben**
**1 Eigelb, mit 1 EL kaltem Wasser verquirlt, zum Bestreichen**

Sollten Sie außer Bratwürstchen und Tomaten kaum etwas im Haus haben, ist das Rezept hier eine großartige Alternative zu Würstchen mit Kartoffelbrei. Sie können natürlich auch Wurstbrät verwenden.

# KREOLISCHE BRATWURST-TOMATEN-TARTE

**FÜR 4 PERS.** **ZUBEREITUNG 15 MIN.** **GARZEIT 1 STD. 10 MIN.**

KÜCHENUTENSILIEN

**1 quadratische Pieform oder geriffelte Tarteform (20 x 20 cm)**
**Hülsenfrüchte zum Blindbacken**

ZUTATEN

**FÜR DEN TEIG**

**225 g Fertig-Mürbeteig**
**Mehl zum Bestäuben**
**1 Ei, verquirlt, zum Bestreichen**

**FÜR DIE FÜLLUNG**

**½ EL Olivenöl**
**1 Zwiebel, fein gehackt**
**Salz und Pfeffer**
**2 Stangen Staudensellerie, in Scheiben geschnitten**
**1 grüne Paprikaschote, in schmale Streifen geschnitten**
**½ TL Paprikapulver**
**½ TL Cayennepfeffer**
**1 TL getrockneter Oregano**
**400 g gute Schweinsbratwürste, gehäutet**
**4 Tomaten, in Scheiben geschnitten**

1 Den Backofen auf 200 °C vorheizen. Den Teig auf der bemehlten Arbeitsfläche ausrollen und die Form damit auskleiden, überschüssigen Teig abschneiden. Den Boden mit Backpapier auslegen und mit den Hülsenfrüchten beschweren. Den Boden 15–20 Minuten backen, bis die Ränder goldbraun sind. Dann Hülsenfrüchte und Papier entfernen, den Boden mit etwas Ei bestreichen und in weiteren 2–3 Minuten knusprig backen. Herausnehmen und beiseitestellen. Die Ofentemperatur auf 180 °C herunterschalten.

2 In der Zwischenzeit für die Füllung das Öl bei kleiner Hitze in einer großen Pfanne erhitzen. Die Zwiebel mit 1 Prise Salz hineingeben und darin etwa 5 Minuten anschwitzen, bis sie glasig und weich ist. Sellerie und Paprikaschote hinzufügen und 5 Minuten garen. Paprikapulver, Cayennepfeffer, Thymian, Oregano, ¼ TL Pfeffer und reichlich Salz hinzufügen. Das Wurstbrät dazugeben, mit einer Gabel zerteilen und unter Rühren bei mittlerer Hitze etwa 10 Minuten garen, bis es nicht mehr rosa ist. Abkühlen lassen, dann das restliche verquirlte Ei untermischen.

3 Die Mischung in die Form füllen und die Tomatenscheiben darauf verteilen. Die Tarte etwa 20 Minuten backen, bis sie hell goldbraun ist. 10 Minuten abkühlen lassen, dann in der Form aufschneiden. Mit grünem Salat servieren.

Ein blindgebackener Mürbeteigboden lässt sich mit unzähligen verschiedenen Zutaten füllen, um eine köstliche Tarte herzustellen. Für Vegetarier können Sie den Speck einfach weglassen.

# SPINAT-SPECK-TARTE MIT ZIEGENKÄSE

FÜR 6–8 PERS.

ZUBEREITUNG 20 MIN. + KÜHLEN

GARZEIT 40–45 MIN.

EINFRIEREN BIS ZU 2 MONATE

1 Für die Füllung das Olivenöl in einer Pfanne erhitzen. Den Speck darin 5 Minuten braten, bis er goldbraun ist. Den Spinat hinzufügen und einige Minuten garen, bis er zusammenfällt, vorhandenes Wasser abgießen. Die Füllung abkühlen lassen.

2 Die Tarteform mit dem Fertigboden auskleiden und die abgekühlte Spinat-Speck-Mischung auf dem Boden verteilen. Den Ziegenkäse würfeln oder zerkrümeln und auf den Spinat streuen. Mit etwas Salz (der Speck ist bereits salzig!) und Pfeffer würzen.

3 Sahne und Eier in einem Rührbecher verschlagen. Die Form auf ein Backblech setzen und das Blech bei geöffneter Backofentür auf mittlerer Schiene halb in den Backofen schieben. Das Blech mit einer Hand festhalten, mit der anderen die Ei-Sahne-Mischung in die Form gießen. Dann das Blech vorsichtig ganz in den Ofen schieben.

4 Die Tarte 30–35 Minuten backen, bis sie aufgegangen und goldbraun ist. 10 Minuten abkühlen lassen, dann aus der Form nehmen. Am besten warm essen, sie kann aber auch kalt serviert werden. Der Boden kann bis zu zwei Tage im Voraus zubereitet und in Frischhaltefolie eingewickelt im Kühlschrank aufbewahrt werden. Oder die Tarte über Nacht kühl stellen und zum Servieren bei mittlerer Temperatur im Backofen wieder erhitzen.

KÜCHENUTENSILIEN

**1 Tarteform (22 cm Ø) mit herausnehmbarem Boden**
**Hülsenfrüchte zum Blindbacken**

ZUTATEN

**FÜR DIE FÜLLUNG**
**1 EL Olivenöl**
**150 g Bauchspeck, gewürfelt**
**150 g junger Spinat**
**100 g Ziegenkäse**
**Salz und Pfeffer**
**300 g Sahne**
**2 Eier**

**FÜR DEN TEIG**
**1 gebackener Fertig-Mürbeteigboden (oder ein selbst gemachter Mürbeteigboden s. S. 43)**

Mit frischen Kräutern im Teig können Sie das Aroma dieser Pie leicht auf die verwendete Füllung abstimmen. Verwenden Sie am besten ein Zuchtkaninchen, es gart schneller als ein Wildkaninchen.

# KANINCHEN-MAIS-PIE MIT KRÄUTERTEIGDECKEL

FÜR 4 PERS.

ZUBEREITUNG 40 MIN. + KÜHLEN

GARZEIT 1¾ STD.

EINFRIEREN BIS ZU 1 MONAT

**1** Für den Teig 225 g Mehl und ¼ TL Salz in eine Schüssel sieben. Mit den Fingerspitzen 60 g Butter einarbeiten, Kräuter untermischen. Übrige Butter und 8 EL Eiswasser mit einer Palette einarbeiten und alles zu einem klumpigen Teig mischen. Auf der bemehlten Arbeitsfläche kneten, dann zu einem Rechteck ausrollen. Unteres und oberes Drittel umfalten, Ränder mit dem Nudelholz zusammendrücken. Um 90 Grad drehen, noch zweimal ausrollen, falten und drehen. In Folie einwickeln und 30 Minuten kühl stellen.

**2** Für die Füllung Kaninchen, Speck, Gemüse, Brühe und Lorbeer in einen Topf geben, salzen und pfeffern. Aufkochen, die Hitze herunterschalten und alles halb zugedeckt etwa 1 Stunde köcheln, bis das Fleisch weich ist. Das Fleisch herausheben, von den Knochen lösen und in Stücke schneiden. In die Pieform geben und auf ein Blech setzen. Das Lorbeerblatt entfernen.

**3** Sherry, restliches Mehl und 1 EL Wasser verrühren, in die Gemüsebrühe gießen und diese unter Rühren zum Kochen bringen. Sahne, Salz, Pfeffer und Fleisch untermischen. Zum Fleisch in die Form geben. Abkühlen lassen.

**4** Den Ofen auf 220 °C vorheizen. Den Teig wieder ausrollen und falten. Dann etwas größer als die Pieform ausrollen. Rundum einen Streifen abschneiden. Den Rand der Form anfeuchten, den Streifen darauflegen und anfeuchten. Teigdeckel auflegen und die Ränder zusammendrücken, Überschuss abschneiden. Die Ränder wellen und aus den Teigresten Blätter formen. Den Deckel einschneiden und mit Sahne bestreichen. Die Pie in 30 Minuten goldbraun backen.

KÜCHENUTENSILIEN

**1 Pieform (1,7 l Inhalt)**

ZUTATEN

**FÜR DEN TEIG**

**350 g Mehl sowie Mehl zum Bestäuben**
**Salz und Pfeffer**
**175 g kalte Butter, gewürfelt**
**2 EL gehackte Petersilie**
**1 EL gehackter Thymian**

**FÜR DIE FÜLLUNG**

**1 küchenfertiges Kaninchen, zerlegt**
**60 g Räucherspeck, in kleinen Streifen**
**1 Zwiebel und 2 Möhren, gehackt**
**1 Kartoffel, gewürfelt**
**4 Tomaten, gehäutet und gehackt**
**Körner von 2 Maiskolben**
**600 ml Hühnerbrühe**
**1 Lorbeerblatt**
**3 EL trockener Sherry**
**4 EL Sahne sowie Sahne zum Bestreichen**

### Variante

**HÄHNCHENPIE MIT KRÄUTERTEIGDECKEL**

Wildkaninchen schmeckt wie Biohähnchen, das als Ersatz verwendet werden kann. Den frischen Mais kann man durch 175 g Dosen- oder TK-Mais ersetzen.

Dieses Rezept ist eine gute Alternative zu Beef Wellington und perfekt für Gäste geeignet: Die kleinen Pasteten können im Voraus zubereitet und dann in letzter Minute gebacken werden.

# HIRSCHSTEAKTASCHEN

ERGIBT 4 STÜCK | ZUBEREITUNG 40 MIN. | GARZEIT 35 MIN.

**KÜCHENUTENSILIEN**
Backblech

**ZUTATEN**

**FÜR DIE FÜLLUNG**
**10 g getrocknete Waldpilze (nach Belieben)**
**2 EL Olivenöl**
**4 Hirschsteaks (à 120–150 g)**
**Salz und Pfeffer**
**30 g Butter**
**2 Schalotten, fein gehackt**
**1 Knoblauchzehe, fein gehackt**
**200 g Mischpilze, darunter möglichst auch Waldpilze**
**1 EL Thymianblätter**
**1 EL Weinbrand oder Madeira**

**FÜR DEN TEIG**
**500 g Fertig-Blätterteig (oder selbst gemachter Blätterteig s. S. 122)**
**Mehl zum Bestäuben**
**1 Ei, verquirlt, zum Bestreichen**

1 Den Ofen auf 200 °C vorheizen. Getrocknete Pilze, sofern verwendet, in einer Schüssel mit kochendem Wasser übergießen und 15 Minuten quellen lassen.

2 Das Olivenöl in einer Pfanne erhitzen. Die Steaks salzen und pfeffern und je 2 Steaks darin auf jeder Seite 2 Minuten braten, bis sie rundum gebräunt sind. Beiseitestellen und vollständig abkühlen lassen.

3 Die Butter in der Pfanne zerlassen. Die Schalotten bei mittlerer Hitze darin in 5 Minuten weich garen. Den Knoblauch hinzufügen und 1–2 Minuten garen.

4 Pilze grob hacken. Mit dem Thymian in die Pfanne geben und 5 Minuten garen, bis sie weich sind und Flüssigkeit verdampft ist. Weinbrand hinzufügen und bei großer Hitze etwa 1 Minute einkochen lassen. Pilze zum Abkühlen beiseitestellen. Eingeweichte Pilze ggf. abtropfen lassen, grob hacken und in die Pfanne geben.

5 Den Teig in vier gleiche Stücke teilen und jeweils auf der bemehlten Arbeitsfläche etwa 5 mm dick zu einem Rechteck ausrollen, das je 1 Steak umschließen kann. Die Steaks mit Küchenpapier trocken tupfen.

6 Auf einer Seite jeder Teigplatte ¼ der Pilzfüllung etwa in der Form eines Steaks verteilen, dabei einen mindestens 2 cm breiten Rand frei lassen. 1 Steak daraufsetzen, die Ränder der Teigplatte mit Ei bestreichen und den Teig über das Fleisch klappen. Die Ränder fest zusammendrücken. Mit restlichen Steaks und Teigplatten ebenso verfahren. In die Päckchen oben kleine Schlitze schneiden, damit Dampf entweichen kann. Die Oberfläche mit verquirltem Ei bestreichen. Die Taschen auf ein Backblech setzen und 20–25 Minuten backen, bis sie aufgegangen und goldbraun sind. Vor dem Servieren 5 Minuten abkühlen lassen.

**Variante**

**LAMMSTEAKTASCHEN**

Den Hirsch durch Lammsteaks ersetzen. Die Steaks in Schritt 2 auf jeder Seite nur 1 Minute braten. In Schritt 3 anstelle von Schalotten fein gehackten Lauch verwenden, in Schritt 4 den Weinbrand weglassen. Garzeit verkürzt sich auf 15–20 Minuten.

Im Rahmen einer fettreduzierten Diät ist Hirsch eine gute Alternative zu Rindfleisch. Bei diesem Rezept ist langes und langsames Garen erforderlich, damit das Fleisch wirklich weich wird.

# HIRSCHPIE

**FÜR 4–6 PERS.**

**ZUBEREITUNG 20 MIN.**

**GARZEIT 2–2¾ STD.**

**EINFRIEREN BIS ZU 1 MONAT**

1 Für die Füllung die Hälfte des Öls in einem Topf erhitzen. Schalotten, Sellerie und Möhre darin 3 Minuten braten. Knoblauch hinzufügen und 2–3 Minuten garen. Das Gemüse wieder herausheben.

2 Mehl, Muskatnuss, Piment sowie großzügig Salz und Pfeffer in einen großen Folienbeutel geben. Das Fleisch hinzufügen. Den Beutel verschließen und schütteln, bis das Fleisch rundum mit Würze überzogen ist.

3 Das übrige Olivenöl in den Topf geben. Das Fleisch darin bei mittlerer Hitze in drei Portionen anbraten, dann auf Küchenpapier abkühlen lassen.

4 Den Portwein in den Topf rühren und den Bratensatz lösen. Cranberrysauce, Orangenschale und -saft, Brühe, Lorbeerblatt, Salz und Pfeffer untermischen.

5 Gemüse und Fleisch wieder in den Topf geben, gut umrühren und alles aufkochen. Die Hitze herunterschalten und das Fleisch zugedeckt in 1 ½–2 Stunden weich köcheln. Dann das Lorbeerblatt entfernen.

6 Den Backofen auf 200 °C vorheizen. Fleisch und Gemüse in die Pieform füllen. Die restliche Garflüssigkeit im Topf aufkochen und bei großer Hitze 5 Minuten einkochen. Dann in die Form zugießen.

7 Vom Teig 2 cm breite Streifen für den Rand der Form abschneiden. Den Rand mit Wasser bestreichen und die Streifen daraufsetzen. Den restlichen Teig auf die Pie legen, zurechtschneiden und fest andrücken. Mit verquirltem Ei bestreichen und einen Schlitz hineinschneiden, damit Dampf entweichen kann. Die Hirschpie auf ein Backblech setzen und 15–20 Minuten backen, bis sie schön gebräunt ist.

## KÜCHENUTENSILIEN

1 Pieform (23 cm Ø)

## ZUTATEN

**FÜR DIE FÜLLUNG**

**2 EL Olivenöl**
**4 Schalotten, halbiert**
**2 Stangen Staudensellerie, fein gehackt**
**1 Möhre, fein gehackt**
**2 Knoblauchzehen, fein gehackt**
**2 EL Mehl**
**½ TL frisch geriebene Muskatnuss**
**½ TL Piment**
**Salz und Pfeffer**
**675 g Hirschschulter, in mundgerechte Stücke geschnitten**
**150 ml Portwein**
**4 EL Cranberrysauce (im Onlinehandel)**
**abgeriebene Schale und Saft von 1 Bio-Orange**
**150 ml frisch zubereitete Rinderbrühe**
**1 Lorbeerblatt**

**FÜR DEN TEIG**

**215 g bereits ausgerollter Fertig-Blätterteig (oder selbst gemachter Blätterteig s. S. 122)**
**1 Ei, verquirlt, zum Bestreichen**

Der Hefeteig für diesen deutschen Klassiker bekommt einen Belag aus süßlichen, butterweichen Zwiebeln, Sauerrahm und Kümmel. Dazu schmeckt ein frischer Weißwein.

# ZWIEBELKUCHEN MIT SAUERRAHM

FÜR 8 PERS.

ZUBEREITUNG 30 MIN. + GEHEN

GARZEIT 60–65 MIN.

KÜCHENUTENSILIEN

1 Backblech (26 x 32 cm) mit hohem Rand

ZUTATEN

**FÜR DEN TEIG**

**3 EL Olivenöl sowie Öl zum Einfetten**
**4 TL Trockenhefe, in 225 ml warmem Wasser aufgelöst**
**400 g Mehl (Type 550) sowie Mehl zum Bestäuben**
**1 TL Salz**

**FÜR DIE FÜLLUNG**

**50 g Butter**
**2 EL Olivenöl**
**600 g Zwiebeln, in dünne Scheiben geschnitten**
**½ TL Kümmel**
**Salz und Pfeffer**
**150 g Sauerrahm**
**150 g Crème fraîche**
**3 Eier**
**1 EL Mehl**
**75 g geräucherter Bauchspeck, in kleinen Streifen**

1 Für den Teig das Öl zur aufgelösten Hefe geben. Mehl und Salz in eine große Schüssel sieben. In die Mitte eine Mulde drücken und die Hefemischung unter ständigem Rühren hineingießen. Mit den Händen alles zu einem weichen Teig kneten. Dann den Teig auf der bemehlten Arbeitsfläche noch 10 Minuten kneten, bis er glatt und elastisch ist.

2 Den Teig in eine große, dünn eingeölte Schüssel legen und zugedeckt 1–2 Stunden an einem warmen Platz gehen lassen, bis er sein Volumen verdoppelt hat.

3 Für die Füllung Butter und Öl erhitzen. Zwiebeln mit Kümmel dazugeben und kräftig würzen. Zugedeckt 20 Minuten garen, bis die Zwiebeln weich, aber nicht gebräunt sind. Offen noch 5 Minuten garen, bis das überschüssige Wasser vollständig verdampft ist.

4 In einer Schüssel Sauerrahm, Crème fraîche, Eier und Mehl verschlagen und gut salzen und pfeffern. Die Zwiebeln untermischen und abkühlen lassen.

5 Den gegangenen Teig auf die bemehlte Arbeitsfläche setzen und mit den Handknöcheln sanft zusammendrücken. Das Backblech dünn einfetten. Den Teig in Blechgröße ausrollen, auf das Blech legen und rundum einen Rand formen. Den Teig mit dünn eingeölter Frischhaltefolie zudecken und noch einmal 30 Minuten an einem warmen Platz gehen lassen.

6 Den Backofen auf 200 °C vorheizen. Den Teig (falls er zu stark gegangen ist) an den Rändern behutsam zusammendrücken. Zwiebelmischung darauf verteilen und Speck darüberstreuen. Den Kuchen auf oberster Schiene in 35–40 Minuten goldbraun backen. 5 Minuten abkühlen lassen und warm oder kalt servieren.

Durch die Blätterteighaube auf der herzhaften Suppe wird aus einer Vorspeise ruck, zuck ein Hauptgericht. Am besten mit knusprigem Bauernbrot zum Auftunken der köstlichen Brühe servieren.

# WILDSUPPE MIT BLÄTTERTEIGHAUBE

FÜR 4 PERS.

ZUBEREITUNG 20 MIN.

GARZEIT 1 STD. 20 MIN.

EINFRIEREN FÜLLUNG BIS ZU 3 MONATE

1 Für die Füllung die Butter in einem Topf zerlassen und das Fleisch und die Zwiebel darin 5 Minuten anbraten, bis alles appetitlich gebräunt ist.

2 Das Mehl einrühren und 1 Minute mitköcheln lassen. Vom Herd nehmen und nach und nach erst die Brühe, dann das Johannisbeergelee einrühren. Unter Rühren zum Kochen bringen. Pilze, Salbei und Portwein dazugeben und alles mit Salz und Pfeffer würzen. Nochmals aufkochen, dann die Hitze herunterschalten und die Suppe 1 Stunde sanft köcheln lassen. Dabei gelegentlich umrühren und abschmecken.

3 In der Zwischenzeit den Ofen auf 220 °C vorheizen. Aus dem Blätterteig vier Kreise ausschneiden, die etwas größer als die Suppentassen sein sollten. Mit dem verquirlten Ei bestreichen. Die Suppentassen auf ein Backblech setzen und die Ränder mit etwas Ei bestreichen. Die Suppe in die Tassen füllen, die Teigkreise darauflegen, mit einer Gabel leicht herunterdrücken und an den Tassenrändern fest andrücken. Einen Schlitz in die Deckel ritzen, damit Dampf entweichen kann. Die Suppen etwa 15 Minuten überbacken, bis der Teig knusprig und goldbraun ist. Vor dem Servieren 3–5 Minuten abkühlen lassen.

KÜCHENUTENSILIEN
4 ofenfeste Suppentassen

ZUTATEN

**FÜR DIE FÜLLUNG**
**1 EL Butter**
**175 g Wildfleisch, in kleine Stücke geschnitten**
**1 rote Zwiebel, gehackt**
**2 EL Mehl**
**900 ml Rinderbrühe**
**1 EL Johannisbeergelee**
**3 Egerlinge, halbiert und in Scheiben geschnitten**
**1 EL gehackter Salbei**
**4 EL Portwein**
**Salz und Pfeffer**

**FÜR DIE HAUBE**
**1 Lage bereits ausgerollter Fertig-Blätterteig (oder selbst gemachter Blätterteig s. S. 122)**
**1 Ei, verquirlt, zum Bestreichen**

Wenn Sie ein einfaches, aber raffiniertes Gericht für Gäste benötigen, dann sind diese Mini-Pies die perfekte Lösung. Sie können mit fast jeder beliebigen Füllung zubereitet werden.

# KLEINE HÄHNCHENPIES

ERGIBT 6 STÜCK

ZUBEREITUNG 20 MIN. + KÜHLEN

GARZEIT 40 MIN.

EINFRIEREN BIS ZU 1 MONAT

KÜCHENUTENSILIEN

**6 ofenfeste Förmchen (7,5 cm Ø)**
**runde Ausstechform (7,5 cm Ø)**

ZUTATEN

**FÜR DEN TEIG**

**350 g Mehl sowie Mehl zum Bestäuben**
**175 g Butter, gewürfelt**
**½ TL Salz**
**1 Ei, verquirlt, zum Bestreichen**

**FÜR DIE FÜLLUNG**

**1 l Hühnerbrühe**
**3 Möhren, in Scheiben geschnitten**
**750 g Kartoffeln, gewürfelt**
**3 Stangen Staudensellerie, in dünne Scheiben geschnitten**
**175 g TK-Erbsen**
**500 g gegartes Hähnchenfleisch ohne Haut und Knochen**
**60 g Butter**
**1 Zwiebel, gehackt**
**30 g Mehl**
**175 g Sahne**
**etwas frisch geriebene Muskatnuss**
**Salz und Pfeffer**
**Blätter von 1 kleinen Bund Petersilie, gehackt**

1 Den Backofen auf 200 °C vorheizen. Für den Teig Mehl und Butter zwischen den Fingern reiben, bis eine krümelige Mischung entstanden ist. Das Salz und genügend kaltes Wasser hinzufügen und alles zu einem weichen Teig kneten. Den Teig in Frischhaltefolie einwickeln und 30 Minuten kühl stellen.

2 Für die Füllung die Brühe in einem großen Topf zum Kochen bringen. Möhren, Kartoffeln und Sellerie darin 3 Minuten köcheln lassen. Die Erbsen hinzufügen und das Gemüse weitere 3 Minuten köcheln lassen, bis es weich ist. Abgießen und abtropfen lassen, die Brühe dabei auffangen. Das Fleisch in Stücke schneiden und mit dem Gemüse in eine Schüssel geben.

3 Die Butter bei mittlerer Hitze in einem kleinen Topf zerlassen. Die Zwiebel darin 3–5 Minuten garen, bis sie weich, aber noch nicht gebräunt ist. Das Mehl darüberstreuen und alles 1–2 Minuten unter Rühren garen. 500 ml Brühe hinzufügen und kräftig rühren, bis die Sauce kocht und dick wird. Die Hitze herunterschalten und die Sauce 2 Minuten köcheln lassen. Sahne, Muskatnuss, Salz und Pfeffer untermischen und die Sauce über Fleisch und Gemüse gießen. Die Petersilie unterheben und die Mischung in den Förmchen verteilen.

4 Den Teig auf der bemehlten Arbeitsfläche 5 mm dick ausrollen und daraus sechs Kreise ausstechen. Die Ränder der Förmchen mit Wasser bestreichen. Die Teigdeckel auflegen und fest andrücken. Die Pies auf ein Backblech stellen, mit dem verquirlten Ei bestreichen und in jede einen Schlitz schneiden, damit Dampf entweichen kann. Die Mini-Pies 15–20 Minuten backen. Die Füllung kann einen Tag im Voraus zubereitet und zugedeckt im Kühlschrank aufbewahrt werden.

Diese köstliche Hähnchenpie hat einen glänzenden goldbraunen Teigdeckel, der äußerst zerbrechlich ist. Sie können für das Rezept selbst gemachten oder fertig gekauften Blätterteig verwenden.

# HÄHNCHENPIE

**FÜR 4 PERS.** | **ZUBEREITUNG 20 MIN.** | **GARZEIT 40–45 MIN.** | **EINFRIEREN BIS ZU 1 MONAT**

KÜCHENUTENSILIEN

**1 Pieform (18 cm Ø)**

ZUTATEN

**FÜR DIE FÜLLUNG**

**3 EL Olivenöl**
**1 Zwiebel, fein gehackt**
**50 g Bauchspeck, gewürfelt**
**2 Stangen Lauch (etwa 200 g), in 1 cm dicke Scheiben geschnitten**
**150 g Champignons, evtl. halbiert oder geviertelt**
**2 große Hähnchenbrustfilets (etwa 400 g), in 2,5 cm große Stücke geschnitten**
**1 gehäufter EL gehackter Thymian**
**1 gehäufter EL gehackte glatte Petersilie**
**1 EL Mehl**
**300 g Sahne**
**1 EL Dijonsenf**
**Salz und Pfeffer**

**FÜR DEN TEIG**

**250 g Fertig-Blätterteig (oder selbst gemachter Blätterteig s. S. 122)**
**Mehl zum Bestäuben**
**1 Ei, verquirlt, zum Bestreichen**

1 Den Backofen auf 200 °C vorheizen. Für die Füllung 2 EL Olivenöl in einem Topf erhitzen. Die Zwiebel darin 5 Minuten braten, bis sie weich, aber noch nicht gebräunt ist. Den Speck hinzufügen und 2 Minuten garen. Lauch und Pilze dazugeben und alles weitere 3–5 Minuten garen, bis der Speck kross ist.

2 Das restliche Öl im Topf erhitzen. Hähnchenbrust und Kräuter dazugeben und bei großer Hitze 3–4 Minuten garen, bis das Fleisch rundum gebräunt ist. Das Mehl darüberstreuen und sorgfältig untermischen. Sahne, Senf, Salz und Pfeffer hinzufügen und alles unter ständigem Rühren zum Kochen bringen. Dabei sollte die Mischung dick werden. Die Hitze herunterschalten und alles weitere 5 Minuten garen, bis die Flüssigkeit eingekocht ist. Die Mischung in die Pieform füllen.

3 Den Teig auf der bemehlten Arbeitsfläche 3–5 mm dick zu einem Kreis etwas größer als die Pieform ausrollen und einen Kreis in Größe der Form ausschneiden. Einen Teil der Teigreste zu langen Streifen ausrollen. Den Rand der Form mit etwas verquirltem Ei bestreichen und die Teigstreifen daraufdrücken. Diese ebenfalls mit Ei bestreichen und den Teigdeckel aufsetzen. Andrücken und überschüssigen Teig abschneiden.

4 Den Deckel mit verquirltem Ei bestreichen. Zwei Schlitze hineinschneiden, damit Dampf entweichen kann. Die Pie 20–25 Minuten backen, bis sie goldbraun ist. Vor dem Servieren 5 Minuten ruhen lassen.

Diese Pie eignet sich ideal als Basis für ein Buffet. Sie kann drei Tage im Voraus zubereitet und dann kühl aufbewahrt werden. Vor dem Servieren wieder Zimmertemperatur annehmen lassen.

# HÄHNCHEN-SCHINKEN-PIE

FÜR 8–10 PERS.

ZUBEREITUNG 1 STD. + KÜHLEN

GARZEIT 1½ STD.

1 Für den Teig Mehl und 2 TL Salz sieben. Mit Butter und Schmalz zu einer krümeligen Mischung rühren. In die Mitte eine Mulde drücken, 150 ml Wasser zugießen und alles zu einem glatten Teig kneten. In Frischhaltefolie einwickeln, 30 Minuten kühl stellen.

2 Für die Füllung 2 Hähnchenbrustfilets und das Schweinefleisch grob hacken. Mit Zitronenschale, Kräutern, Muskatnuss, Salz und Pfeffer in eine Schüssel geben. 2 rohe Eier dazugeben und die Masse so lange schlagen, bis sie sich von den Wänden löst. Restliche Hähnchenbrustfilets und Kochschinken in 2 cm große Würfel schneiden und untermischen.

3 Ofen auf 200 °C vorheizen, Form einfetten. ¾ des Teiges zu einer Kugel formen und die Pie zusammenstellen (s. unten). Ein Loch in den Deckel schneiden und den Kamin einsetzen. Aus den Teigresten Blätter schneiden und auflegen. Die Pie mit Ei bestreichen und 1 Stunde backen. Bei 180 °C noch 30 Minuten backen.

## KÜCHENUTENSILIEN

**1 Springform (20–23 cm Ø)**
**Pastetenkamin**

## ZUTATEN

**FÜR DEN TEIG**

**500 g Mehl sowie Mehl zum Bestäuben**
**Salz und Pfeffer**
**75 g kalte Butter, gewürfelt, sowie Butter zum Einfetten**
**75 g kaltes Schweineschmalz, gewürfelt**

**FÜR DIE FÜLLUNG**

**4 Hähnchenbrustfilets (etwa 750 g)**
**375 g mageres Schweinefleisch**
**abgeriebene Schale von ½ Bio-Zitrone**
**je 1 TL getrockneter Thymian und Salbei**
**1 große Prise frisch geriebene Muskatnuss**
**Salz und Pfeffer**
**3 Eier und 6 hart gekochte Eier, gepellt**
**375 g magerer Kochschinken**

## Die Pie zusammenstellen

1 Den Teig ausreichend groß für die Form ausrollen und einlegen. Die Hälfte der Füllung hineingeben.

2 Hart gekochte Eier einlegen, mit Füllung bedecken. Ränder umklappen, mit übrigem Ei bestreichen.

3 Den übrigen Teig 5 mm dick ausrollen, auf die Pie legen und andrücken. Überschuss abschneiden.

Diese griechisch inspirierte Pie schmeckt köstlich. Bei der Verwendung von Filoteig muss man sich übrigens wenig Gedanken um die Optik machen – je knittriger er aussieht, desto besser.

# HÄHNCHEN-SPINAT-PIE

**FÜR 6 PERS.** | **ZUBEREITUNG 20 MIN.** | **GARZEIT 35–40 MIN.** | **EINFRIEREN BIS ZU 1 MONAT**

KÜCHENUTENSILIEN
1 Springform (20 cm Ø)

ZUTATEN

**FÜR DIE FÜLLUNG**
**250 g Spinat**
**2 Knoblauchzehen, fein gehackt**
**100 g Feta, grob zerkrümelt**
**½ TL frisch geriebene Muskatnuss**
**200 g gegartes Hähnchenfleisch, in Streifen geschnitten**
**75 g eingelegte Kirschpaprika (z.B. von Peppadew), abgetropft und grob gehackt**
**2 Eier, verquirlt**
**Salz und Pfeffer**

**FÜR DEN TEIG**
**6 Blätter Filoteig**
**50 g Butter, zerlassen**

1 Für die Füllung den Spinat in ein Sieb geben und mit kochendem Wasser übergießen, damit er zusammenfällt. Zum Abtropfen und Abkühlen beiseitestellen.

2 Knoblauch, Käse, Muskatnuss, Hähnchenbrust, Kirschpaprika und Eier in eine große Schüssel geben, großzügig salzen und pfeffern und mischen. Den Spinat ausdrücken, fein hacken, in die Schüssel geben und sorgfältig unterrühren. Die Füllung beiseitestellen. Den Backofen auf 200 °C vorheizen.

3 1 Blatt Filoteig so in die Form legen, dass die Ränder über die Seiten hängen. Großzügig mit Butter bestreichen und ein 2. Blatt im Winkel von 90 Grad darauflegen, sodass die Blätter ein Kreuz bilden. Wieder mit Butter bestreichen. So fortfahren, bis alle Teigblätter aufgebraucht sind und der Boden der Form vollkommen bedeckt ist.

4 Die Füllung in die Form geben. Die Teigränder sorgfältig darüberlegen, sodass die Füllung vollständig bedeckt ist. Die Pie mit der restlichen Butter bestreichen. Auf ein Backblech setzen und 35–40 Minuten backen, bis der Teig goldbraun und knusprig ist. Den Ring der Form lösen und die Pie warm oder kalt servieren.

So sparen Sie Zeit: Garen Sie bei diesem Rezept gleich die doppelte Menge Hähnchenfleisch und frieren Sie nach dem Entbeinen die Hälfte ein, um daraus später einen leckeren Eintopf zuzubereiten.

# COQ-AU-VIN-PIE

FÜR 4–6 PERS.

ZUBEREITUNG 25 MIN. + KÜHLEN

GARZEIT 55–65 MIN.

EINFRIEREN BIS ZU 1 MONAT

1 Für die Füllung einen mittelgroßen Topf erhitzen. Den Speck darin 1 Minute sanft braten. Die Schalotten hinzufügen und 2 Minuten garen. Knoblauch und Pilze dazugeben und 1–2 Minuten garen.

2 Fleisch, Wein, Lorbeerblatt und Thymian hinzufügen, zum Kochen bringen und salzen und pfeffern. Alles zugedeckt 25 Minuten köcheln lassen, bis das Fleisch gar ist.

3 Ein Sieb auf eine große Schüssel setzen und den Topfinhalt hineingeben. 10 Minuten stehen lassen, damit die Garflüssigkeit abtropfen und das Hähnchenfleisch etwas abkühlen kann.

4 Das Lorbeerblatt entfernen. Das Hähnchenfleisch auf einen Teller heben. Die Speck-Pilz-Mischung in die Pieform geben. Das Hähnchenfleisch von den Knochen lösen und ebenfalls in die Form geben. Die Petersilie darüberstreuen.

5 Die abgetropfte Garflüssigkeit wieder in den Topf geben, aufkochen und bei großer Hitze 5–10 Minuten einkochen lassen, damit sie dick wird. Dann über die Füllung in die Form gießen.

6 Den Backofen auf 200 °C vorheizen. Vom Rand der Teigplatte einen 2 cm breiten Streifen abschneiden. Den Rand der Form mit Wasser bestreichen und den Teigstreifen darauflegen. Den restlichen Teig auf die Pie legen und fest andrücken. Mit dem verquirlten Ei bestreichen und einen Schlitz hineinschneiden, damit Dampf entweichen kann. Die Pie auf ein Backblech setzen und 20–25 Minuten backen, bis sie gebräunt ist.

## KÜCHENUTENSILIEN

**1 Pieform (23 cm Ø)**

## ZUTATEN

**FÜR DIE FÜLLUNG**

**100 g Bauchspeck, in kleinen Streifen**
**5 Schalotten, halbiert**
**2 Knoblauchzehen, fein gehackt**
**150 g kleine Champignons**
**4 Hähnchenschenkel**
**300 ml Rotwein**
**1 Lorbeerblatt**
**Blätter von 4 frischen Thymianzweigen oder ½ TL getrockneter Thymian**
**Salz und Pfeffer**
**3 EL gehackte krause Petersilie**

**FÜR DEN TEIG**

**215 g bereits ausgerollter Fertig-Blätterteig (oder selbst gemachter Blätterteig s. S. 122)**
**1 Ei, verquirlt, zum Bestreichen**

Für Pies werden oft Reste verwendet, die man mit ein paar weiteren Zutaten und einer buttrigen Teighülle kombinieren kann. Hier wird aus Resten vom Sonntag ein Abendessen für Montag.

# HÄHNCHEN-KÜRBIS-PASTETEN

**ERGIBT 10 STÜCK** | **ZUBEREITUNG 20 MIN.** | **GARZEIT 40 MIN.** | **EINFRIEREN BIS ZU 1 MONAT**

**1** Für die Füllung den Backofen auf 200 °C vorheizen. Den Kürbis mit Olivenöl beträufeln und mit Thymian bestreuen, salzen und pfeffern. In einen Bräter legen und 15–20 Minuten backen, bis er gerade weich ist und an den Rändern goldbraun wird. Vollständig abkühlen lassen.

**2** Hähnchenfleisch, Kürbis, Frühlingszwiebeln und Crème fraîche in einer Schüssel mischen und großzügig salzen und pfeffern. Den Teig auf der bemehlten Arbeitsfläche etwa 5 mm dick zu einer großen Platte ausrollen und daraus 20 Kreise (10 cm Ø) ausschneiden. Falls nötig, den Teig dabei wieder zusammenkneten und neu ausrollen.

**3** Zehn Kreise auf die Backbleche setzen und die Ränder mit Ei bestreichen. Jeweils 1 gehäuften EL Füllung daraufsetzen und mit dem Löffelrücken flach drücken. Dabei rundum einen 1 cm breiten Rand frei lassen.

**4** Die restlichen Teigkreise darauflegen. Sie sollten nach dem Ausschneiden noch etwas größer ausgerollt werden, damit sie die Füllung gut bedecken. Die Teigränder fest zusammendrücken, falls gewünscht, in einem dekorativen Muster. Die Pasteten mit etwas verquirltem Ei bestreichen.

**5** Mit einem Essstäbchen ein kleines Loch in die Mitte jeder Pastete drücken. Die Pasteten 20 Minuten backen, bis sie aufgegangen und goldbraun sind. Herausnehmen und auf einem Kuchengitter etwas abkühlen lassen. Warm servieren oder kalt als Picknick-Snack mitnehmen. Die Pasteten können bis zu zwei Tage im Kühlschrank aufbewahrt werden. Eingefrorene Pasteten vor dem Servieren wieder erhitzen.

## KÜCHENUTENSILIEN

**2 Backbleche**

## ZUTATEN

**FÜR DIE FÜLLUNG**

**200 g Butternusskürbis, geschält und nach Entfernen der Samen gewürfelt**
**Olivenöl zum Beträufeln**
**1 TL fein gehackter Thymian**
**Salz und Pfeffer**
**150 g kaltes Brathähnchenfleisch, in kleine Würfel oder Streifen geschnitten**
**2 Frühlingszwiebeln, in dünne Scheiben geschnitten**
**3 EL Crème fraîche**

**FÜR DEN TEIG**

**500 g Fertig-Blätterteig (oder selbst gemachter Blätterteig s. S. 122)**
**Mehl zum Bestäuben**
**1 Eigelb, mit 1 TL kaltem Wasser verquirlt, zum Bestreichen**

Diese würzige Pie mit Kartoffelkruste ist eine schöne Abwechslung zu einer traditionellen Pie auf Teigbasis. Ein wenig Kurkuma in der Füllung macht aus diesem Alltagsgericht etwas Besonderes.

# HÄHNCHEN-GEMÜSE-PIE

**FÜR 2 PERS.** **ZUBEREITUNG 20 MIN.** **GARZEIT 50 MIN.**

KÜCHENUTENSILIEN
**1 kleine Auflaufform**

ZUTATEN

**FÜR DIE HAUBE**
**450 g große Kartoffeln, in große Würfel geschnitten**
**Salz und Pfeffer**
**1 großes Stück Butter**
**4–5 EL Milch**

**FÜR DIE FÜLLUNG**
**40 g Butter**
**1 rote Paprikaschote, in schmale Streifen geschnitten**
**1 Stange Lauch, in Scheiben geschnitten**
**¼ TL gemahlene Kurkuma**
**40 g Mehl**
**250 ml Milch**
**200 g Crème fraîche**
**150 g grüne Bohnen, in 2 cm große Stücke geschnitten und blanchiert**
**250 g gegartes Hähnchenfleisch, in Scheiben geschnitten (oder 2–3 Hähnchenschenkel, gegart)**

1 Den Backofen auf 200 °C vorheizen. Für die Haube die Kartoffeln in einem großen Topf mit Salzwasser 15 Minuten weich garen. Abtropfen lassen und wieder in den Topf geben. Mit der Butter und ausreichend Milch zu einem dicken Püree zerstampfen. Das Püree salzen und pfeffern und beiseitestellen.

2 Für die Füllung die Butter in einem großen Topf zerlassen. Paprikaschote und Lauch hinzufügen und darin 3–4 Minuten weich garen. Die Kurkuma unterrühren und 1 Minute garen. Das Mehl dazugeben und 2–3 Minuten garen. Unter Rühren langsam die Milch dazugießen und alles 4–5 Minuten garen, bis die Mischung dick geworden ist. Crème fraîche, grüne Bohnen und gegartes Hähnchenfleisch hinzufügen und sorgfältig untermischen.

3 Alles großzügig salzen und pfeffern und in die Auflaufform füllen. Das Kartoffelpüree darauf verteilen. Die Hähnchen-Gemüse-Pie 25 Minuten backen, bis sie goldbraun ist und heiß dampft.

Ein schnelles Abendessen mit spanischer Note. Versuchen Sie, dafür geräuchertes spanisches Paprikapulver (Pimenton dulce) zu bekommen. Dazu passt Gemüse.

# SPANISCHE HÄHNCHEN-PIE

**FÜR 4 PERS.** | **ZUBEREITUNG 15 MIN.** | **GARZEIT 45–50 MIN.** | **EINFRIEREN BIS ZU 1 MONAT**

KÜCHENUTENSILIEN
1 Pieform (23 cm Ø)

ZUTATEN

**FÜR DIE FÜLLUNG**

**1 EL Olivenöl**
**3 entbeinte und gehäutete Hähnchenschenkel, in Streifen geschnitten**
**1 rote Zwiebel, in dünne Scheiben geschnitten**
**1 TL Pimenton dulce (geräuchertes spanisches Paprikapulver)**
**2 Knoblauchzehen, fein gehackt**
**½ rote Paprikaschote, in schmale Streifen geschnitten**
**½ gelbe Paprikaschote, in schmale Streifen geschnitten**
**85 g Chorizo, in mundgerechte Stücke geschnitten**
**1 Dose Tomatenstücke (etwa 400 g)**
**30 g entsteinte grüne Oliven**
**2 TL Rosmarinnadeln, gehackt**
**Salz und Pfeffer**

**FÜR DEN TEIG**

**215 g bereits ausgerollter Fertig-Blätterteig (oder selbst gemachter Blätterteig s. S. 122)**
**1 Ei, verquirlt, zum Bestreichen**

1 Für die Füllung das Olivenöl in einem mittelgroßen Topf erhitzen. Die Hähnchenstreifen darin bei mittlerer Hitze 5 Minuten braten, dann auf einen mit Küchenpapier belegten Teller setzen.

2 Die Zwiebel in den Topf geben und darin 5 Minuten sanft braten. Paprikapulver, Knoblauch, Paprikaschoten und Chorizo hinzufügen und 5 Minuten garen.

3 Tomaten, Oliven, Rosmarin sowie großzügig Salz und Pfeffer unterrühren. Aufkochen, dann die Hitze herunterschalten und alles noch 15 Minuten garen, bis die Sauce dick geworden ist. Den Backofen auf 200 °C vorheizen.

4 Das Hähnchenfleisch in die Tomaten-Chorizo-Mischung rühren und die Füllung in der Pieform verteilen.

5 Vom Teig 2 cm breite Streifen für den Rand der Form abschneiden. Den Rand der Form mit Wasser bestreichen und die Teigstreifen daraufsetzen. Den restlichen Teig auf die Pie legen, zurechtschneiden und fest andrücken. Den Teigdeckel mit dem verquirlten Ei bestreichen und ein Loch hineinschneiden, damit Dampf entweichen kann. Die Pie auf ein Backblech setzen und 15–20 Minuten backen, bis sie gebräunt ist.

Diese hübschen Teigtäschchen aus Südamerika eignen sich großartig für Partys und Picknicks. Sie schmecken sowohl heiß als auch kalt und werden meist frittiert.

# HÄHNCHEN-KÄSE-EMPANADAS

**ERGIBT**
**10–12 STÜCK**

**ZUBEREITUNG**
**35 MIN. + KÜHLEN**

**GARZEIT**
**30 MIN.**

1 Für den Teig die Butter in einem kleinen Topf zerlassen. Zitronensaft und 100 ml Wasser zugießen. Mehl und Salz hinzufügen und alles gut zu einem Teig verrühren. Auf der bemehlten Arbeitsfläche gründlich kneten, dann kühl stellen.

2 In der Zwischenzeit, falls nötig, für die Füllung das Hähnchenfleisch in einer Küchenmaschine hacken. Das Olivenöl in einer Pfanne erhitzen. Die Zwiebel darin bei mittlerer Hitze 5 Minuten garen. Das Fleisch hinzufügen und unter gelegentlichem Rühren 5 Minuten garen. Wein, Knoblauch, Tomatenmark, Cayennepfeffer und gehackte Petersilie hinzufügen. Alles großzügig salzen und pfeffern, gut mischen und 10 Minuten garen, dann 5 Minuten abkühlen lassen. Beide Käsesorten unterrühren.

3 In der Zwischenzeit den Teig auf der bemehlten Arbeitsfläche 5 mm dick ausrollen. Mit der Ausstechform 10–12 Kreise aufstechen. Je 1 EL Füllung in die Mitte setzen und die Kreise zusammenfalten. Die Teigränder mit etwas kaltem Wasser befeuchten und fest zusammendrücken.

4 Das Sonnenblumenöl in einer tiefen Pfanne erhitzen. Die Empanadas darin bei mittlerer Hitze portionsweise in je 3–5 Minuten goldbraun ausbacken, zwischendurch ab und zu drehen. Nach Belieben mit Aïoli und Tomaten-Basilikum-Salat servieren.

## KÜCHENUTENSILIEN

**runde Ausstechform (10 cm Ø)**

## ZUTATEN

**FÜR DEN TEIG**

**100 g Butter**
**Saft von 1 Zitrone**
**225 g Mehl sowie Mehl zum Bestäuben**
**Salz und Pfeffer**

**FÜR DIE FÜLLUNG**

**125 g Hähnchenbrustfilet (evtl. bereits vom Metzger durchdrehen lassen)**
**2 EL Olivenöl**
**1 Zwiebel, fein gehackt**
**3 EL trockener Weißwein**
**3 Knoblauchzehen, zerdrückt**
**1 EL Tomatenmark**
**1 TL Cayennepfeffer**
**1 EL fein gehackte glatte Petersilie**
**Salz und Pfeffer**
**75 g Mozzarella, gerieben**
**25 g Parmesan, gerieben**
**250 ml Sonnenblumenöl**

Backen Sie einen Mürbeteigboden blind und Sie haben die Basis für viele leckere Gerichte. Hier bringen frischer Spargel, zartes Hähnchen und Estragon den Geschmack des Sommers auf den Teller.

# SOMMERTARTE MIT HÄHNCHEN, SPARGEL UND ESTRAGON

FÜR 6–8 PERS.

ZUBEREITUNG 20 MIN. + KÜHLEN

GARZEIT 70–75 MIN.

EINFRIEREN TEIGBODEN BIS ZU 2 MONATE

KÜCHENUTENSILIEN

1 geriffelte Tarteform (22 cm Ø, 3 cm hoch) mit herausnehmbarem Boden
Hülsenfrüchte zum Blindbacken

ZUTATEN

**FÜR DEN TEIG**

**200 g Mehl sowie Mehl zum Bestäuben**
**100 g weiche Butter**
**½ TL Salz**

**FÜR DIE FÜLLUNG**

**100 g grüner Spargel, in 3 cm große Stücke geschnitten**
**Salz und Pfeffer**
**250 g Sahne**
**2 Eier sowie 1 Eigelb**
**1 gehäufter EL gehackter Estragon**
**abgeriebene Schale von ½ Bio-Zitrone**
**250 g kaltes gegartes Hähnchenfleisch, in Stücke geschnitten**

1 Für den Teig Mehl, Butter und Salz zwischen den Fingerspitzen reiben, bis eine krümelige Mischung entstanden ist. Nach und nach 4–6 EL kaltes Wasser hinzufügen und alles zu einem weichen Teig kneten. In Frischhaltefolie einwickeln und 30 Minuten kühl stellen. Den Backofen auf 180 °C vorheizen.

2 Den Teig auf der bemehlten Arbeitsfläche etwa 5 mm dick zu einem großen Kreis ausrollen. Den Teig in die Form legen und die überhängenden Teigränder bis auf 1 cm abschneiden. Den Boden mit einer Gabel mehrmals einstechen, mit Backpapier auslegen und mit den Hülsenfrüchten beschweren. Den Boden auf ein Backblech setzen und in 20–25 Minuten hell backen. Dann Hülsenfrüchte und Papier entfernen und den Boden in weiteren 5 Minuten knusprig backen. Die Ränder noch warm begradigen.

3 Für die Füllung den Spargel in kochendem Salzwasser 1 Minute blanchieren. In eine Schüssel mit kaltem Wasser geben. Sahne, Eier, Eigelb, Estragon, Zitronenschale, Salz und Pfeffer verschlagen.

4 Hähnchenfleisch und Spargelstücke gleichmäßig auf dem Boden verteilen, dabei nicht zu sehr zusammendrücken. Die Form auf ein Backblech setzen und die Ei-Sahne-Mischung vorsichtig zugießen.

5 Die Tarte 40–45 Minuten backen, bis der Guss gestockt und gebräunt ist. Mindestens 20 Minuten ruhen lassen, dann warm oder kalt servieren.

Von Festtagsessen bleibt mitunter viel zu viel übrig. In diesen kleinen Teigtaschen kann man Bratenreste unterbringen und hat für unerwartete Gäste einen schnellen Snack bereit.

# PUTEN-CRANBERRY-TASCHEN

**ERGIBT 4 STÜCK** | **ZUBEREITUNG 25 MIN. + KÜHLEN** | **GARZEIT 25–30 MIN.** | **EINFRIEREN BIS ZU 1 MONAT**

### KÜCHENUTENSILIEN

**2 Backbleche**

### ZUTATEN

**FÜR DEN TEIG**

**300 g Mehl sowie Mehl zum Bestäuben**
**150 g kalte Butter, gewürfelt**
**½ TL Salz**
**1 Ei, verquirlt, zum Bestreichen**

**FÜR DIE FÜLLUNG**

**1 EL Olivenöl**
**1 rote Zwiebel, fein gehackt**
**2 Knoblauchzehen, fein gehackt**
**100 g fettreduzierte Crème fraîche**
**3 EL Cranberrysauce (im Onlinehandel)**
**200 g Putenbraten, in Stücke geschnitten**
**2 EL gehackter frischer Oregano oder**
**1 TL getrockneter Oregano**
**Salz und Pfeffer**

1 Für den Teig das Mehl und die Butter zwischen den Fingerspitzen reiben, bis eine krümelige Mischung entstanden ist. Das Salz und ausreichend kaltes Wasser hinzufügen und alles zu einem weichen Teig kneten. Den Teig in Frischhaltefolie einwickeln und 30 Minuten kühl stellen.

2 Für die Füllung das Olivenöl in einer mittelgroßen Pfanne erhitzen. Die Zwiebel darin bei mittlerer Hitze 3 Minuten garen. Den Knoblauch hinzufügen und 2 Minuten garen. Die Pfanne vom Herd nehmen. Crème fraîche, Cranberrysauce, Putenfleisch und Oregano hineinrühren. Alles großzügig salzen und pfeffern und beiseitestellen.

3 Den Backofen auf 190 °C vorheizen. Die Backbleche mit Backpapier auslegen. Den Teig auf der bemehlten Arbeitsfläche 5 mm dick ausrollen. Mit Hilfe eines kleinen Tellers vier Kreise (20 cm Ø) aus dem Teig ausschneiden. Falls nötig, den Teig dafür neu ausrollen. Auf der Hälfte jedes Kreises ¼ der Füllung verteilen, dabei rundum einen 1 cm breiten Rand frei lassen. Die Ränder mit Ei bestreichen, die Kreise zusammenklappen und die Ränder in einem dekorativen Muster zusammendrücken.

4 Die Teigtaschen auf die vorbereiteten Bleche legen und mit dem restlichen Ei bestreichen. Oben jeweils einen Schlitz hineinschneiden, damit Dampf entweichen kann. Die Taschen in 20–25 Minuten goldbraun backen.

Das Rezept ist eine Variante der marokkanischen Pastilla. Allerdings handelt es sich hier um eine Pastete in Familiengröße, die aber am nächsten Tag kalt und durchgezogen fast noch einmal so gut schmeckt.

# ARABISCHE PERLHUHNPASTETE

**FÜR 4 PERS.**

**ZUBEREITUNG 1½ STD.**

**GARZEIT 1½ STD.**

**EINFRIEREN FÜLLUNG BIS ZU 1 MONAT**

**1** Für die Füllung von 1 Perlhuhn die Brust entfernen und für ein anderes Gericht aufbewahren. Beine und Flügel vom Rumpf abtrennen. Die Karkasse grob hacken. Perlhuhn oder Hähnchenschenkel in einen großen Topf geben. Zwiebeln, Knoblauch, Ingwer und Zimt hinzufügen, alles mit der Brühe bedecken und aufkochen. Auf kleine Hitze herunterschalten und offen 45 Minuten köcheln, bis die Schenkel gar sind. Abkühlen lassen, dann in einem Sieb abtropfen lassen. Den Sud wieder in den sauberen Topf geben und köcheln, bis er gerade noch den Boden bedeckt.

**2** Das Fleisch in mundgerechten Stücken von den Knochen lösen. Zwiebeln und Knoblauch grob hacken und mit dem Fleisch wieder in den Topf geben. Granatapfelsirup und Honig untermischen und die Mischung bei mittlerer Hitze garen, bis sie noch feucht aussieht. Eier und Koriandergrün dazugeben. Alles weitere 2 Minuten garen, bis die Mischung zusammenhält. Salzen und pfeffern, dann abkühlen lassen.

**3** Nüsse, Aprikosen und Zimt mischen. Den Backofen auf 190 °C vorheizen. Den Boden der Form mit etwas Olivenöl bestreichen, 1 Teigblatt darauflegen und mit etwas Öl bestreichen. Ein 2. Blatt nicht ganz mittig daraufsetzen. Mit 4 weiteren Blättern ebenso verfahren. Die Hälfte der Nussmischung auf den Boden streichen und die Hälfte des Fleisches darauf verteilen. Darauf die restliche Nussmischung und zuletzt das übrige Fleisch geben. Teigränder darüberschlagen, restliche Teigblätter halbieren und wie oben beschrieben auf die Pie legen. Die Pie mit Öl bestreichen und 30–40 Minuten backen, bis sie gebräunt ist. 5 Minuten abkühlen lassen. Nach Belieben mit Puderzucker bestäuben.

## KÜCHENUTENSILIEN

1 Springform (20 cm Ø) mit herausnehmbarem Boden

## ZUTATEN

**FÜR DIE FÜLLUNG**

**1 kleines Perlhuhn oder 2 große Hähnchenschenkel**
**2 Zwiebeln, geviertelt**
**4 Knoblauchzehen**
**2 cm Ingwer, in dicke Scheiben geschnitten**
**1 Zimtstange**
**1 l Hühnerbrühe**
**2 EL Granatapfelsirup oder -saft**
**2 EL flüssiger Honig**
**2 Eier, verquirlt**
**2–3 gehäufte EL gehacktes Koriandergrün**
**Salz und Pfeffer**
**100 g Walnusskerne, geröstet und grob gehackt**
**50 g Trockenaprikosen, fein gehackt**
**½ TL gemahlener Zimt**

**FÜR DEN TEIG**

**3 EL Olivenöl**
**9 Blätter Filoteig**
**Puderzucker zum Bestäuben (nach Belieben)**

Die gelungene Kombination aus Steinpilzen und Sahne ergänzt den leichten Wildgeschmack des Perlhuhns perfekt. Mit Gemüse und Kartoffelpüree wird daraus ein leckeres Herbstgericht.

# PERLHUHN-PILZ-PIE

FÜR 6–8 PERS.

ZUBEREITUNG 25 MIN.

GARZEIT 30–35 MIN.

EINFRIEREN BIS ZU 1 MONAT

1 Den Backofen auf 200 °C vorheizen. Für die Füllung die getrockneten Steinpilze in eine kleine Schüssel geben und mit kochendem Wasser übergießen. 10 Minuten einweichen, dann abtropfen lassen. Die gesamte Flüssigkeit aus den Pilzen herausdrücken.

2 Das Olivenöl in einer mittelgroßen Pfanne erhitzen und die Schalotten darin 3 Minuten sanft braten. Den Knoblauch hinzufügen und 1–2 Minuten garen.

3 Das Perlhuhn mit in die Pfanne legen und 3–4 Minuten braten, bis es leicht gebräunt ist. Egerlinge, getrocknete Steinpilze, Madeira, Thymian, Muskatnuss, Salz und Pfeffer dazugeben und alles 5 Minuten sanft garen. Die Sahne sorgfältig unterrühren und die Mischung in der Pieform verteilen.

4 Vom Teig genügend 2 cm breite Streifen für den Rand der Form abschneiden. Den Rand der Form mit Wasser bestreichen und die Streifen daraufsetzen. Die Pie mit dem restlichen Teig bedecken, überschüssigen Teig abschneiden. Den Teigdeckel fest andrücken und mit dem verquirlten Ei bestreichen. Ein Loch hineinschneiden, damit Dampf entweichen kann. Die Pie auf ein Backblech setzen und 15–20 Minuten backen, bis sie gebräunt ist.

## KÜCHENUTENSILIEN

**1 Pieform (23 cm Ø)**

## ZUTATEN

**FÜR DIE FÜLLUNG**

**25 g getrocknete Steinpilze**
**1 EL Olivenöl**
**4 Schalotten, halbiert**
**2 Knoblauchzehen, fein gehackt**
**400 g Perlhuhnbrustfilets, in mundgerechte Stücke geschnitten**
**200 g Egerlinge, halbiert**
**2 EL Madeira**
**Blätter von 1 Bund frischem Thymian oder 1 TL getrockneter Thymian**
**¼ TL frisch geriebene Muskatnuss**
**Salz und Pfeffer**
**2 EL Sahne**

**FÜR DEN TEIG**

**215 g bereits ausgerollter Fertig-Blätterteig (oder selbst gemachter Blätterteig s. S. 122)**
**1 Ei, verquirlt, zum Bestreichen**

### Variante

**HÄHNCHEN-PILZ-PIE**

Anstelle von Perlhuhnbrust in Schritt 3 Hähnchen- oder Putenbrust verwenden und nach dem Rezept oben vorgehen.

# GRUNDTEIGE HERSTELLEN

# MÜRBETEIG MIT RINDERTALG

Für diesen klassischen englischen Teig benötigen Sie 300 g Mehl, 12 g Backpulver, ½ TL Salz, 150 g Rindertalg (beim Metzger vorbestellen) oder die im jeweiligen Rezept angegebenen Zutatenmengen.

**1** Mehl und Backpulver in eine große Schüssel sieben und das Salz hinzufügen. Die Zutaten kurz mit einem Holzlöffel verrühren.

**2** Den Rindertalg in 1 cm große Würfel schneiden. Das gewürfelte Fett zur Mehlmischung in die Schüssel geben und kurz unterrühren.

**3** Das Fett mit den Fingerspitzen in das Mehl reiben, bis eine grobkrümelige Mischung entstanden ist. Den Teig rasch und so wenig wie möglich bearbeiten, damit sich das Gluten im Mehl nicht erwärmt. Am besten auch in einem kühlen Raum arbeiten.

**4** Dann 4–6 EL kaltes Wasser hinzufügen und untermischen. Zuerst mit einem Holzlöffel rühren, dann mit den Händen kneten.

**5** Die Mischung mit den Fingerspitzen zu einem weichen Teig zusammendrücken. Den Teig vorsichtig und nur so lange bearbeiten, bis er glatt ist. Sollte er zu trocken sein, noch etwas Wasser hinzufügen.

**6** Den Teig in Frischhaltefolie einwickeln und vor der Verwendung mindestens 30 Minuten in den Kühlschrank legen.

# SCHMALZMÜRBETEIG

Dieser Teig eignet sich gut für Pies mit Schweinefleisch. Sie benötigen 400 g Mehl, ½ TL Salz, 150 ml kochendes Wasser und 150 g Schweineschmalz oder die im Rezept angegebenen Zutatenmengen.

**1** Das Mehl in eine große Schüssel sieben. Das Salz hinzufügen und mit einem Holzlöffel untermischen. In die Mitte eine Mulde drücken.

**2** Das kochende Wasser in einen Messbecher füllen. Das Schmalz in Flocken hinzufügen und mit einem Metalllöffel rühren, bis es geschmolzen ist.

**3** Die heiße Schmalz-Wasser-Mischung vorsichtig in die Mehlmulde gießen.

**4** Von der Mitte beginnend alles mit dem Holzlöffel verrühren, bis es sich zu einem Teig verbindet.

**5** Dann die Mischung auf der bemehlten Arbeitsfläche mit den Händen zu einem weichen Teig kneten. Vorsicht, die Zutaten sind heiß! Dieser Teig muss rasch weiterverarbeitet werden, denn er wird beim Abkühlen schnell hart. Übrigen Teig in ein sauberes Küchentuch einwickeln und bis zur Verwendung an einem warmen Platz aufbewahren.

# BLÄTTERTEIG

Zur Herstellung dieses flockigen Blätterteigs, der sich für süße und pikante Kuchen eignet, benötigen Sie 250 g Mehl, ½ TL Salz, 175 g Butter oder die im jeweiligen Rezept angegebenen Zutatenmengen.

**1** Mehl und Salz in eine Schüssel sieben. 60 g Butter in Flocken mit den Fingerspitzen in das Mehl einarbeiten, bis Krümel entstanden sind.

**2** 100 ml Wasser hinzufügen und alles zu einem weichen elastischen Teig kneten. Den Teig in Frischhaltefolie einwickeln und 15 Minuten kühl stellen.

**3** Den Teig auf der bemehlten Arbeitsfläche mit dem Nudelholz etwa 3 mm dick zu einem großen Rechteck ausrollen.

**4** Die restliche Butter in Flocken auf ⅔ des Teiges verteilen und das ungebutterte ⅓ zur Hälfte darüberfalten.

**5** Die Teigplatte noch einmal so falten, dass die Butter vollkommen von Teig umschlossen ist. Dann den Teig umdrehen.

**6** Mit dem Nudelholz über die Ränder rollen, um sie zu verschließen. Den Teig in Frischhaltefolie einwickeln und 15 Minuten kühl stellen.

**7** Die Arbeitsfläche wieder mit Mehl bestäuben. Den Teig wie beschrieben ausrollen und falten, ohne Butter hinzuzufügen. Dann erneut kühl stellen.

**8** Schritt 7 noch dreimal wiederholen, dabei den Teig zwischendurch jedes Mal 15 Minuten kühl stellen. Dann ist der Teig gebrauchsfertig.

# BLITZBLÄTTERTEIG

Dieser Teig geht erheblich schneller als klassischer Blätterteig. Sie benötigen dafür 250 g halbgefrorene Butter, 250 g Mehl, 1 TL Salz oder die im jeweiligen Rezept angegebenen Zutatenmengen.

**1** Die halbgefrorene Butter auf der Küchenreibe raspeln. Mehl und Salz darübersieben und mit den Fingern einarbeiten, bis Krümel entstanden sind.

**2** Mit einer Gabel 90–100 ml Wasser untermischen. Mit den Fingerspitzen alles zu einem groben Teig kneten. Falls nötig, mehr Wasser dazugeben.

**3** Den Teig zu einer Kugel formen und in einen Folienbeutel legen. Den Beutel verschließen und 20 Minuten in den Kühlschrank legen.

**4** Dann den Teig auf der bemehlten Arbeitsfläche gleichmäßig zu einem dünnen langen Rechteck mit geraden Rändern ausrollen.

**5** ⅓ des Teiges zur Mitte hin umfalten und das gegenüberliegende Drittel darüberklappen, sodass drei Teiglagen vorhanden sind. Durch das Ausrollen und Falten gelangt Luft in den Teig und lässt ihn beim Backen schön aufgehen.

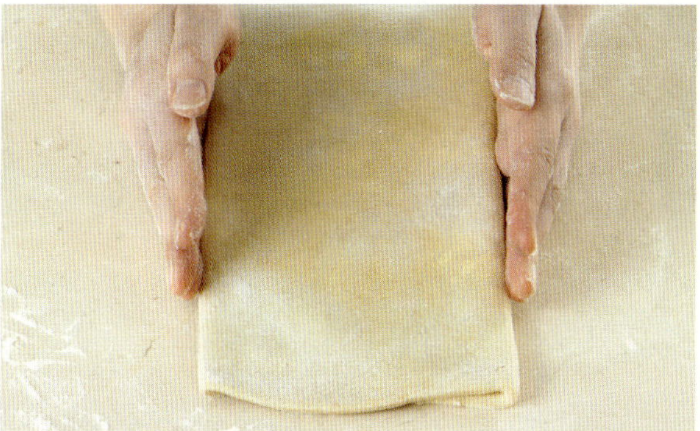

**6** Den Teig umdrehen und dann um 90 Grad drehen, sodass die gefalteten Ränder nun vertikal vor einem liegen.

**7** Den Teig wieder in Größe des ursprünglichen Rechtecks ausrollen. Dabei darauf achten, dass die schmalen Seiten gleich lang sind.

**8** Den Teig noch einmal falten, umdrehen und ausrollen. Dann den Teig wieder in den Folienbeutel legen und 20 Minuten kühl stellen.

**9** Den Teig noch zweimal ausrollen, zusammenfalten, umdrehen und kühl stellen. Danach kann er weiterverarbeitet werden.

# STRUDELTEIG

Zur Herstellung von zartem Strudelteig benötigen Sie 250 g Mehl (Type 405 oder 550), 1 Ei, ½ TL Zitronensaft und 1 Prise Salz oder die im jeweiligen Rezept angegebenen Zutatenmengen.

**1** Das Mehl sieben und dabei auf die saubere Arbeitsfläche häufen. In die Mitte mit den Fingern eine Mulde drücken.

**2** Das Ei mit 125 ml Wasser, Zitronensaft und Salz in einer Schüssel verschlagen. Die Mischung in die Mehlmulde gießen.

**3** Mit den Fingerspitzen nach und nach das Mehl unter die flüssigen Zutaten in der Mehlmulde mischen, sodass ein Teig entsteht.

**4** Nur so viel Mehl mit den anderen Zutaten verkneten, dass sich der Teig zu einer Kugel formen lässt und noch recht weich ist.

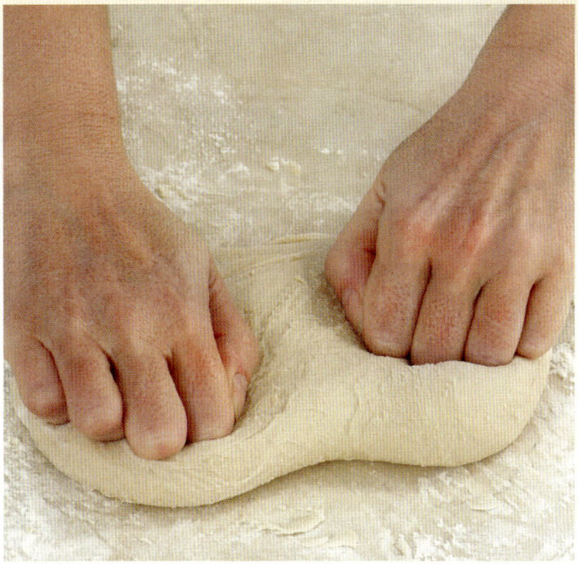

**5** Den Teig auf der bemehlten Arbeitsfläche etwa 10 Minuten kneten, bis er glatt und elastisch ist und glänzt. Dann zu einer Kugel formen.

**6** Den Teig auf der bemehlten Arbeitsfläche mit einer großen sauberen Schüssel zudecken und 30 Minuten ruhen lassen.

**7** Den Teig auf der bemehlten Arbeitsfläche oder einem bemehlten Küchentuch dünn ausrollen. Dann in der Mitte beginnend über die bemehlten Handrücken ziehen, bis er durchscheinend ist. So kann der Teig weiterverwendet werden.

# GLUTENFREIER MÜRBETEIG

Ideal für Menschen mit Zöliakie (Gluten-Unverträglichkeit). Sie brauchen dafür 225 g glutenfreies Mehl, 1 TL Xanthan, 1 Prise Salz, 100 g Butter und 1 Ei oder die im Rezept angegebenen Zutaten.

**1** Mehl, Xanthan und Salz in eine große Schüssel sieben und mischen. Für einen süßen Teig 2 EL Puderzucker hinzufügen.

**2** Die kalte Butter in Flocken dazugeben und mit den Fingerspitzen einarbeiten, bis eine krümelige Mischung entstanden ist. Alternativ die Zutaten in der Küchenmaschine verkneten lassen.

3 Das Ei verquirlen, zum Mehl geben und mit einer Palette oder einer abgerundeten Messerschneide einarbeiten, bis Klumpen entstanden sind.

4 Nach und nach 1–2 EL kaltes Wasser hinzufügen und jeweils gut untermischen, bis ein Teig entstanden ist.

5 Dann den Teig auf der bemehlten Arbeitsfläche mit den Händen glatt kneten. Zu einer Kugel formen und in Frischhaltefolie einwickeln.

6 Den Teig 10 Minuten kühl stellen, bis er fest ist und sich dadurch leichter ausrollen lässt. Dann kann der Teig weiterverwendet werden.

# COBBLER-TEIG

Verwenden Sie für diesen Teig 225 g Mehl, 9 g Backpulver, 75 g Zucker, 1 Prise Salz, 75 g kalte Butter, 100 ml Buttermilch, 1 Ei oder die im jeweiligen Rezept angegebenen Zutatenmengen.

**1** Mehl, Backpulver, Zucker (bei pikanten Gerichten weglassen!) und Salz in eine große Schüssel sieben.

**2** Die kalte Butter in Flocken hinzufügen und mit den Fingerspitzen untermischen, bis eine krümelige Mischung entstanden ist.

**3** Buttermilch und Ei verquirlen. Zu den trockenen Zutaten geben und gut untermischen, sodass nach und nach ein Teig entsteht.

**4** Die Zutaten für die Füllung in eine Auflaufform geben und den Teig in walnussgroßen Portionen daraufsetzen. Dabei zwischen den Teigkugeln ausreichend Platz lassen, damit sich der Teig ausdehnen kann.

**5** Leicht auf die Teigkugeln drücken, damit sie sich mit der Füllung verbinden. Nach Belieben lässt sich der Cobbler-Grundteig mit auf die Füllung abgestimmten gehackten Kräutern oder Gewürzen variieren.

# KEKSBODEN

Dieser einfache süße Boden ist eine wunderbare Alternative zu Mürbeteig. Verwenden Sie 250 g Weizenvollkornkekse, 60 g Zucker, 125 g Butter oder die im jeweiligen Rezept angegebenen Zutatenmengen.

**1** Den Backofen auf 180 °C vorheizen. Die Kekse in einem Folienbeutel mit dem Nudelholz zerdrücken oder in der Küchenmaschine zerkleinern.

**2** Kekskrümel und Zucker mit der zerlassenen und wieder abgekühlten Butter in einer großen Schüssel mischen, bis alles wie nasser Sand aussieht.

**3** Die Brösel-Butter-Mischung in die Backform füllen und fest an Boden und Wand andrücken. Dabei darauf achten, dass der Boden möglichst dicht und der Rand dick wird, damit die Füllung nicht austreten kann. Die Form auf ein Backblech stellen und den Boden bei 180 °C 10 Minuten backen. Zum Abkühlen beiseitestellen. Danach den Boden bis zur Verwendung im Kühlschrank aufbewahren.

# STREUSEL

Für traditionelle süße Streusel benötigen Sie 125 g Mehl, 85 g Zucker, 85 g kalte Butter sowie nach Belieben etwas Zimtpulver oder die im jeweiligen Rezept angegebenen Zutatenmengen.

**1** Das Mehl in eine große Schüssel sieben. Den Zucker und evtl. den Zimt hinzufügen und untermischen. Alternativ hellbraunen Rohrzucker verwenden.

**2** Die kalte Butter mit einem scharfen Messer in 1 cm große Würfel schneiden. Die gewürfelte Butter zur Mehlmischung geben.

**3** Die Butter mit den Fingerspitzen in die Mehlmischung reiben, bis eine grobkrümelige Mischung entstanden ist. Sie sollte nicht zu fein oder zu gleichmäßig sein, da größere Butterstückchen dem Streuselbelag beim Schmelzen einen besseren Geschmack und eine schönere Oberflächenbeschaffenheit verleihen.

# EINE TARTEFORM AUSKLEIDEN

So kleiden Sie eine Tarteform perfekt aus: Verwenden Sie dabei die Backform als Schablone und überdehnen Sie den Teig nicht, weil er sonst beim Backen möglicherweise schrumpft.

**1** Den Teig auf der bemehlten Arbeitsfläche etwa 3 mm dick zu einem großen Kreis ausrollen. Dabei nicht zu viel Mehl verwenden.

**2** Den Teig vorsichtig um das Nudelholz aufrollen und auf der Backform wieder entrollen. Darauf achten, dass die Ränder rundum überhängen.

**3** Den Teig mit den Fingern vorsichtig an Boden und Wand der Form andrücken. Der Teig sollte mindestens 2 cm über den Rand der Form hängen.

# BLINDBACKEN

Damit der Boden knusprig wird, sollte man ihn vor dem Füllen je nach Rezept kurz vorbacken. Anstelle von getrockneten Hülsenfrüchten können Sie auch Backbohnen aus Keramik verwenden.

1 Den Boden mit einer Gabel mehrmals einstechen, damit er beim Backen nicht aufgeht, und mit Backpapier oder Alufolie auslegen.

2 Das Backpapier mit Hülsenfrüchten beschweren. Sie stützen den Teigrand beim Backen. Die Form auf ein Backblech setzen.

3 Den Boden im vorgeheizten Ofen auf mittlerer Schiene 20–25 Minuten blindbacken. Dann die Hülsenfrüchte und das Backpapier entfernen.

4 Den Boden weitere 5 Minuten backen, bis er knusprig ist, und zum Abkühlen beiseitestellen. Die Teigränder noch warm begradigen.

# TEIGRÄNDER VERZIEREN

Nichts geht über eine selbst gemachte Pie oder Tarte. Damit sie nicht nur gut schmeckt, sondern besonders schön aussieht, können Sie eine der hier gezeigten Ideen ausprobieren. Ganz nach dem Motto: Kleiner Aufwand, große Wirkung!

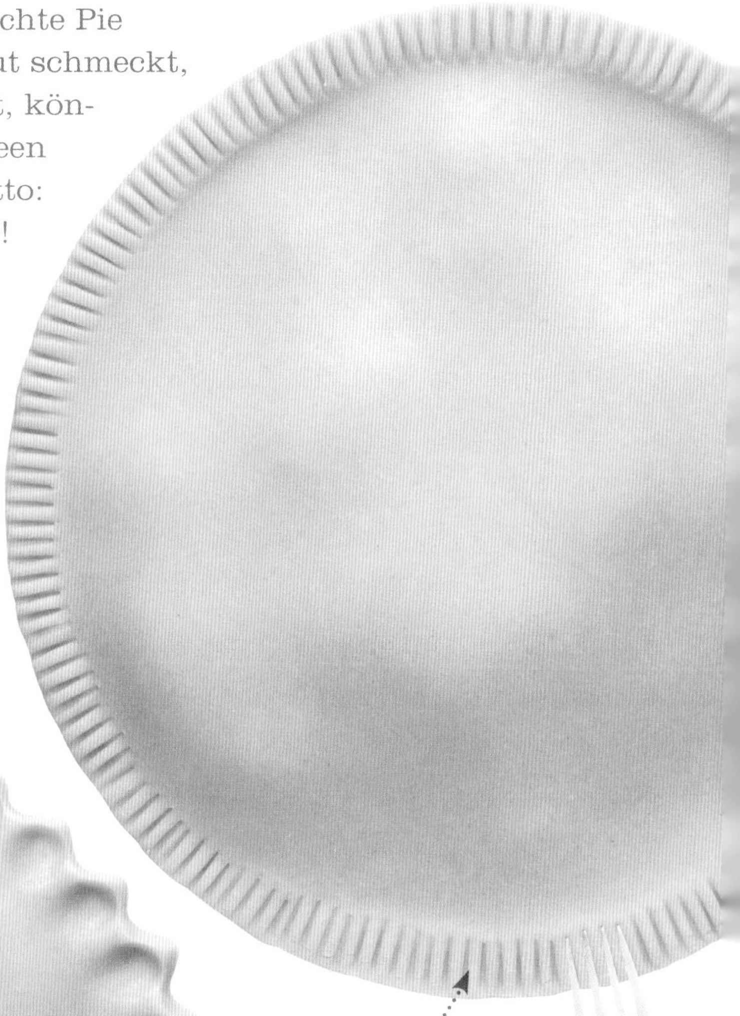

**Gezackt**
Den Teigrand Stück für Stück mit Daumen und Zeigefinger der rechten Hand leicht eindrücken und mit dem Zeigefinger der linken Hand gleichmäßige Vertiefungen in den Rand drücken.

**Gekerbt**
Ein einfacher, schneller Abschluss, der die Pie gleichzeitig fest verschließt – was besonders bei recht feuchten Füllungen hilfreich ist. Den Teigrand dazu mit den Zinken einer Gabel Stück für Stück rundum eindrücken.

**Gefiedert**
Mit einer Küchenschere den Teigrand regelmäßig im Abstand von 1 cm etwa 2 cm tief und schräg einschneiden. Mit den Fingerspitzen jedes zweite Teigstück schräg nach innen falten. Die anderen Teigstücke auf dem Rand der Form liegen lassen. Diese Verzierung wirkt sehr elegant.

Mit einer Küchenschere einschneiden

**Gebuchtet**
Mit dem Zeigefinger der linken Hand fest auf den Teigrand drücken. Den Teig zu beiden Seiten des Fingers mit der Spitze eines Tafelmessers einkerben – rundum fortsetzen.

Mit einer Messerspitze einkerben

**Strahlenförmig**
Aus übrigem Teig 2 cm breite Streifen und aus diesen wiederum Dreiecke gleicher Größe schneiden. Den Rand des Teigdeckels mit Wasser befeuchten und die Dreiecke sich leicht überlappend rundum daraufsetzen.

Der Effekt kommt hier vom schrägen Eindrücken

**Wellenförmig**
Den Teigrand Stück für Stück mit Daumen und Zeigefinger der rechten Hand leicht eindrücken. Mit dem Zeigefinger der linken Hand leicht schräg gleichmäßige Vertiefungen in den Rand drücken.

**Geflochten**
Drei Teigstreifen von je 1 cm Breite und ausreichender Länge für den Rand der Pie schneiden und auf der bemehlten Arbeitsfläche flechten. Den Rand der Pie mit Wasser befeuchten. Den Zopf rundum auflegen und leicht andrücken.

**Cornish-Pasty-Rand**
Die Teigränder mit Daumen und Zeigefinger der rechten Hand zusammendrücken und mit dem Zeigefinger der linken Hand gleichmäßige Dellen hineindrücken.

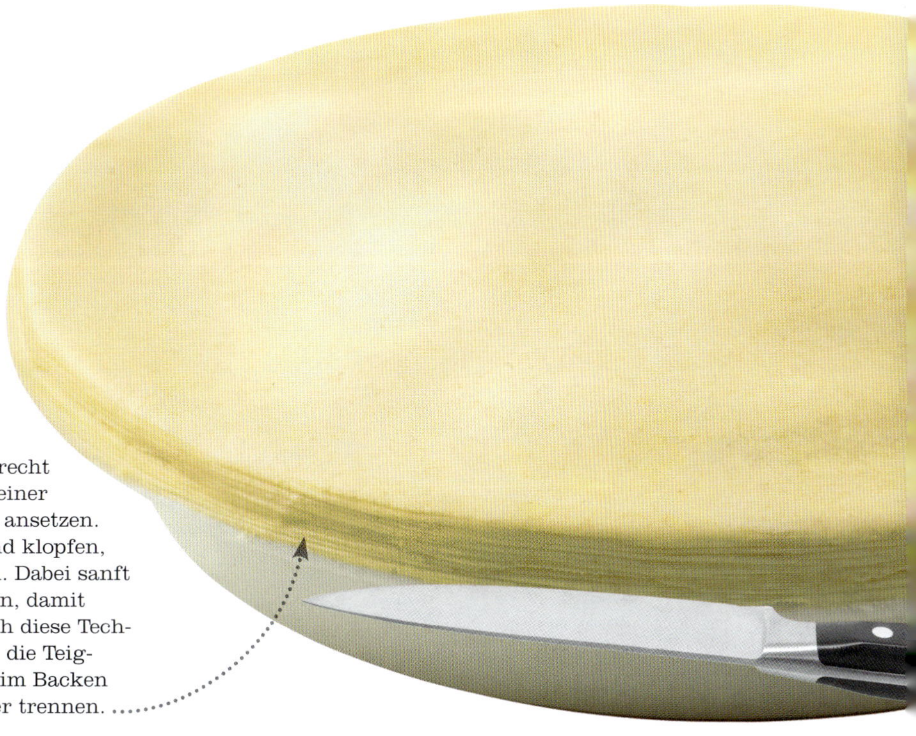

**Wulstig**
Ein scharfes Messer waagrecht an den begradigten Rand einer doppelten Blätterteighülle ansetzen. Das Messer in den Teigrand klopfen, damit Schichten entstehen. Dabei sanft auf den Teigdeckel drücken, damit er sich nicht bewegt. Durch diese Technik gelangt Luft zwischen die Teiglagen, wodurch sie sich beim Backen aufblähen und voneinander trennen.

# DEKORATIVE DECKEL

Piedeckel können mit Teigresten vielfältig verziert werden. Auch Dampfabzugslöcher lassen sich gestalten – sie sehen nicht nur hübsch aus, sondern verhindern auch, dass der Teig durchnässt.

**Hübsche Motive**
Vorhandene Teigreste ausrollen und Verzierungen wie Blätter, Herzen, Blüten, Sterne oder Zahlen ausstechen oder mit einem scharfen Messer ausschneiden, um der Pie eine individuelle Note zu verleihen.

Verzierungen machen Ihre Pie noch schöner

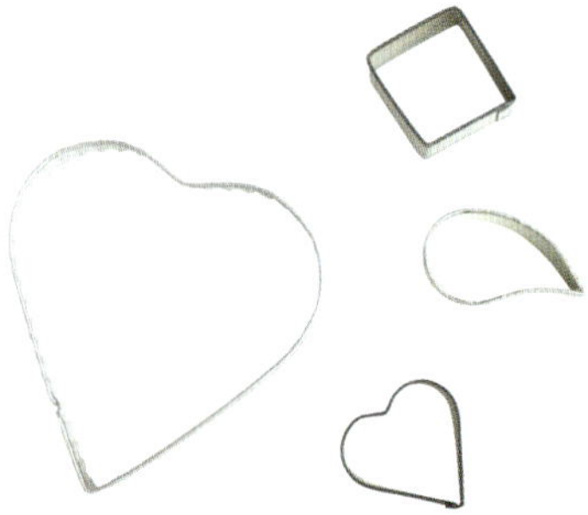

**Gedrehtes Band**
Einen 2 cm breiten Streifen in Länge des Deckelrands zurechtschneiden. Ein Ende festhalten, dann den Streifen drehen. Den Deckelrand mit Wasser befeuchten. Den Streifen rundum auflegen und vorsichtig andrücken.

**Ausschnitte**
Mit einer kleinen Ausstechform (z.B. für Blätter) mehrere Löcher in den Deckel stechen, bevor er aufgesetzt wird. Oder den aufgelegten Deckel in der Mitte kreuzförmig einschneiden und die Spitzen der entstandenen Dreiecke umklappen.

**Teigrose**
Vier Teigquadrate (7,5 x 7,5 cm) ausschneiden und aufeinanderlegen. Auf einen Zeigefinger setzen und alle Ecken nach unten ziehen. Die entstandene Kugel kreuzförmig zur Hälfte einschneiden. Die Teiglagen zu Blütenblättern auseinanderziehen.

## Eine hübsche Dekoration

**Gitter**
Vorhandene Teigreste mit einem gewellten Teigrädchen in 1,5 cm breite Streifen ausreichender Länge schneiden. Die Teigränder mit Wasser befeuchten und die Teigstreifen quer über die Füllung legen. Überstehende Streifenenden abschneiden.

# TARTES UND PIES MIT FISCH

Dieses Traditionsgericht wird mit Schellfisch zubereitet, es eignet sich aber auch jeder andere weißfleischige Fisch. Mit gedämpftem Brokkoli oder frischen Erbsen wird daraus ein gesundes Abendessen.

# FISHERMAN'S PIE

**FÜR 6 PERS.** | **ZUBEREITUNG 20–30 MIN.** | **GARZEIT 50–60 MIN.**

1 Für die Haube die Kartoffeln in kochendem Salzwasser 15–20 Minuten weich garen. Gut abtropfen lassen, wieder in den Topf geben und zerstampfen. Die Milch in einem kleinen Topf erhitzen. Butter, Salz und Pfeffer unterrühren. Die Mischung zu den Kartoffeln geben und bei mittlerer Hitze 2–3 Minuten schlagen, bis ein lockeres Püree entstanden ist. Abschmecken und beiseitestellen.

2 Für die Füllung die Milch mit Pfefferkörnern, Lorbeerblatt und Zwiebel in einen Topf geben, zum Kochen bringen, vom Herd nehmen und zugedeckt etwa 10 Minuten an einem warmen Platz ziehen lassen.

3 Den Fisch in die Milch geben und wieder auf den Herd setzen. Zugedeckt je nach Dicke 5–10 Minuten köcheln, er sollte sich dann mit einer Gabel leicht zerblättern lassen. Auf einen großen Teller heben, abkühlen lassen und zerblättern. Die Milch beiseitestellen.

4 Die Butter bei mittlerer Hitze in einem Topf zerlassen. Das Mehl unterrühren und 30–60 Sekunden garen, bis sich Bläschen bilden. Vom Herd nehmen, die Milch durch ein Sieb dazugießen und unterschlagen. Die Sauce wieder auf den Herd setzen, erhitzen und weiterschlagen, bis sie kocht und dick wird. Salzen und pfeffern und 2 Minuten köcheln lassen. Die Petersilie unterrühren.

5 Den Backofen auf 180 °C vorheizen. Die Form mit zerlassener Butter einfetten. ⅓ der Sauce auf den Boden der Form geben und den Fisch gleichmäßig darauf verteilen. Mit der restlichen Sauce bedecken und die Garnelen gleichmäßig daraufsetzen. Die gehackten Eier darüberstreuen.

6 Das Kartoffelpüree sorgfältig auf der Füllung verstreichen. Die Pie 20–30 Minuten backen, bis die Haube gebräunt ist und die Sauce blubbert.

## KÜCHENUTENSILIEN

1 Pieform (2 l Inhalt)

## ZUTATEN

**FÜR DIE HAUBE**

**625 g Kartoffeln, in Stücke geschnitten**
**Salz und Pfeffer**
**4 EL Milch**
**60 g Butter**

**FÜR DIE FÜLLUNG**

**1 l Milch**
**10 Pfefferkörner**
**2 Lorbeerblätter**
**1 kleine Zwiebel, geviertelt**
**750 g Schellfischfilet ohne Haut, in Stücke geschnitten**
**90 g Butter sowie Butter zum Einfetten**
**60 g Mehl**
**Salz und Pfeffer**
**Blätter von 5–7 Stängeln Petersilie, gehackt**
**125 g Garnelen, geschält und nach Entfernen der Därme gegart**
**3 hart gekochte Eier, gepellt und grob gehackt**

Blindbacken verhindert, dass der Boden der Quiche während des Backens der Füllung durchnässt. Da Spinat viel Wasser zieht, sollte man ihn vor der Verwendung immer gut abtropfen und ausdrücken.

# LACHS-SPINAT-QUICHE

FÜR 6–8 PERS.

ZUBEREITUNG 20 MIN. + KÜHLEN

GARZEIT 1–1¼ STD.

EINFRIEREN TEIGBODEN BIS ZU 2 MONATE

KÜCHENUTENSILIEN

1 geriffelte Tarteform (22 cm Ø, hoher Rand) mit herausnehmbarem Boden
Hülsenfrüchte zum Blindbacken

ZUTATEN

**FÜR DEN TEIG**

**200 g Mehl sowie Mehl zum Bestäuben**
**100 g weiche Butter**
**½ TL Salz**

**FÜR DIE FÜLLUNG**

**200 g junger Spinat**
**2 EL Olivenöl**
**1 Knoblauchzehe, zerdrückt**
**Salz und Pfeffer**
**100 g gegarter Lachs, in Stücke zerteilt**
**250 g Sahne**
**2 Eier sowie 1 Eigelb**
**1 TL abgeriebene Schale 1 Bio-Zitrone**

1 Für den Teig Mehl, Butter und Salz zwischen den Fingerspitzen reiben, bis eine krümelige Mischung entstanden ist. Etwas kaltes Wasser hinzufügen und alles zu einem weichen Teig kneten. In Frischhaltefolie einwickeln und 30 Minuten kühl stellen.

2 Den Backofen auf 180 °C vorheizen. Den Teig auf der bemehlten Arbeitsfläche etwa 5 mm dick zu einem großen Kreis ausrollen und in die Form setzen. Darauf achten, dass er über den Rand der Form hängt. Überhängende Teigränder auf 1 cm kürzen und den Teig rundum in die Form drücken.

3 Den Boden mit einer Gabel mehrmals einstechen. Mit Backpapier auslegen und mit den Hülsenfrüchten beschweren. Die Form auf ein Backblech setzen und den Boden in 20–25 Minuten hell backen. Dann Hülsenfrüchte und Papier entfernen und den Boden in weiteren 5 Minuten knusprig backen. Die Ränder noch warm begradigen.

4 Für die Füllung den Spinat in einem großen Topf mit Olivenöl und Knoblauch in 2–3 Minuten weich garen, salzen und pfeffern. In ein Sieb geben und überschüssiges Wasser herausdrücken. Abkühlen lassen.

5 Den Spinat gleichmäßig auf dem Boden verteilen und die Lachsstücke dazwischensetzen. Sahne, Eier, Eigelb, Zitronenschale, Salz und Pfeffer verschlagen. Die Form auf ein Backblech setzen und die Sahnemischung über die Füllung gießen.

6 Die Quiche 45 Minuten backen, bis sie gerade gestockt ist. 30 Minuten abkühlen lassen, dann warm oder kalt servieren.

Im Blätterteigmantel – en croûte – bleibt das zarte Lachsfilet schön saftig. Die Brunnenkressecreme verleiht den Teigtaschen hier ein ganz besonderes Aroma.

# LACHS IM TEIGMANTEL

**FÜR 4 PERS.** **ZUBEREITUNG 25 MIN.** **GARZEIT 30 MIN.**

KÜCHENUTENSILIEN
**Backblech**

ZUTATEN

**FÜR DIE FÜLLUNG**
**Öl zum Einfetten**
**100 g Brunnenkresse, harte Stängel entfernt**
**125 g Frischkäse (Doppelrahmstufe)**
**Salz und Pfeffer**
**600 g Lachsfilet ohne Haut**

**FÜR DEN TEIG**
**400 g Fertig-Blätterteig (oder selbst gemachter Blätterteig s. S. 122)**
**Mehl zum Bestäuben**
**1 Ei, verquirlt, oder Milch zum Bestreichen**

1 Den Backofen auf 200 °C vorheizen. Das Backblech dünn einfetten. Für die Füllung die Brunnenkresse sehr fein hacken und mit dem Frischkäse in eine Schüssel geben. Großzügig salzen und pfeffern und alle Zutaten gut mischen.

2 Das Lachsfilet in zwei Stücke teilen. Den Teig auf der bemehlten Arbeitsfläche 3 mm dick zu einem Rechteck ausrollen. Es sollte etwa 8 cm länger und etwas mehr als doppelt so breit wie die Lachsstücke sein. Die Teigränder begradigen und die Teigplatte auf das Backblech setzen.

3 Ein Lachsstück in die Mitte der Teigplatte legen. Die Kressecreme daraufstreichen und das zweite Lachsstück daraufsetzen. Die Teigränder dünn mit Wasser bestreichen, dann die beiden Enden über den Lachs legen. Die Seiten so über den Fisch klappen, dass sie sich etwas überlappen, und zusammendrücken. Die Teigreste nach Belieben wieder ausrollen und zum Dekorieren verwenden. Das Päckchen mit verquirltem Ei bestreichen und mit einem Spieß zwei oder drei Löcher hineinstechen, damit Dampf entweichen kann.

4 Den Lachs 30 Minuten backen, bis der Teig gut aufgegangen und goldbraun ist. Als Gartest einen Metallspieß bis zur Mitte in die dickste Stelle des Fisches schieben und nach 4–5 Sekunden wieder herausziehen. Er sollte sich heiß anfühlen.

5 Die Teigtasche aus dem Backofen nehmen und 2–3 Minuten abkühlen lassen, dann in Scheiben schneiden und servieren. Das Gericht kann bis zu zwölf Stunden vorher zubereitet und mit Frischhaltefolie zugedeckt im Kühlschrank aufbewahrt werden.

Fisch und Fenchel sind ein großartiges Paar. Diese Variante einer Fischpie wird bei Familie und Freunden sicher ein Dauerbrenner werden. Sie können dafür auch andere Fischsorten verwenden.

# LACHS-FENCHEL-PIE MIT WEISSWEIN

**FÜR 6 PERS.**

**ZUBEREITUNG 20 MIN.**

**GARZEIT 1¼–1½ STD.**

1 Den Backofen auf 200 °C vorheizen. Für die Füllung die Fenchelscheiben auf dem Boden der Form verteilen. Den Wein sowie großzügig Salz und Pfeffer darübergeben. Die Form fest mit Alufolie abdecken. Den Fenchel 35–45 Minuten im Backofen garen, bis er weich ist. Die Garflüssigkeit aus der Form gießen und beiseitestellen. Den Fenchel in der Form lassen. Die Ofentemperatur auf 180 °C herunterschalten.

2 Die Butter in einem mittelgroßen Topf zerlassen. Das Mehl unterrühren und bei mittlerer Hitze 2–3 Minuten garen, dabei mit einem Holzlöffel rühren, bis eine glatte Paste entstanden ist. Unter Rühren nach und nach Milch und Garflüssigkeit untermischen und eine Bèchamel-Sauce herstellen. Petersilie, Dill, Zitronenschale und -saft sowie Salz und Pfeffer unterrühren.

3 Den Lachs auf die Fenchelscheiben setzen. Die Sauce darübergießen und sorgfältig unterheben.

4 Aus der Teigplatte ein Rechteck (20 x 28 cm) ausschneiden. Aus dem restlichen Teig genügend 2 cm breite Streifen für den Rand schneiden. Die Streifen rundum an den Rand der Form direkt auf die Füllung legen und mit etwas Ei bestreichen. Das Teigrechteck daraufsetzen. Ebenfalls mit Ei bestreichen und ein Loch hineinschneiden, damit Dampf entweichen kann. Die Pie auf ein Backblech setzen und 40–45 Minuten backen, bis sie gebräunt ist.

## KÜCHENUTENSILIEN

1 Auflaufform (20 x 28 cm, 5 cm hoch)

## ZUTATEN

**FÜR DIE FÜLLUNG**

**1 Fenchelknolle (etwa 250 g), in dünne Scheiben geschnitten**
**250 ml trockener Weißwein**
**Salz und Pfeffer**
**45 g Butter**
**45 g Mehl**
**350 ml Milch**
**2 EL gehackte glatte Petersilie**
**2 EL gehackter Dill**
**abgeriebene Schale von 1 Bio-Zitrone**
**1 EL Zitronensaft**
**500 g Lachsfilet ohne Haut, in mundgerechte Stücke geschnitten**

**FÜR DEN TEIG**

**320 g bereits ausgerollter Fertig-Blätterteig (oder selbst gemachter Blätterteig s. S. 122)**
**1 Ei, verquirlt, zum Bestreichen**

Dieses Rezept ist eine Variante eines traditionellen Fischgerichts aus Finnland. Gewöhnlich wird es mit Barsch zubereitet. Da Barsch aber schwer erhältlich ist, habe ich hier ersatzweise Lachs verwendet.

# KALAKUKKO

**FÜR 6–8 PERS.** **ZUBEREITUNG 30 MIN.** **GARZEIT 6½ STD.**

KÜCHENUTENSILIEN
**Backblech**

ZUTATEN

**FÜR DEN TEIG**
**450 g Roggenmehl sowie Roggenmehl zum Bestäuben**
**150 g Weizenmehl (Type 405)**
**½ TL Salz**
**50 g Butter, gewürfelt**

**FÜR DIE FÜLLUNG**
**375 g Lachsfilet ohne Haut, in mundgerechte Stücke geschnitten**
**125 g Bauchspeck, in kleinen Streifen**
**Salz und Pfeffer**
**20 g Butter, zerlassen**

1 Den Backofen auf 200 °C vorheizen, Backblech mit Backpapier auslegen. Für den Teig beide Mehlsorten und Salz in eine Schüssel geben. Die Butter mit den Fingerspitzen einarbeiten, bis eine krümelige Mischung entstanden ist. Nach und nach 300–400 ml kaltes Wasser hinzufügen und alles zu einem weichen Teig kneten. Den Teig in zwei gleich große Stücke teilen.

2 Die Hälfte des Teiges auf der bemehlten Arbeitsfläche zu einem Kreis (28 cm Ø) ausrollen und den Kreis auf das Backblech setzen. Etwas Roggenmehl in die Mitte des Kreises streuen, dann abwechselnd Lachs und Speck in die Mitte schichten. Jede Schicht salzen und pfeffern. Außen einen 2 cm breiten Rand frei lassen und den Teigrand mit etwas Wasser bestreichen.

3 Das zweite Teigstück wie oben beschrieben ausrollen. Den Teigkreis vorsichtig auf Lachs und Speck legen. Die Teigränder fest zusammendrücken und nach Belieben wellen.

4 Den Kalakukko großzügig mit zerlassener Butter bestreichen und 30 Minuten backen, bis er braun wird. Die Ofentemperatur auf 110 °C herunterschalten.

5 Den Kalakukko aus dem Backofen nehmen und mit dem Backpapier auf ein großes Stück Alufolie heben. Vollständig in Alufolie einwickeln und im Backofen weitere 6 Stunden garen.

6 Herausnehmen und sofort mit einem Küchentuch abdecken, damit die Kruste nicht zu hart wird. Den Kalakukko zum Servieren wie einen Kuchen aufschneiden. Er kann warm oder kalt gegessen werden.

Anstelle der üblichen Kartoffelhaube lassen sich Fischpies auch mit Kräuter-Käse-Streuseln bedecken. Eine perfekte Beilage für diesen Fisch-Crumble sind gedämpfter Spargel oder zarte Bohnen.

# FISCH-CRUMBLE

**FÜR 4-6 PERS.** **ZUBEREITUNG 30 MIN.** **GARZEIT 35–40 MIN.**

1 Den Backofen auf 180 °C vorheizen. Für die Streusel die Butter in einer großen Pfanne erhitzen. Den Lauch darin bei mittlerer Hitze 10 Minuten sanft garen, dann vom Herd nehmen.

2 Brot, Pinienkerne, Estragon und Käse in einer Küchenmaschine zerkleinern, bis gleichmäßige Krümel entstanden sind. In die Pfanne zum Lauch geben. Haferflocken, Senf und großzügig Salz und Pfeffer hinzufügen und sorgfältig untermischen.

3 Für die Füllung die Form einfetten. Lachs, Garnelen und Jakobsmuscheln in die Form geben. Wein und Sahne darübergießen, dann Zitronenschale und Petersilie darüberstreuen. Alle Zutaten großzügig mit Salz und Pfeffer würzen.

4 Die Streusel auf der Füllung verteilen. Die Form auf ein Backblech setzen und den Fisch-Crumble 25–30 Minuten backen, bis er goldbraun ist.

## KÜCHENUTENSILIEN

**1 Auflaufform (2 l Inhalt)**

## ZUTATEN

**FÜR DIE STREUSEL**
**30 g Butter**
**6 Stangen junger Lauch, in dünne Scheiben geschnitten**
**175 g frisches Weißbrot, grob zerzupft**
**45 g Pinienkerne, geröstet**
**3 EL Estragonblätter**
**60 g Grana Padano, grob gehackt**
**60 g Haferflocken**
**1 TL scharfer Senf**
**Salz und Pfeffer**

**FÜR DIE FÜLLUNG**
**Butter zum Einfetten**
**200 g Lachsfilet ohne Haut, in mundgerechte Stücke geschnitten**
**200 g Riesengarnelen, geschält und die Därme entfernt**
**200 g Jakobsmuscheln ohne Corail**
**120 ml trockener Weißwein**
**120 g Sahne**
**abgeriebene Schale von 1 Bio-Zitrone**
**3 EL gehackte Petersilie**

Hier erhält eine traditionelle Fischpie mit Kartoffelhaube dank der saftigen Riesengarnelen ein elegantes Gesicht. Den Senf vorsichtig dazugeben, er soll die Füllung ergänzen, nicht dominieren.

# LACHS-GARNELEN-PIE

**FÜR 6 PERS.** | **ZUBEREITUNG 15 MIN.** | **GARZEIT 35 MIN.**

KÜCHENUTENSILIEN
**1 Auflaufform (20 x 30 cm)**

ZUTATEN

**FÜR DIE HAUBE**
**900 g Kartoffeln, geschält und geviertelt**
**Salz und Pfeffer**
**2 EL Milch**

**FÜR DIE FÜLLUNG**
**350 g gegarter Lachs, zerblättert**
**350 g heiß geräuchertes Lachsfilet, zerblättert**
**200 g Garnelen, geschält und nach Entfernen der Därme gegart**
**Salz und Pfeffer**
**30 g Butter**
**30 g Mehl**
**450 ml Milch**
**2 EL Schnittlauch, in Röllchen geschnitten**
**1 EL Kapern in Lake, abgetropft und abgespült**
**60 g Cheddar, gerieben**
**30 g frische Weißbrotbrösel**

1 Den Backofen auf 200 °C vorheizen. Für die Haube die Kartoffeln in einem großen Topf mit kochendem Salzwasser in 15 Minuten weich garen. Abtropfen lassen, wieder in den Topf geben und mit einem Kartoffelstampfer gut zerstampfen, bis keine Stücke mehr vorhanden sind. Die Milch untermischen, dann salzen und pfeffern und das Püree beiseitestellen.

2 Für die Füllung beide Lachssorten und die Garnelen gleichmäßig in der Form verteilen. Alles salzen und pfeffern und beiseitestellen.

3 Die Butter in einem Topf bei kleiner Hitze zerlassen. Vom Herd nehmen und mit einem Holzlöffel das Mehl hineinrühren. Etwas Milch hinzufügen und sorgfältig unterschlagen. Den Topf wieder auf den Herd stellen. Nach und nach unter Rühren weitere Milch hineingießen, bis eine glatte dicke Sauce entstanden ist. Schnittlauch und Kapern unterrühren.

4 Die Sauce über Lachs und Garnelen gießen und sorgfältig untermischen. Alles mit dem Kartoffelpüree bedecken. Käse und Weißbrotbrösel mischen, gut salzen und pfeffern und gleichmäßig auf das Püree streuen. Die Pie 15–20 Minuten backen, bis sie heiß und die Haube knusprig und goldbraun ist.

Gehackter frischer Dill im Teig ergänzt bei dieser Tarte den Dill in der Fischfüllung. Da Räucherlachs relativ teuer ist, können Sie auch Lachsfilets verwenden – das schmeckt genauso gut.

# RÄUCHERLACHS-DILL-TARTE

FÜR 4–6 PERS.

ZUBEREITUNG 25 MIN. + KÜHLEN

GARZEIT 65 MIN.

EINFRIEREN BIS ZU 1 MONAT

1 Für den Teig Mehl und Butter zwischen den Fingerspitzen reiben, bis eine krümelige Mischung entstanden ist. Eigelb und Dill sowie 1–2 EL kaltes Wasser hinzufügen und alles zu einem glatten Teig kneten. Den Teig in Frischhaltefolie einwickeln und 30 Minuten kühl stellen.

2 Den Backofen auf 180 °C vorheizen. Den Teig auf der bemehlten Arbeitsfläche zu einem ausreichend großen Kreis ausrollen. In die Form legen und gut andrücken, überschüssigen Teig abschneiden. Den Boden mit einer Gabel mehrmals einstechen, mit Backpapier auslegen und mit den Hülsenfrüchten beschweren. Die Form auf ein Backblech setzen und den Boden 20 Minuten backen. Dann die Hülsenfrüchte und das Backpapier entfernen und den Boden in weiteren 5 Minuten knusprig backen.

3 Für die Füllung den Lachs in der Form verteilen. Sauerrahm, Milch, Eier, Käse und Dill in einen großen Rührbecher geben, großzügig salzen und pfeffern und sorgfältig verschlagen. Über den Lachs gießen. Die Tarte 35–40 Minuten backen, bis sie goldbraun und in der Mitte fest geworden ist. Heiß oder warm servieren.

## KÜCHENUTENSILIEN

**1 Tarteform (20 cm Ø)**
**Hülsenfrüchte zum Blindbacken**

## ZUTATEN

**FÜR DEN TEIG**

**150 g Mehl**
**75 g kalte Butter, gewürfelt**
**1 Eigelb**
**2 EL fein gehackter Dill**

**FÜR DIE FÜLLUNG**

**140 g Räucherlachsabschnitte**
**100 g Sauerrahm**
**4 EL Milch**
**2 Eier**
**20 g Grana Padano, gerieben**
**3 EL gehackter Dill**
**Pfeffer**

Räucherforelle ist in Farbe und Aroma oft zarter als Räucherlachs. Da Meerrettich scharf ist, sollten Sie ihn vorsichtig dosieren. Zu den Torteletts am besten einen knackigen grünen Salat reichen.

# RÄUCHERFORELLEN-TORTELETTS

ERGIBT 6 STÜCK

ZUBEREITUNG
30 MIN. + KÜHLEN

GARZEIT
30 MIN.

EINFRIEREN
BIS ZU 1 MONAT

KÜCHENUTENSILIEN
6 Tortelett-Förmchen (10 cm Ø)
Hülsenfrüchte zum Blindbacken

ZUTATEN

**FÜR DEN TEIG**
**125 g Mehl sowie Mehl zum Bestäuben**
**75 g kalte Butter, gewürfelt**
**1 Prise Salz**
**1 kleines Ei**

**FÜR DIE FÜLLUNG**
**125 g Crème fraîche**
**½–1 TL Sahnemeerrettich**
**½ TL Zitronensaft**
**abgeriebene Schale von ½ Bio-Zitrone**
**1 TL Kapern, abgespült und gehackt**
**Salz und Pfeffer**
**4 Eigelb, verquirlt**
**200 g Räucherforelle, in Stücke zerpflückt**
**1 Bund Dill, gehackt**

1 Für den Teig Mehl, Butter und Salz in der Küchenmaschine verarbeiten, bis eine krümelige Mischung entstanden ist. Das Ei hinzufügen und untermischen. Oder von Hand Mehl, Butter und Salz zwischen den Fingerspitzen reiben, bis eine krümelige Mischung entstanden ist. Das Ei hinzufügen und alles zu einem weichen Teig kneten. Falls nötig, noch etwas Wasser hinzufügen.

2 Den Teig auf der bemehlten Arbeitsfläche ausrollen und die Förmchen damit auskleiden. Die Böden mit Backpapier auslegen und mit den Hülsenfrüchten beschweren. Dann 30 Minuten kühl stellen.

3 Den Backofen auf 200 °C vorheizen. Die Böden 10 Minuten backen. Hülsenfrüchte und Papier entfernen und die Böden weitere 5 Minuten backen.

4 Für die Füllung Crème fraîche, Meerrettich, Zitronensaft, Zitronenschale und Kapern in einer Schüssel mischen und nach Geschmack salzen und pfeffern. Eigelbe, Räucherforelle und Dill unterrühren.

5 Die Mischung gleichmäßig auf die Förmchen verteilen und die Törtchen 10–15 Minuten backen, bis die Füllung fest geworden ist. 5 Minuten in den Förmchen abkühlen lassen, dann herauslösen und servieren.

Diese traditionellen Teigtaschen aus Spanien sind sehr beliebt als Snack oder Vorspeise. Mit wenigen Zutaten aus dem Vorratsschrank lassen sie sich rasch zubereiten – ideal auch für ein Picknick.

# THUNFISCH-EMPANADAS

**ERGIBT 24 STÜCK** | **ZUBEREITUNG** 45 MIN. + KÜHLEN | **GARZEIT** 40–50 MIN. | **EINFRIEREN** BIS ZU 1 MONAT

**KÜCHENUTENSILIEN**
runde Ausstechform (9 cm Ø)
Backblech

**ZUTATEN**

**FÜR DEN TEIG**
450 g Mehl sowie Mehl zum Bestäuben
½ TL Salz
85 g Butter, gewürfelt
2 Eier sowie 1 Ei, verquirlt, zum Bestreichen

**FÜR DIE FÜLLUNG**
1 EL Olivenöl sowie Olivenöl zum Einfetten
1 Zwiebel, gehackt
120 g Tomaten aus der Dose, abgetropft
2 TL Tomatenmark
1 Dose Thunfisch (etwa 140 g), abgetropft
2 EL fein gehackte Petersilie
Salz und Pfeffer

1 Für den Teig Mehl und Salz in eine große Schüssel sieben. Die Butter hinzufügen und mit den Fingerspitzen einarbeiten, bis eine krümelige Mischung entstanden ist. 2 Eier mit 4–6 EL Wasser dazugeben und alles zu einem Teig kneten. In Frischhaltefolie einwickeln und 30 Minuten kühl stellen.

2 Für die Füllung das Olivenöl in einer Pfanne erhitzen. Die Zwiebel darin bei mittlerer Hitze 5–8 Minuten glasig garen, dabei häufig umrühren. Tomaten, Tomatenmark, Thunfisch und Petersilie hinzufügen und die Mischung nach Belieben salzen und pfeffern. Die Hitze herunterschalten und alles unter gelegentlichem Rühren 10–12 Minuten köcheln.

3 Den Backofen auf 190 °C vorheizen. Den Teig auf der bemehlten Arbeitsfläche 3 mm dick ausrollen und daraus 24 Kreise ausstechen. Auf jeden Kreis 1 TL Füllung setzen. Die Ränder mit Wasser bestreichen, die Teigkreise zusammenklappen und die Ränder fest zusammendrücken.

4 Das Backblech einfetten. Die Empanadas darauflegen und mit verquirltem Ei bestreichen. In 25–30 Minuten goldbraun backen und warm servieren.

Kinder lieben diese Pie. Falls Ihre Kinder keine Frühlingszwiebeln mögen, einfach durch anderes Gemüse ersetzen. Anstelle von Mozzarella eignet sich Cheddar zum Bestreuen der Kartoffelkruste.

# KÄSE-THUNFISCH-PIE MIT KARTOFFELHAUBE

FÜR 4 PERSONEN

ZUBEREITUNG 15 MIN.

GARZEIT 35–40 MIN.

EINFRIEREN BIS ZU 1 MONAT

1 Für die Haube die Kartoffeln in einem großen Topf mit kochendem Salzwasser in 15 Minuten weich garen. Abtropfen lassen, wieder in den Topf geben und zerstampfen. Butter und Milch sorgfältig unterrühren. Das Püree mit Salz und Pfeffer abschmecken und beiseitestellen. Den Backofen auf 200 °C vorheizen.

2 Für die Füllung die Butter in einem mittelgroßen Topf zerlassen. Das Mehl mit einem Holzlöffel unterrühren. Bei mittlerer Hitze 2–3 Minuten unter ständigem Rühren garen, bis eine glatte Paste entstanden ist. Nach und nach die Milch unterrühren und eine Bèchamel-Sauce herstellen.

3 Cheddar, Thunfisch, Mais, Erbsen, Frühlingszwiebeln und Petersilie unterrühren. Die Mischung großzügig salzen und pfeffern und in die Auflaufform füllen. Das Kartoffelpüree gleichmäßig darauf verteilen und den Mozzarella darüberstreuen. Die Form auf ein Backblech setzen und die Pie in 15–20 Minuten goldbraun backen.

## KÜCHENUTENSILIEN

**1 Auflaufform (2,5 l Inhalt)**

## ZUTATEN

**FÜR DIE HAUBE**

**1 kg mehligkochende Kartoffeln, geschält und in kleine Stücke geschnitten**
**Salz und Pfeffer**
**50 g Butter**
**50 ml Milch**

**FÜR DIE FÜLLUNG**

**50 g Butter**
**50 g Mehl**
**300 ml Milch**
**125 g alter Cheddar, gerieben**
**2 Dosen Thunfisch in Lake (à etwa 185 g), abgetropft**
**1 Dose Mais (etwa 195 g), abgetropft**
**150 g TK-Erbsen**
**4 Frühlingszwiebeln, fein gehackt**
**2 EL fein gehackte Petersilie**
**Salz und Pfeffer**
**100 g fester Mozzarella, gerieben**

Zur Abwechslung können Sie eine Fischpie auch mit Räucherfisch füllen. Mit seiner Käse-Kartoffel-Haube bedarf dieses Gericht nur noch eines grünen Salats als Beilage.

# RÄUCHERFISCHPIE

FÜR 4–6 PERS.

ZUBEREITUNG 20 MIN.

GARZEIT 50–55 MIN.

EINFRIEREN BIS ZU 1 MONAT

KÜCHENUTENSILIEN
**1 Auflaufform (2,5 l Inhalt)**

ZUTATEN

**FÜR DIE HAUBE**
**800 g mehligkochende Kartoffeln, geschält und in kleine Stücke geschnitten**
**300 g Süßkartoffeln, geschält und in kleine Stücke geschnitten**
**Salz und Pfeffer**
**45 g Butter**
**3 EL Milch**
**50–75 g Cheddar, gerieben**

**FÜR DIE FÜLLUNG**
**45 g Butter sowie Butter zum Einfetten**
**350–450 ml Milch**
**50 g Gruyère, gerieben**
**2 EL gehackte Petersilie**
**abgeriebene Schale von 1 Bio-Zitrone**
**Saft von ½ Zitrone**
**3 EL Kapern in Lake, abgetropft und abgespült**
**300 g geräuchertes Schellfischfilet (oder Räucherlachs), gehäutet und in Stücke geschnitten**
**300 g geräuchertes Makrelen- oder Forellenfilet, gehäutet und in Stücke geschnitten**
**125 g Räucherlachsabschnitte**

1 Für die Haube Kartoffeln und Süßkartoffeln in einem großen Topf mit kochendem Salzwasser in 15 Minuten weich garen. Abtropfen lassen, wieder in den Topf geben und mit dem Kartoffelstampfer zerstampfen. Butter und Milch sorgfältig untermischen. Das Püree nach Geschmack salzen und pfeffern und beiseitestellen. Den Backofen auf 180 °C vorheizen.

2 Für die Füllung die Butter in einem Topf bei kleiner Hitze zerlassen. Das Mehl hineinrühren und bei mittlerer Hitze 2–3 Minuten garen, dabei ständig mit einem Holzlöffel rühren, bis eine glatte Paste entstanden ist. Nach und nach die Milch unterrühren und eine Bèchamel-Sauce herstellen. Unter Rühren zum Kochen bringen, dann Gruyère, Petersilie, Zitronenschale und -saft, Kapern und großzügig Pfeffer hinzufügen. Alles rühren, bis der Käse vollständig geschmolzen ist, dann die Sauce vom Herd nehmen.

3 Die Form einfetten und die Fischstücke darin verteilen. Die Sauce darübergießen und sorgfältig untermischen. Das Kartoffelpüree auf der Füllung verteilen und den Cheddar darüberstreuen. Die Form auf ein Backblech setzen und die Pie 25–30 Minuten backen, bis sie goldbraun ist und blubbert.

Diese Törtchen vereinen alle Aromen des mediterranen Sommers in sich und gehen ganz schnell – vor allem mit Fertig-Blätterteig. Als Vorspeise oder leichtes Abendessen mit grünem Salat servieren.

# SARDELLEN-PAPRIKA-TORTELETTS MIT THYMIAN

ERGIBT 4 STÜCK

ZUBEREITUNG 15. MIN. + KÜHLEN

GARZEIT 25–30 MIN.

1 Den Backofen auf 200 °C vorheizen. Die Tortelett-Förmchen dünn mit Öl einfetten.

2 Den Teig auf der bemehlten Arbeitsfläche in vier Quadrate schneiden und die Förmchen damit auskleiden. Den Teig vorsichtig andrücken und die Förmchen 1 Stunde kühl stellen.

3 Für die Füllung Eier, Sahne und Parmesan in einem Rührbecher verschlagen, dann salzen und pfeffern und alles sorgfältig mischen.

4 Jeweils 1 Sardelle auf die Böden setzen und Paprikaschoten, Mozzarella und Thymian gleichmäßig darüber verteilen. Auf jedes Törtchen 1 Tomatenscheibe legen. Die Ei-Sahne-Mischung in die Mulden gießen und etwas Pfeffer darüberstreuen. Die Törtchen auf ein Blech stellen und in 25–30 Minuten goldbraun backen. Warm servieren.

KÜCHENUTENSILIEN

**4 geriffelte Tortelett-Förmchen (12 cm Ø)**

ZUTATEN

**FÜR DEN TEIG**

**Öl zum Einfetten**

**1 Platte bereits ausgerollter Fertig-Blätterteig (oder selbst gemachter Blätterteig** **s. S. 122****)**

**Mehl zum Bestäuben**

**FÜR DIE FÜLLUNG**

**2 Eier**

**175 g Sahne**

**2 EL frisch geriebener Parmesan**

**Salz und schwarzer Pfeffer**

**4 Sardellenfilets in Olivenöl, abgetropft**

**½ Glas Grillpaprikaschoten (etwa 140 g), abgetropft und gehackt**

**75 g Mozzarella, gerieben**

**Blätter von 4 Thymianzweigen**

**1 Eiertomate, in 4 Scheiben geschnitten**

Die Füllung basiert hier auf einem Rezept für Mouclade, einem französischen Miesmuschelgericht mit milder Sahne-Curry-Sauce. Als Mini-Pie mit Teigdeckel erhält es einen modernen Touch.

# CURRY-MIESMUSCHEL-PIES

ERGIBT 4 STÜCK

ZUBEREITUNG 30 MIN. + KÜHLEN

GARZEIT 40–45 MIN.

EINFRIEREN BIS ZU 1 MONAT

KÜCHENUTENSILIEN
**4 Mini-Pieformen (10 cm Ø, 3 cm hoch)**

ZUTATEN

**FÜR DIE FÜLLUNG**
**1 kg Miesmuscheln, gebürstet und Bärte entfernt**
**1 EL Olivenöl**
**1 Zwiebel, grob gehackt**
**1 Bund Petersilie**
**120 ml trockener Weißwein**
**30 g Butter**
**4 kleine Stangen Lauch, fein gehackt**
**2 Möhren, fein gewürfelt**
**Salz und Pfeffer**
**1–2 TL mittelscharfes Currypulver**
**4 EL Sahne**
**2 EL gehacktes Koriandergrün**

**FÜR DEN TEIG**
**215 g bereits ausgerollter Fertig-Blätterteig (oder selbst gemachter Blätterteig s. S. 122)**
**1 Ei, verquirlt, zum Bestreichen**

1 Den Backofen auf 200 °C vorheizen. Alle Muscheln entfernen, die sich nicht schließen, wenn sie kräftig auf die Arbeitsfläche geklopft werden.

2 Für die Füllung das Öl in einem großen Topf erhitzen und die Zwiebel darin 5 Minuten sanft garen. Petersilie, Wein, Muscheln und 120 ml Wasser hinzufügen und alles aufkochen. Die Muscheln zugedeckt 5 Minuten garen. Alle Muscheln entfernen, die sich nicht geöffnet haben. Die Muscheln in ein Sieb schütten, den Sud auffangen und beiseitestellen.

3 Die Butter in einem mittelgroßen Topf bei mittlerer Hitze zerlassen, Lauch und Möhren dazugeben und großzügig salzen und pfeffern. Zugedeckt 5 Minuten sanft garen, dabei gelegentlich umrühren. Currypulver hinzufügen und 5 Minuten garen. 250 ml Muschelsud dazugießen und 5 Minuten einkochen lassen. Vom Herd nehmen und 15 Minuten abkühlen lassen.

4 Die Muscheln aus den Schalen lösen und in die Gemüsemischung geben. Sahne und Koriandergrün unterrühren und alles großzügig salzen und pfeffern. Die Füllung in die Förmchen verteilen.

5 Aus dem Teig vier Deckel in Größe der Förmchen ausschneiden. Die Ränder der Förmchen mit Wasser bestreichen und die Deckel fest daraufdrücken. Die Deckel mit dem Ei bestreichen und in die Mitte jeweils ein Loch schneiden, damit Dampf entweichen kann. Die Förmchen auf ein Backblech setzen und die Mini-Pies in 15–20 Minuten goldbraun backen.

Bei diesem beliebten Gericht werden die Lagen aus buttrigem Blätterteig knusprig und flach, indem man sie nach der Hälfte der Garzeit zwischen zwei Backblechen fertig bäckt.

# KLEINE HEILBUTT-SPINAT-PIES

FÜR 4 PERS.

ZUBEREITUNG 10 MIN.

GARZEIT 25 MIN.

KÜCHENUTENSILIEN

2 Backbleche

ZUTATEN

**FÜR DEN TEIG**

**300 g bereits ausgerollter Fertig-Blätterteig (oder selbst gemachter Blätterteig s. S. 122)**
**Mehl zum Bestäuben**
**1 EL Butter zum Bestreichen**

**FÜR DIE FÜLLUNG**

**4 Heilbuttfilets (à etwa 125 g), ersatzweise Lachsfilets**
**Salz und Pfeffer**
**1 großes Stück Butter**
**2 EL Olivenöl**
**1 Knoblauchzehe, zerdrückt**
**200 g junger Spinat**
**8 EL Sauce hollandaise (Fertigprodukt)**
**abgeriebene Schale von ½ Bio-Zitrone**

1 Den Backofen auf 190 °C vorheizen. Den Teig auf der bemehlten Arbeitsfläche 5 mm dick ausrollen. Den Teig in acht Rechtecke (7 x 12 cm) schneiden – sie sollten die gleiche Größe wie die Fischfilets haben. Die Rechtecke in der Mitte behutsam einmal schräg einritzen, aber nicht durchschneiden. Die Butter zerlassen und alle Teigstücke gut damit bestreichen.

2 Die Teigrechtecke auf ein Backblech setzen und 5–7 Minuten backen, bis sie Farbe angenommen haben und aufgegangen sind. Ein zweites Backblech daraufsetzen und auf die Teigstücke drücken. Die Teigstücke weitere 7–10 Minuten backen, bis sie goldbraun und knusprig sind.

3 Für die Füllung die Fischfilets rundum gut salzen und pfeffern. In je 1 EL Butter und Olivenöl auf jeder Seite 2–3 Minuten braten, bis sie sich auf sanften Fingerdruck in der Mitte noch fest anfühlen.

4 Restliche Butter und übriges Öl in einem großen Topf erhitzen. Den Knoblauch darin 1–2 Minuten garen, bis er weich ist. Den Spinat hinzufügen und großzügig salzen und pfeffern. Unter gelegentlichem Rühren 2–3 Minuten garen, bis er gerade zusammengefallen ist. Die Sauce hollandaise bei kleiner Hitze in einem kleinen Topf erwärmen. Dabei im Auge behalten, damit sie nicht gerinnt. Die Zitronenschale hinzufügen und die Sauce mit Pfeffer würzen.

5 Zum Servieren auf jeden Teller 1 Teigplatte setzen. Den Spinat darauf verteilen, je 1 EL Sauce hollandaise und Fisch daraufsetzen. Mit 1 EL Sauce hollandaise bedecken und die übrigen Teigplatten auflegen.

Diese leichte Meeresfrüchtepie ist ein perfektes Sommeressen für Gäste. Unter der knusprigen Haube verbirgt sich eine köstlich-cremige Füllung. Dazu passen grüner Salat und neue Kartoffeln.

# MEERESFRÜCHTEPIE MIT FILOTEIG

**FÜR 4–6 PERS.**

**ZUBEREITUNG 20 MIN.**

**GARZEIT 30–35 MIN.**

1 Den Backofen auf 200 °C vorheizen und die Auflaufform mit etwas Butter einfetten.

2 Brunnenkresse, Rucola und Spinat in einem Sieb mit kochendem Wasser übergießen, damit sie zusammenfallen. Abkühlen und abtropfen lassen. Überschüssige Flüssigkeit gut ausdrücken und die Blätter fein hacken.

3 Für die Füllung in einem mittelgroßen Topf bei kleiner Hitze 45 g Butter zerlassen. Das Mehl hineinrühren und bei mittlerer Hitze unter Rühren 2–3 Minuten garen, bis eine glatte Paste entstanden ist. Nach und nach unter Rühren die Sahne und dann den Wein hinzufügen. Zum Kochen bringen und eine glatte cremige Sauce herstellen. Gehackte Blätter, Krebsfleisch, Petersilie, Zitronensaft und -schale sowie reichlich Pfeffer untermischen. Beiseitestellen.

4 Die Miesmuscheln abtropfen lassen, abspülen und in die Sauce rühren. Jakobsmuscheln und Garnelen hinzufügen und sorgfältig untermischen.

5 Die restliche Butter zerlassen. Die Meeresfrüchtemischung in die vorbereitete Form füllen. Den Filoteig grob in Streifen reißen. Die Hälfte der Streifen auf den Meeresfrüchten arrangieren, dabei falten und drehen, damit eine Struktur entsteht. Mit Butter beträufeln. Die restlichen Streifen verteilen und ebenfalls mit Butter beträufeln.

6 Die Form auf ein Backblech setzen und die Pie 20–25 Minuten backen, bis der Teig goldbraun und knusprig ist. Sofort servieren.

## KÜCHENUTENSILIEN

**1 Auflaufform (20 x 28 cm, 5 cm hoch)**

## ZUTATEN

**FÜR DIE FÜLLUNG**

**65 g Butter sowie Butter zum Einfetten**
**140 g gemischte Kräuter wie Brunnenkresse, Rucola und Spinat**
**45 g Mehl**
**150 g Sahne**
**300 ml trockener Weißwein**
**100 g frisches braunes Krebsfleisch**
**2 EL gehackte Petersilie**
**Saft und abgeriebene Schale von ½ Bio-Zitrone**
**Salz und Pfeffer**
**180 g frisch gegarte Miesmuscheln in Lake (Abtropfgewicht)**
**200 g Jakobsmuscheln ohne Corail**
**150 g Riesengarnelen, geschält und die Därme entfernt**

**FÜR DEN TEIG**

**175 g Filoteig (4 Blätter, à etwa 26 x 44 cm)**

# SÜSSE TARTES UND PIES

Ein klassisches Wohlfühlessen! Der Mürbeteig wird hier mit Schweineschmalz oder weißem Pflanzenfett gemacht. Natürlich können Sie stattdessen auch genauso gut Butter verwenden.

# APPLE PIE

**FÜR 6–8 PERS.**

**ZUBEREITUNG 30–35 MIN. + KÜHLEN**

**GARZEIT 50–55 MIN.**

**EINFRIEREN BIS ZU 1 MONAT**

## KÜCHENUTENSILIEN

1 flache Pieform (23 cm Ø)

## ZUTATEN

**FÜR DEN TEIG**

**330 g Mehl sowie Mehl zum Bestäuben**
**½ TL Salz**
**150 g Schmalz oder weißes Pflanzenfett (z.B. Kokosfett) sowie etwas zum Einfetten**
**2 EL Zucker sowie Zucker zum Bestreuen**
**1 EL Milch zum Bestreichen**

**FÜR DIE FÜLLUNG**

**1 kg Kochäpfel**
**Saft von 1 Zitrone**
**2 EL Mehl**
**½ TL gemahlener Zimt (oder nach Belieben)**
**¼ TL frisch geriebene Muskatnuss (oder nach Belieben)**
**100 g Zucker (oder nach Belieben)**

1 Für den Teig Mehl und Salz in eine Schüssel sieben. Fett in Flocken dazugeben und alles zwischen den Fingerspitzen reiben, bis feine Brösel entstanden sind. Mit Zucker und 6–7 EL kaltem Wasser zu einem glatten Teig kneten. In Frischhaltefolie einwickeln und 30 Minuten kühl stellen. Die Form einfetten.

2 Auf der bemehlten Arbeitsfläche ⅔ des Teiges zu einem Kreis etwas größer als die Form ausrollen. Den Teig mit dem Nudelholz über die Form legen, dann vorsichtig hineindrücken, überhängenden Teig abschneiden. Noch einmal 15 Minuten kühl stellen.

3 Äpfel schälen, vierteln und entkernen und Apfelviertel in Scheiben schneiden. In eine Schüssel geben, sofort mit Zitronensaft begießen und gut mischen. Mit Mehl, Zimt, Muskatnuss und Zucker bestreuen und alles gut mischen. Die Äpfel in der Pieform verteilen, dabei die Mitte etwas höher schichten. Den Teigrand mit Wasser bestreichen, übrigen Teig zu einem Kreis (28 cm Ø) ausrollen. Die Füllung gleichmäßig mit dem Teig bedecken. Die Teigränder gut zusammendrücken und, falls nötig, mit einem Messer begradigen.

4 Ein »X« aus dem Teigdeckel schneiden und die Einschnittstellen vorsichtig zurückklappen, um die Füllung sichtbar zu machen. Den ausgeschnittenen Teig ausrollen, in Streifen schneiden und anfeuchten. Die Streifen kreuzweise auf dem Teigdeckel verteilen, mit Milch bestreichen und mit Zucker bestreuen. Die Pie 30 Minuten kühl stellen. Ofen auf 220 °C vorheizen.

5 Die Pie 20 Minuten backen, dann die Ofentemperatur auf 180 °C herunterschalten und die Pie weitere 30–35 Minuten backen. Mit einem Spieß einstechen und prüfen, ob die Äpfel weich sind. Warm servieren.

Apfelstrudel ist ein österreichischer Klassiker, der traditionell natürlich mit Strudelteig hergestellt wird. Hier kommt stattdessen Filoteig zum Einsatz – das schmeckt genauso gut und spart Zeit.

# APFELSTRUDEL

**FÜR 10–12 PERS.** **ZUBEREITUNG 50 MIN. + RUHEN** **GARZEIT 30–40 MIN.**

KÜCHENUTENSILIEN

**1 Backblech**

ZUTATEN

**FÜR DIE FÜLLUNG**

**Butter zum Einfetten**
**1 kg Kochäpfel wie Cox Orange oder Braeburn**
**abgeriebene Schale von ½ Bio-Zitrone**
**3 EL Rum**
**60 g Rosinen**
**100 g Zucker**
**etwas Vanillezucker**
**60 g geschälte Mandeln, gehackt**

**FÜR DEN TEIG**

**4 Blätter Filoteig (à 25×45 cm; oder selbst gemachter Strudelteig s. S. 126)**
**60 g Butter, zerlassen**
**60–85 g frische Semmelbrösel**
**Puderzucker zum Bestäuben**

1 Den Ofen auf 180 °C vorheizen. Ein großes Backblech einfetten. Die Äpfel schälen, entkernen und in kleine Stücke schneiden. (Verwenden Sie knackige, nicht zu reife Äpfel, damit der Strudel nicht weich wird.) Die Äpfel nicht zu klein schneiden, sie werden während des Backens weich.

2 In einer Schüssel Apfelstücke, Zitronenschale, Rum, Rosinen, Zucker, Vanillezucker und Mandeln gründlich mischen.

3 Zuerst 1 Teigblatt auf die Arbeitsfläche legen und mit etwas zerlassener Butter bestreichen. 1 weiteres Filoblatt darauflegen und ebenfalls mit Butter bestreichen. Den Vorgang mit den übrigen Filoteig-Blättern wiederholen, bis eine Teigplatte entstanden ist.

4 Die Semmelbrösel über den Teig streuen, dabei einen Rand von 2 cm auf den kürzeren Seiten frei lassen. Die Füllung mit einem Löffel über die Semmelbrösel verteilen und die freien Ränder einklappen. Den Teig von der Längsseite her aufrollen und die Enden gut zusammendrücken. Den Strudel auf das Backblech setzen und mit Butter bestreichen.

5 Den Strudel 30–40 Minuten backen, dabei nach 20 Minuten mit der restlichen Butter bestreichen.

6 Den Strudel aus dem Ofen nehmen und auf dem Backblech abkühlen lassen. Mit reichlich Puderzucker bestäuben und nach Belieben warm oder kalt mit Schlagsahne servieren.

Diese große Apfeltasche erinnert durch ihre Einschnittstellen, die die köstliche Füllung enthüllen, an eine Jalousie – so lautet auch ihr französischer Name. Alternativ können Sie auch Birnen verwenden.

# APFELTASCHE

**FÜR 6–8 PERS.**

**ZUBEREITUNG 75–90 MIN. + KÜHLEN**

**GARZEIT 30–40 MIN.**

**EINFRIEREN BIS ZU 1 MONAT**

1 Für den Teig die Butter mit der Küchenreibe in eine Schüssel raspeln. Mehl und Salz darübersieben und mit den Fingerspitzen einarbeiten, bis eine grobbröselige Mischung entstanden ist. 90–100 ml Wasser und Zitronensaft zugießen und einarbeiten. Den Teig auf der bemehlten Arbeitsfläche zu einer Kugel kneten, dann etwas flach drücken. In einen Folienbeutel geben und 20 Minuten kühl stellen.

2 Auf der bemehlten Arbeitsfläche den Teig wie im Grundrezept (s. S. 124) beschrieben mehrmals ausrollen, zusammenfalten, umdrehen und kühl stellen.

3 Für die Füllung die Butter in einem Topf zerlassen. Apfelwürfel, Ingwer und Zucker (bis auf 2 EL) dazugeben und alles unter Rühren 15–20 Minuten braten, bis die Äpfel weich und karamellisiert sind. Zum Abkühlen beiseitestellen.

4 Auf der bemehlten Arbeitsfläche den Teig zu einem Rechteck (28×32 cm) ausrollen, dann längs halbieren. Eine Hälfte des Teiges in Längsrichtung zusammenklappen und entlang der Falte in 5-mm-Abständen einschneiden, dabei einen Rand frei lassen. Das nicht geschnittene Teigstück auf das Backblech legen und mit einem Löffel die Füllung entlang der Mitte auftragen. Mit dem geschnittenen Teig bedecken und die Tasche 15 Minuten kühl stellen. Den Ofen auf 220 °C vorheizen. Die Apfeltasche 20–25 Minuten backen. Dann mit dem verquirlten Eiweiß bestreichen, mit dem übrigen Zucker bestreuen und weitere 10–15 Minuten backen. Am besten warm servieren.

KÜCHENUTENSILIEN
Backblech

ZUTATEN

**FÜR DEN TEIG**
**(bebilderte Schritt-für-Schritt-Anleitung für Blitzblätterteig s. S. 124)**
**250 g halbgefrorene Butter**
**250 g Mehl, gesiebt, sowie Mehl zum Bestäuben**
**1 TL Salz**
**1 TL Zitronensaft**

**FÜR DIE FÜLLUNG**
**15 g Butter**
**1 kg Tafeläpfel, geschält, entkernt und gewürfelt**
**2,5 cm frischer Ingwer, fein gehackt**
**100 g Zucker**
**1 Eiweiß, verquirlt, zum Bestreichen**

Dieser Klassiker aus Frankreich kombiniert eine Füllung aus Apfelmus mit in feine Scheiben geschnittenen Äpfeln. Mit Vanilleeis serviert einfach göttlich – als Nachspeise für ein Sonntagsessen.

# APFELTARTE

FÜR 8 PERS.

ZUBEREITUNG 20 MIN. + KÜHLEN

GARZEIT 75 MIN.

EINFRIEREN BIS ZU 1 MONAT

KÜCHENUTENSILIEN

**1 geriffelte Tarteform (23 cm Ø)**
**Hülsenfrüchte zum Blindbacken**

ZUTATEN

**FÜR DEN TEIG**

**375 g Fertig-Mürbeteig**
**Mehl zum Bestäuben**
**2 EL Aprikosenkonfitüre, durch ein Sieb gestrichen**

**FÜR DIE FÜLLUNG**

**50 g Butter**
**750 g Kochäpfel, geschält, entkernt und gehackt**
**125 g Zucker**
**fein abgeriebene Schale und Saft von ½ Bio-Zitrone**
**2 EL Calvados oder Brandy**
**2 Tafeläpfel**

1 Den Teig auf der bemehlten Arbeitsfläche ausrollen und die Form damit auskleiden. Mit einem Messer den Rand begradigen und den Boden mit einer Gabel mehrmals einstechen. 30 Minuten kühl stellen.

2 Den Ofen auf 200 °C vorheizen. Die Form mit Backpapier auslegen und mit den Hülsenfrüchten beschweren. Den Boden 15 Minuten backen, dann Hülsenfrüchte und Papier entfernen und den Boden in weiteren 5 Minuten goldbraun backen.

3 Für die Füllung die Butter in einem Topf zerlassen und die Kochäpfel dazugeben. Die Äpfel zugedeckt bei kleiner Hitze unter gelegentlichem Rühren 15 Minuten garen, bis sie weich und breiig sind.

4 Die gekochten Äpfel durch ein Sieb streichen und das Püree zurück in den Topf geben. Den Zucker (bis auf 1 EL) zum Püree geben, dann Zitronenschale und den Calvados hineinrühren. Den Topf zurück auf den Herd stellen und das Püree unter Rühren köcheln lassen, bis die Masse andickt.

5 Das Püree mit einem Löffel in der Form verteilen. Die Tafeläpfel schälen, entkernen, in dünne Scheiben schneiden und auf dem Püree verteilen. Mit Zitronensaft beträufeln und mit dem übrigen Zucker bestreuen. Die Tarte 30–35 Minuten backen, bis die Apfelscheiben weich sind und leicht zu bräunen beginnen. Die Konfitüre in einem Topf erhitzen und die Apfelscheiben damit bestreichen. Die Tarte in Stücke schneiden und servieren.

Diese leichten, köstlichen Torteletts sind ein echtes Blitzgebäck und stehen im Nu auf dem Tisch. Nicht vergessen, die Apfelscheiben mit Zitronensaft zu beträufeln, damit sie sich nicht bräunlich verfärben.

# APFEL-MANDEL-GALETTES

ERGIBT 8 STÜCK

ZUBEREITUNG 25–30 MIN. + KÜHLEN

GARZEIT 20–30 MIN.

1 Die Hälfte des Teiges auf der bemehlten Arbeitsfläche etwa 3 mm dick zu einem Quadrat (35 x 35 cm) ausrollen. Vier Kreise (à 15 cm Ø) mit Hilfe eines Tellers ausschneiden.

2 Die Backbleche mit Wasser befeuchten. Die Teigkreise auf ein Backblech legen und mit einer Gabel mehrmals einstechen, dabei den Rand frei lassen. Mit der zweiten Teighälfte wie beschrieben verfahren und die Böden 15 Minuten kühl stellen. Das Marzipan in acht gleich große Stücke teilen und jeweils zu einer Kugel formen.

3 Auf die mit Backpapier ausgelegte Arbeitsfläche je 1 Marzipankugel legen und mit einem zweiten Blatt Backpapier zudecken. Jede Marzipankugel zwischen Backpapier zu einem Kreis (12,5 cm Ø) ausrollen und auf einen Teigkreis legen, dabei einen Rand von 1 cm frei lassen. Den Vorgang mit den restlichen Marzipan- und Teigstücken wiederholen und dann kühl stellen.

4 Zitrone halbieren und den Saft von ½ Zitrone in eine kleine Schüssel pressen. Äpfel schälen, halbieren, entkernen und in dünne Scheiben schneiden. Sofort mit Zitronensaft beträufeln und gut mischen.

5 Den Ofen auf 220 °C vorheizen. Die Apfelscheiben spiralförmig und leicht überlappend auf dem Marzipan verteilen, dabei einen kleinen Teigrand frei lassen. Die Galettes 15–20 Minuten backen, bis der Teigrand um das Marzipan aufgegangen und leicht goldfarben ist. Die Äpfel gleichmäßig mit Hagelzucker bestreuen.

6 Die Galettes weitere 5–10 Minuten backen, bis die Äpfel goldbraun sind und der Rand karamellisiert und weich ist. Die Galettes noch warm mit etwas Puderzucker bestäuben und sofort servieren.

KÜCHENUTENSILIEN

2 Backbleche

ZUTATEN

**FÜR DEN TEIG**

**600 g Fertig-Blätterteig (oder selbst gemachter Blätterteig s. S. 122)**
**Mehl zum Bestäuben**
**Puderzucker zum Bestäuben**

**FÜR DIE FÜLLUNG**

**215 g Marzipanrohmasse**
**1 Zitrone**
**8 kleine Tafeläpfel**
**50 g Hagelzucker**

Diese »verkehrt herum« gebackene Tarte ist ein echter französischer Klassiker. Die karamellisierten Äpfel sorgen für ein herrliches Aroma und der reichhaltige Teig saugt die Säfte wunderbar auf.

# TARTE TATIN

**FÜR 8 PERS.**

**ZUBEREITUNG 45–50 MIN. + KÜHLEN**

**GARZEIT 35–50 MIN.**

**KÜCHENUTENSILIEN**

**1 ofenfeste Pfanne (23–25 cm Ø) oder 1 Tarte-Tatin-Form**

**ZUTATEN**

**FÜR DEN TEIG**

**175 g Mehl sowie Mehl zum Bestäuben**
**2 Eigelb**
**1½ EL Zucker**
**1 Prise Salz**
**75 g weiche Butter**

**FÜR DIE FÜLLUNG**

**14–16 Äpfel (ca. 2,4 kg)**
**1 Zitrone**
**125 g Butter**
**200 g Zucker**

1 Für den Teig das Mehl in eine Schüssel sieben und eine Mulde in die Mitte drücken. Eigelbe, Zucker, Salz, Butter und 1 EL Wasser hinzufügen und alles mit den Fingerspitzen in das Mehl einarbeiten, bis eine grobbröselige Masse entstanden ist. Den Teig auf der bemehlten Arbeitsfläche 2 Minuten glatt kneten. In Frischhaltefolie einwickeln, 30 Minuten kühl stellen.

2 Für die Füllung die Äpfel schälen, halbieren und entkernen. Zitrone auspressen und den Saft über die Äpfel träufeln. Butter in einer Pfanne zerlassen, Zucker dazurühren und alles bei mittlerer Hitze unter gelegentlichem Rühren karamellisieren lassen. Beiseitestellen.

3 Äpfel kreisförmig in der Pfanne verteilen und bei großer Hitze 15–25 Minuten garen, bis sie karamellisiert sind. Einmal wenden, dann 15 Minuten abkühlen lassen. Den Backofen auf 190 °C vorheizen. Die Tarte herstellen (s. unten). Etwas Karamell über die Äpfel träufeln und die Tarte mit Crème fraîche servieren.

## Tarte Tatin herstellen

1 Den Teig zu einem Kreis 2,5 cm größer als die Pfanne ausrollen und die Pfanne damit auskleiden.

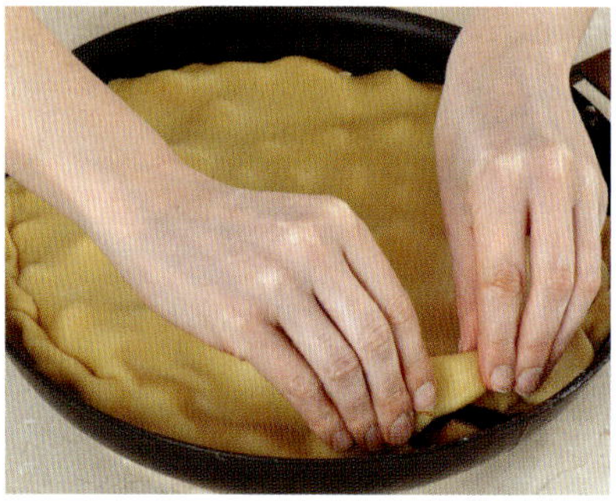

2 Den Teigrand um die Äpfel gut in die Form drücken und die Tarte in 20–25 Minuten goldbraun backen.

3 Die Tarte lauwarm abkühlen lassen, dann einen Teller darauflegen, gut festhalten und die Tarte wenden.

Dieser wunderbar fruchtige Crumble bekommt dank der Haferflocken einen Vollwert-Anstrich. Die Haferflocken sind nicht nur gesund, sondern sorgen zudem für eine herrlich knusprige Kruste.

# APFEL-BROMBEER-CRUMBLE MIT HAFERFLOCKEN

**FÜR 6–8 PERS.** **ZUBEREITUNG 15–20 MIN.** **GARZEIT 45 MIN.** **EINFRIEREN BIS ZU 1 MONAT**

1 Den Backofen auf 180 °C vorheizen. Für die Füllung die Äpfel in die Auflaufform geben und die Brombeeren hinzufügen. Den Zucker über die Früchte streuen, dann alles mit Alufolie abdecken und 15 Minuten backen, bis die Früchte weich werden.

2 Für die Streusel Butter und Mehl mit den Fingerspitzen reiben, bis eine bröselige Masse entstanden ist. Erst den Zucker, dann die Haferflocken dazugeben. Oder alles mit einem Standmixer verrühren, dabei die Haferflocken zum Schluss hinzugeben, damit sie nicht zu fein gehackt werden.

3 Die Früchte aus dem Backofen nehmen, kurz umrühren und die Streusel darüber verteilen. Den Crumble noch einmal 30 Minuten backen, bis die Früchte unter den goldbraunen Streuseln zum Vorschein kommen. Am besten sofort mit Crème double oder Vanillesauce servieren.

**KÜCHENUTENSILIEN**
**1 Auflaufform (2¼ l Inhalt)**

**ZUTATEN**

**FÜR DIE FÜLLUNG**
**1 kg Äpfel, geschält, entkernt und in dünne Scheiben geschnitten**
**350 g Brombeeren**
**60 g brauner Zucker**

**FÜR DIE STREUSEL**
**(bebilderte Schritt-für-Schritt-Anleitung für Streusel s. S. 133)**
**125 g Butter, gewürfelt**
**125 g Mehl**
**140 g brauner Zucker**
**125 g Haferflocken**

Dieser traditionelle französische Apfelkuchen ist frisch aus dem Ofen mit Schlagsahne serviert einfach wunderbar. Genauso gut schmeckt der Kuchen aber auch abgekühlt noch nach ein paar Tagen.

# APFELKUCHEN MIT NÜSSEN UND ROSINEN

FÜR 8 PERS.

ZUBEREITUNG 20 MIN.

GARZEIT 30–35 MIN.

EINFRIEREN BIS ZU 2 MONATE

KÜCHENUTENSILIEN
1 Springform (20 cm Ø)

ZUTATEN

**100 g Butter sowie Butter zum Einfetten**
**100 g Zucker**
**etwas Vanillezucker**
**2 Eier**
**150 g Mehl**
**6 g Backpulver**
**1 TL gemahlener Zimt**
**2 Tafeläpfel, geschält, entkernt und in dünne Scheiben geschnitten**
**30 g Rosinen**
**30 g Walnusskerne, grob gehackt**

1 Den Ofen auf 180 °C vorheizen. Den Boden der Form einfetten. Die Butter zerlassen und abkühlen lassen.

2 In einer großen Schüssel Zucker, Vanillezucker und Eier mit einem Schneebesen aufschlagen. Die gekühlte zerlassene Butter hineinrühren, bis eine homogene Masse entstanden ist. Mehl, Backpulver und Zimt sieben und gut unter die Masse rühren. Zum Schluss Äpfel, Rosinen und Walnusskerne unterheben.

3 Den Teig in die Form füllen und glatt streichen. Den Kuchen 30–35 Minuten backen, bis er gut aufgegangen und goldbraun ist und bei der Garprobe keine Teigreste mehr an einem eingestochenen Spieß haften bleiben.

4 Den Kuchen mindestens 15 Minuten abkühlen lassen und warm oder kalt mit Schlagsahne servieren. Am besten am gleichen Tag verzehren. Gut verpackt hält sich der Kuchen bis zu zwei Tage.

Brombeeren variieren im Geschmack von sehr süß bis sehr sauer – je nachdem, ob sie gekauft oder selbst gepflückt sind. Dosieren Sie daher am besten den Zucker für die Füllung vorsichtig.

# APPLE PIE MIT BROMBEEREN

FÜR 4–6 PERS.

ZUBEREITUNG 35–40 MIN. + KÜHLEN

GARZEIT 50–60 MIN.

EINFRIEREN BIS ZU 1 MONAT

### KÜCHENUTENSILIEN

**1 Pieform (Inhalt 1 l), englischer »Pastetenvogel« aus Keramik**

### ZUTATEN

**FÜR DEN TEIG**

**215 g Mehl sowie Mehl zum Bestäuben**
**1½ EL Zucker**
**¼ TL Salz**
**45 g kaltes Schweineschmalz oder weißes Pflanzenfett (z.B. Kokosfett), gewürfelt**
**60 g kalte Butter, gewürfelt**

**FÜR DIE FÜLLUNG**

**875 g Äpfel wie Granny Smith, geschält, entkernt und gewürfelt**
**Saft von 1 Zitrone**
**150 g Zucker (nach Belieben)**
**500 g Brombeeren**

1 Für den Teig Mehl, Zucker und Salz in eine Schüssel sieben. Schmalz und Butter hinzufügen und alles mit den Fingerspitzen reiben, bis eine bröselige Masse entstanden ist. Esslöffelweise kaltes Wasser zur Masse geben, bis sich ein Klumpen bildet. (Vorsicht: Zu viel Wasser macht den Teig zäh!) Den Teig vorsichtig zu einer Kugel kneten, in Frischhaltefolie einwickeln und 30 Minuten kühl stellen.

2 Für die Füllung die Äpfel in eine Schüssel geben, den Zitronensaft und den Zucker (bis auf 2 EL) dazugeben und alles gut mischen. Die Brombeeren hinzufügen und ebenfalls unterrühren.

3 Auf der bemehlten Arbeitsfläche den Teig 7,5 cm größer als die Pieform ausrollen. Die Pieform umgedreht auf den Teig legen und einen 2 cm breiten Streifen aus dem Teig schneiden, dabei sollte der Teig 4 cm größer als die Form sein. Die Pieform wieder umdrehen, einen »Pastetenvogel« in die Mitte setzen und die Früchte mit einem Löffel rundum verteilen.

4 Den Rand der Form mit Wasser bestreichen und den Teigstreifen fest andrücken. Den Streifen mit kaltem Wasser bestreichen, den ausgerollten Teigkreis über die Früchte legen und gut andrücken. Ein Loch um den »Pastetenvogel« schneiden und den Rand begradigen. 15 Minuten kühl stellen.

5 Den Backofen auf 190 °C vorheizen und die Pie darin 50–60 Minuten backen, bis der Teig leicht gebräunt und knusprig ist. Mit dem übrigen Zucker bestreuen und heiß oder warm servieren. Der Teig kann zwei Tage im Voraus vorbereitet und in Frischhaltefolie gewickelt im Kühlschrank aufbewahrt werden.

Bei dieser Pie treffen milde Birnen auf einen Walnussteig und sorgen damit für das gewisse Etwas. Auch mit Haselnüssen oder Mandeln bekommt ein einfaches Dessert wie dieses einen eleganten Anstrich.

# BIRNENPIE MIT WALNUSSTEIG

**FÜR 6–8 PERS.**

**ZUBEREITUNG 35–40 MIN. + KÜHLEN**

**GARZEIT 35–40 MIN.**

1 Für den Teig die Nüsse mit der Hälfte des Zuckers in einer Küchenmaschine fein mahlen. Das Mehl auf die Arbeitsfläche sieben, die Nüsse dazugeben und eine große Mulde in die Mitte drücken. Das Ei, den übrigen Zucker, Butter, Salz und Zimt in die Mulde geben. Die Zutaten mit den Fingerspitzen gut in das Mehl einarbeiten, bis eine grobbröselige Masse entstanden ist. Den Teig auf der bemehlten Arbeitsfläche in 1–2 Minuten sehr weich kneten. Dann zu einer Kugel formen, in Frischhaltefolie einwickeln und 30 Minuten kühl stellen.

2 Die Form mit zerlassener Butter einfetten, dann ⅔ des Teiges auf der bemehlten Arbeitsfläche zu einem Kreis (28 cm Ø) ausrollen. Restlichen Teig wieder kühl stellen. Die Form mit dem Teig auskleiden, überhängenden Teig abschneiden und zum übrigen Teig geben. 1 Stunde kühl stellen.

3 Inzwischen für die Füllung die Birnen schälen und Stiele und Blütenansätze entfernen. Die Birnen vierteln, Kerngehäuse und feste Fasern entfernen und darauf achten, dass die Birnenviertel ganz bleiben. In einer Schüssel mit Pfeffer und Zitronensaft mischen.

4 Überschüssigen Zitronensaft abgießen. Den Teig zu einem Kreis (25 cm Ø) ausrollen und aus der Mitte einen Kreis ausstechen. Die Birnen auf dem Boden verteilen und mit dem Teigkreis bedecken, überstehenden Teig begradigen, Teigränder gut zusammendrücken. Den Teig mit Wasser bestreichen und mit Zucker bestreuen, dann 15 Minuten kühl stellen. Den Backofen auf 190 °C vorheizen. Ein Backblech vorwärmen und die Pie darauf in 35–40 Minuten goldbraun backen.

KÜCHENUTENSILIEN

**1 Tarteform (23 cm Ø) mit herausnehmbarem Boden**
**runde Ausstechform (5 cm Ø)**

ZUTATEN

**FÜR DEN TEIG**
**60 g Walnusskerne**
**135 g Zucker**
**250 g Mehl sowie Mehl zum Bestäuben**
**1 Ei**
**150 g weiche Butter sowie Butter zum Einfetten**
**½ TL Salz**
**1 TL gemahlener Zimt**
**1 EL Zucker zum Bestreuen**

**FÜR DIE FÜLLUNG**
**875 g Birnen**
**½ TL schwarzer Pfeffer**
**Saft von 1 Zitrone**

Ein Klassiker aus der Normandie – dem Ort, an dem die besten Birnen wachsen. Diese mit Mandelcreme gefüllte Birnentarte schmeckt frisch aus dem Ofen am besten.

# BIRNENTARTE AUS DER NORMANDIE

**FÜR 6–8 PERS.**

**ZUBEREITUNG 40–45 MIN. + KÜHLEN**

**GARZEIT 35–45 MIN.**

**EINFRIEREN BIS ZU 1 MONAT**

**1** Für den Teig 175 g Mehl sieben, eine Mulde in die Mitte drücken und Eigelbe, 60 g Zucker, Salz, 75 g Butter und Vanillezucker hinzufügen. Alles mit den Fingerspitzen in das Mehl einarbeiten, bis eine bröselige Masse entstanden ist. Falls nötig, noch etwas Wasser hinzufügen. Teig kurz kneten, dann in Frischhaltefolie einwickeln und 30 Minuten kühl stellen. Form einfetten. Den Teig zu einem Kreis 5 cm größer als die Form ausrollen und die Form damit auskleiden. Den Boden mit einer Gabel mehrmals einstechen und 15 Minuten kühl stellen.

**2** Backofen auf 200 °C vorheizen. Die Mandeln in der Küchenmaschine mahlen und die Mandelcreme herstellen (s. unten). Birnen mit Zitronensaft mischen. Mandelcreme auf dem Teig verteilen und Birnen spiralförmig darauflegen. Die Form auf ein Backblech stellen. Die Tarte erst 12–15 Minuten backen, dann bei 180 °C noch 25–30 Minuten backen. Konfitüre mit Kirschwasser erhitzen und durch ein Sieb streichen. Tarte abkühlen lassen, aus der Form lösen und mit der Konfitüre bestreichen.

## KÜCHENUTENSILIEN

**1 geriffelte Tarteform (23–25 cm Ø) mit herausnehmbarem Boden**

## ZUTATEN

**FÜR DEN TEIG**

**195 g Mehl**
**3 Eigelb**
**160 g Zucker**
**1 Prise Salz**
**200 g Butter sowie Butter zum Einfetten**
**etwas Vanillezucker**

**FÜR DIE FÜLLUNG**

**125 g ganze, geschälte Mandeln**
**1 Ei sowie 1 Eigelb**
**3–4 Birnen, geschält, entkernt und in Spalten geschnitten**
**Saft von 1 Zitrone**
**150 g Aprikosenkonfitüre**
**2–4 EL Kirschwasser**

## Herstellen der Mandelcreme

**1** Mit dem Handrührgerät 125 g Butter und 100 g Zucker 2–3 Minuten schaumig rühren.

**2** 1 Ei und 1 Eigelb nacheinander hinzufügen und jeweils gut unterrühren.

**3** 1 EL Kirschwasser dazugeben, Mandeln und restliches Mehl dazugeben und alles gut unterheben.

Für diesen Klassiker, die »auf dem Kopf« gebackene Tarte Tatin, eignen sich Birnen ganz hervorragend. Die karamellisierten Früchte sind ein Augenschmaus und mit Crème fraîche serviert ein Genuss.

# TARTE TATIN MIT BIRNEN

**FÜR 8 PERS.**

**ZUBEREITUNG**
**30 MIN. + KÜHLEN**

**GARZEIT**
**45–55 MIN.**

KÜCHENUTENSILIEN

**1 ofenfeste Pfanne (23–25 cm Ø) oder Tarte-Tatin-Form**

ZUTATEN

**FÜR DEN TEIG**

**175 g Mehl sowie Mehl zum Bestäuben**
**2 Eigelb**
**1½ EL Zucker**
**1 Prise Salz**
**75 g weiche Butter**

**FÜR DIE FÜLLUNG**

**125 g Butter**
**200 g Zucker**
**12–14 Birnen (2,4 kg), geschält, halbiert, entkernt und mit Zitronenhälften eingerieben**

1 Für den Teig das Mehl in eine große Schüssel sieben und eine Mulde in die Mitte drücken. Eigelbe, Zucker und Salz in die Mulde geben. Butter und 1 EL Wasser hinzufügen. Alles mit den Fingerspitzen in das Mehl einarbeiten, bis eine grobbröselige Masse entstanden ist. Den Teig auf der bemehlten Arbeitsfläche kurz glatt kneten. In Frischhaltefolie einwickeln und 30 Minuten kühl stellen.

2 Für die Füllung die Butter in der ofenfesten Pfanne zerlassen. Zucker dazugeben und vermischen. Bei mittlerer Hitze 3–5 Minuten unter Rühren köcheln, bis ein dunkelbrauner Karamell entstanden ist. Die Pfanne vom Herd nehmen und den Karamell abkühlen lassen.

3 Die Birnen mit der Schnittfläche nach unten und den spitzen Enden zur Mitte in der Pfanne verteilen. Bei großer Hitze 20–30 Minuten braten, bis die Birnen karamellisiert sind, dabei einmal wenden. Die Birnen sollten schön weich sein.

4 Die Pfanne vom Herd nehmen und die Birnen 10–15 Minuten abkühlen lassen. Den Backofen auf 190 °C vorheizen. Den Teig auf der bemehlten Arbeitsfläche zu einem Kreis 2,5 cm größer als die Pfanne ausrollen. Die Pfanne mit dem Teig bedecken und die Teigränder um die Birnen fest andrücken. Die Tarte 20–25 Minuten backen.

5 Die Tarte abkühlen lassen, dann mit einem Teller bedecken, gut festhalten und wenden. Mit einem Löffel etwas Karamell über die Birnen träufeln. Die Tarte kann 6–8 Stunden im Voraus gebacken werden und zum Servieren in der Pfanne wieder kurz aufgewärmt werden.

Frische Birnen sind oft unberechenbar: mal zu fest, mal überreif. Die köstliche weiche Füllung dieser fruchtigen Tarte erhalten Sie am leichtesten, wenn Sie hochwertige Dosenware verwenden.

# BIRNEN-MANDEL-TARTE

FÜR 8 PERS.

ZUBEREITUNG
20 MIN. + KÜHLEN

GARZEIT
50 MIN.

1 Für den Teig Mehl, Zucker und Orangenschale in eine Küchenmaschine geben. Die Butter und das Ei hinzufügen und alles in das Mehl einarbeiten, bis eine bröselige Masse entstanden ist. Den Teig auf der bemehlten Arbeitsfläche ausrollen und die Tarteform damit auskleiden. 30 Minuten kühl stellen.

2 Den Backofen auf 190 °C vorheizen. Die Form auf ein Backblech setzen, den Teig mit Backpapier auslegen und mit den Hülsenfrüchten beschweren. Den Boden 10 Minuten backen, dann Papier und Hülsenfrüchte entfernen und den Boden noch einmal 10 Minuten backen. Auf einem Kuchengitter abkühlen lassen.

3 Die Ofentemperatur auf 160 °C herunterschalten. Mascarpone, Zucker, Ei, Eigelb, Mandelaroma und Orangensaft zu einer glatten Masse verrühren und in die Tarteform füllen. Die Birnenscheiben darauf verteilen und Mandelblättchen und Zucker darüberstreuen. Die Tarte 30 Minuten backen.

4 Die Konfitüre mit etwas heißem Wasser erhitzen, durch ein Sieb streichen und die Tarte damit vorsichtig bestreichen. Kalt servieren. Die Tarte schmeckt gut mit Schlagsahne oder Eis.

KÜCHENUTENSILIEN

1 Tarteform (23 cm Ø) mit herausnehmbarem Boden
Hülsenfrüchte zum Blindbacken

ZUTATEN

**FÜR DEN TEIG**

**150 g Mehl sowie Mehl zum Bestäuben**
**60 g Zucker**
**1 EL abgeriebene Schale von 1 Bio-Orange**
**60 g kalte Butter, gewürfelt**
**1 Ei**

**FÜR DIE FÜLLUNG**

**125 g Mascarpone**
**100 g Zucker sowie Zucker zum Bestreuen**
**1 Ei sowie 1 Eigelb**
**1 Tropfen Mandelaroma**
**2 EL frisch gepresster Orangensaft**
**8 Birnenhälften aus der Dose, abgetropft und in Scheiben geschnitten**
**45 g Mandelblättchen, geröstet**
**2 EL Konfitüre (Sorte nach Belieben)**

Brauner Zucker und Zimt sorgen für die würzige Note in dieser Pflaumenfüllung. Nehmen Sie einfach Ihr Lieblingsobst, verpassen Sie ihm einen Cobbler-Teigdeckel und genießen Sie das Rezept rund ums Jahr.

# PFLAUMEN-ZIMT-COBBLER

FÜR 6–8 PERS.

ZUBEREITUNG 20 MIN.

GARZEIT 30 MIN.

KÜCHENUTENSILIEN

1 flache Auflaufform

ZUTATEN

**FÜR DIE FÜLLUNG**

**1 kg Pflaumen, entsteint und halbiert**
**50 g brauner Zucker**
**1 TL gemahlener Zimt**
**25 g kalte Butter, gewürfelt**

**FÜR DEN COBBLER-TEIG**
**(bebilderte Schritt-für-Schritt-Anleitung für Cobbler-Teig s. S. 130)**

**225 g Mehl**
**9 g Backpulver**
**75 g Zucker**
**1 Prise Salz**
**½–¾ TL gemahlener Zimt, nach Geschmack**
**75 g Butter**
**1 Ei**
**100 ml Buttermilch**
**1 EL brauner Zucker**

1 Den Backofen auf 190 °C vorheizen. Für die Füllung Pflaumen mit braunem Zucker und Zimt mischen. Die Pflaumen in die Form geben und die gewürfelte Butter darüber verteilen.

2 Für den Cobbler-Teigdeckel Mehl, Backpulver, Zucker, Salz und Zimt in eine Schüssel sieben. Die Butter in Flocken darübergeben und alles mit den Fingerspitzen in das Mehl einarbeiten, bis eine feinbröselige Masse entstanden ist. Das Ei mit der Buttermilch verquirlen und zu den trockenen Zutaten geben. Dann alles zu einem weichen, klebrigen Teig verarbeiten.

3 Mit einem Löffel walnussgroße Portionen vom Teig auf die Früchte setzen, dabei etwas Platz zwischen den einzelnen Teigstücken lassen. Mit braunem Zucker bestreuen.

4 Den Cobbler 30 Minuten backen, bis die Früchte zu köcheln beginnen und der Teigdeckel goldbraun ist. Mit einem Spieß prüfen, ob der Teigdeckel gar ist. 5 Minuten abkühlen lassen, dann mit Eis, Vanillesauce oder Schlagsahne servieren.

Dieser köstliche Pflaumenkuchen stammt aus Schwaben. Keine Angst vor Hefeteig: Er ist viel einfacher zu verarbeiten, als viele denken, und köstlich schmeckt er außerdem.

# PFLAUMENKUCHEN MIT GUSS

**FÜR 8–10 PERS.** **ZUBEREITUNG 35–40 MIN. + GEHEN** **GARZEIT 50–55 MIN.**

1 Für den Teig die Hefe in eine Schüssel mit 60 ml lauwarmem Wasser bröseln, 5 Minuten stehen lassen und verrühren. Eine mittelgroße Schüssel leicht einfetten. Das Mehl sieben, eine Mulde in die Mitte drücken und Zucker, Salz, Hefeansatz und Eier dazugeben. Alles zu einem weichen Teig kneten. Mehr Mehl hinzufügen, falls der Teig zu klebrig ist. Auf der bemehlten Arbeitsfläche noch 10 Minuten kneten, bis er elastisch ist.

2 Die Butter zum Teig geben und diesen glatt kneten. Den Teig zu einer Kugel formen und in die gefettete Schüssel setzen. Zugedeckt 1½–2 Stunden kühl gehen lassen, bis sich das Teigvolumen verdoppelt hat.

3 Die Form mit zerlassener Butter einfetten. Die Luft aus dem Teig kneten, dann den Teig auf der bemehlten Arbeitsfläche zu einem Kreis (32 cm Ø) ausrollen und die Form damit auskleiden. Überhängenden Teig abschneiden. Die Semmelbrösel auf dem Boden verteilen. Den Backofen auf 220 °C vorheizen und ein Backblech darin erhitzen.

4 Die Pflaumen dachziegelartig nebeneinander auf dem Boden verteilen und den Kuchen noch einmal zugedeckt bei Zimmertemperatur 30–45 Minuten gehen lassen, bis der Rand aufgegangen ist. Eigelbe, ⅔ des Zuckers und Sahne aufschlagen. Die Pflaumen mit dem übrigen Zucker bestreuen und den Kuchen 5 Minuten vorbacken. Dann die Ofentemperatur auf 180 °C herunterschalten und den Sahneguss vorsichtig über die Pflaumen verteilen. Den Kuchen weitere 45–50 Minuten backen, bis der Teig braun ist, die Früchte weich sind und die Füllung fest geworden ist. Warm servieren.

## KÜCHENUTENSILIEN

1 Springform (28 cm Ø)

## ZUTATEN

**FÜR DEN TEIG**

**1½ TL Trockenhefe oder 9 g frische Hefe**
**Öl zum Einfetten**
**375 g Mehl sowie Mehl zum Bestäuben**
**2 EL Zucker**
**1 TL Salz**
**3 Eier**
**125 g weiche Butter sowie Butter zum Bestreichen**

**FÜR DIE FÜLLUNG**

**2 EL Semmelbrösel**
**875 g Pflaumen, entsteint und geviertelt**
**2 Eigelb**
**100 g Zucker**
**60 g Sahne**

Diese himmlische Süßspeise verzaubert Familie und Freunde das ganze Jahr über. Einfach die doppelte oder dreifache Streuselmenge herstellen, einfrieren und für Last-Minute-Desserts aufheben.

# PFLAUMEN-STREUSEL-KUCHEN

FÜR 4 PERS.

ZUBEREITUNG 10 MIN.

GARZEIT 30–40 MIN.

EINFRIEREN BIS ZU 2 MONATE

KÜCHENUTENSILIEN
1 mittelgroße Auflaufform

ZUTATEN

**FÜR DIE STREUSEL**
**(bebilderte Schritt-für-Schritt-Anleitung für Streusel s. S. 133)**
**150 g Mehl**
**100 g kalte Butter, gewürfelt**
**75 g brauner Zucker**
**60 g Haferflocken**

**FÜR DIE FÜLLUNG**
**600 g Pflaumen, entsteint und halbiert**
**Ahornsirup oder Honig zum Beträufeln**

1 Den Backofen auf 200 °C vorheizen. Für die Streusel Mehl und Butter in eine große Schüssel geben und mit den Fingerspitzen reiben, bis eine bröselige Masse entstanden ist. Die Brösel sollten nicht zu klein sein, da die Kruste sonst breiig wird. Zucker und Haferflocken hineinrühren.

2 Die Pflaumen in der Auflaufform verteilen und mit Ahornsirup beträufeln. Die Streusel gleichmäßig darüberstreuen. Den Kuchen 30–40 Minuten backen, bis die Kruste goldbraun ist und der Pflaumensaft köchelt. Am besten heiß servieren. Die Streusel können einen Monat im Tiefkühlschrank aufbewahrt werden.

Ein köstliches Tarterezept für jede Jahreszeit: Der gehaltvolle Mürbeteig kann je nach Saison und Vorlieben mit Pfirsichen, Birnen oder Pflaumen belegt werden.

# PFIRSICHTARTE AUS DER NORMANDIE

FÜR 6–8 PERS.

ZUBEREITUNG 40–45 MIN. + KÜHLEN

GARZEIT 35–45 MIN.

1 Auf der bemehlten Arbeitsfläche den Teig ausrollen und die Tarteform damit auskleiden, überhängenden Teig abschneiden. Den Boden mit einer Gabel mehrmals einstechen und 30 Minuten kühl stellen.

2 Den Backofen auf 200 °C vorheizen. Die Form mit Backpapier auslegen und mit den Hülsenfrüchten beschweren. Den Boden 15 Minuten backen, dann Papier und Hülsenfrüchte entfernen und den Boden in weiteren 5 Minuten goldbraun backen.

3 Ein Backblech im Ofen erhitzen. Für die Mandelcreme die Mandeln in einer Küchenmaschine fein mahlen. Butter und Zucker in einer großen Schüssel mischen und schaumig schlagen. Ei und Eigelb dazugeben und gut weiterschlagen. Kirschwasser dazugeben und die Mandeln mit dem Mehl unter die Masse rühren. Dann die Mandelcreme auf dem Boden verteilen.

4 Wasser in einem Topf aufkochen, die Pfirsiche darin 10 Sekunden blanchieren und in einer Schüssel mit kaltem Wasser abschrecken. Die Pfirsiche halbieren, entsteinen und schälen. Die Pfirsichhälften in dünne Scheiben schneiden und auf der Mandelcreme verteilen.

5 Die Form auf das vorgeheizte Backblech setzen. Die Tarte erst 12–15 Minuten backen, dann bei 180 °C noch einmal 25–30 Minuten backen, bis die Mandelcreme aufgegangen und fest ist. Abkühlen lassen.

6 Die Konfitüre mit dem Kirschwasser erhitzen und durch ein Sieb streichen. Die Tarte aus der Form lösen und mit der Konfitüre bestreichen. Die Tarte schmeckt noch am gleichen Tag am besten.

## KÜCHENUTENSILIEN

**1 Tarteform (23–25cm Ø) mit herausnehmbarem Boden**
**Hülsenfrüchte zum Blindbacken**

## ZUTATEN

**FÜR DIE FÜLLUNG**

**125 g ganze geschälte Mandeln**
**125 g weiche Butter**
**100 g Zucker**
**1 Ei sowie 1 Eigelb**
**1 EL Kirschwasser**
**2 EL Mehl, gesiebt**
**1 kg reife Pfirsiche**

**FÜR DEN TEIG**

**375 g Fertig-Mürbeteig**
**Mehl zum Bestäuben**
**150 g Aprikosenkonfitüre**
**2–3 EL Kirschwasser zum Bestreichen**

Das vorherige Pochieren der Pfirsiche verkürzt die Backzeit des Cobblers im Backofen. Bei reifen und saftigen Pfirsichen müssen Sie die Pfirsiche nicht vorher pochieren, sie sind schon weich genug.

# PFIRSICH-COBBLER

FÜR 6–8 PERS.

ZUBEREITUNG 20 MIN.

GARZEIT 30–35 MIN.

KÜCHENUTENSILIEN
1 flache Auflaufform

ZUTATEN

**FÜR DIE FÜLLUNG**
**50 g Zucker**
**8 reife Pfirsiche, geschält, entsteint und geviertelt**
**1 TL Speisestärke**
**Saft von ½ Zitrone**

**FÜR DEN COBBLER-TEIG**
**(bebilderte Schritt-für-Schritt-Anleitung für Cobbler-Teig s. S. 130)**
**225 g Mehl**
**20 g Backpulver**
**75 g Zucker**
**1 Prise Salz**
**½–¾ TL gemahlener Zimt (nach Belieben)**
**75 g Butter**
**1 Ei**
**100 ml Buttermilch**
**1 EL brauner Zucker**

1 Den Backofen auf 190 °C vorheizen. Für die Füllung Zucker und 3–4 EL Wasser in einem großen Topf erhitzen. Sobald sich der Zucker aufgelöst hat, die Pfirsichviertel hinzufügen und zugedeckt bei mittlerer Hitze 2–3 Minuten köcheln lassen.

2 Stärke und Zitronensaft verrühren und zu den Pfirsichen gießen. Die Pfirsiche offen bei kleiner Hitze weiter köcheln, bis die Flüssigkeit um die Pfirsiche herum andickt. Die Pfirsiche mit dem Sirup in der Form verteilen.

3 Für den Cobbler-Teig Mehl, Backpulver, Zucker, Salz und Zimt in eine große Schüssel sieben. Die Butter dazugeben und mit den Fingerspitzen alles zu einer feinbröseligen Masse reiben. Ei und Buttermilch verrühren, zu den trockenen Zutaten geben und alles zu einem weichen, klebrigen Teig verarbeiten.

4 Den Teig esslöffelweise auf die Pfirsiche verteilen, dabei etwas Platz zwischen den Teigstücken frei lassen. Mit braunem Zucker bestreuen. Den Cobbler 25–30 Minuten backen, bis der Teig goldbraun ist und der Fruchtsaft köchelt. Der Teig ist gar, sobald bei der Garprobe keine Teigreste mehr an einem eingestochenen Spieß haften bleiben. 5 Minuten abkühlen lassen und mit Eis, Vanillesauce oder Schlagsahne servieren.

Für dieses wunderbare Rezept kann man praktisch jede verfügbare Obstsorte verwenden. Mischen Sie ganz nach Belieben Kern- oder Steinobst mit Beerenfrüchten.

# HERBSTLICHE OBSTTARTE

**FÜR 6 PERS.**

**ZUBEREITUNG 20 MIN. + KÜHLEN**

**GARZEIT 1 STD.**

KÜCHENUTENSILIEN

**1 geriffelte Tarteform (20 cm Ø) mit herausnehmbarem Boden**
**Hülsenfrüchte zum Blindbacken**

ZUTATEN

**FÜR DEN TEIG**

**175 g Mehl sowie Mehl zum Bestäuben**
**1 EL Zucker**
**85 g kalte Butter, gewürfelt**
**1 Ei**

**FÜR DIE FÜLLUNG**

**4 Tafeläpfel oder -birnen**
**3 große Eigelb**
**4 EL brauner Zucker**
**200 g Sahne**
**1 Päckchen Vanillezucker**
**1 Handvoll Brombeeren, entsteinte Pflaumen oder Heidelbeeren**
**1 TL gemahlener Zimt**
**2 EL Zucker**

1 Für den Teig Mehl, Zucker und Butter in eine Küchenmaschine geben und alles rühren, bis eine krümelige Mischung entstanden ist. Oder von Hand die Butter mit den Fingerspitzen in Mehl und Zucker reiben, bis Krümel entstanden sind. Das Ei hinzufügen und alles zu einer Teigkugel kneten. Den Teig auf der bemehlten Arbeitsfläche ausrollen und die Form damit auskleiden. Den Boden mit einer Gabel mehrmals einstechen und 30 Minuten kühl stellen.

2 Den Backofen auf 190 °C vorheizen. Den Boden mit Backpapier auslegen und mit den Hülsenfrüchten beschweren. Den Boden 10 Minuten backen, dann Papier und Hülsenfrüchte entfernen und den Boden noch einmal 10 Minuten backen. Abkühlen lassen.

3 In der Zwischenzeit für die Füllung die Äpfel schälen, entkernen und in dünne Scheiben schneiden. Eigelbe, Zucker, Sahne und Vanillezucker verschlagen. Alle Früchte auf dem Boden verteilen und die Sahnemischung darübergießen. Die Tarte mit Zimt und Zucker bestreuen und 40–45 Minuten backen, bis sie fest ist. In der Form abkühlen lassen, dann servieren.

Leckere Teigtaschen – gefüllt mit Aprikosen und einem Hauch von Orient. Bei diesem Dessert sorgen Gewürznelken und Muskatnuss für ein betörendes Aroma. Köstlich mit Vanilleeis und Zimtzucker!

# FILO-TASCHEN MIT APRIKOSEN

**ERGIBT 24 STÜCK** | **ZUBEREITUNG 35–40 MIN.** | **GARZEIT 40 MIN.** | **EINFRIEREN BIS ZU 1 MONAT**

**1** Für die Füllung in einer mittelgroßen Pfanne Aprikosen, Zitronenschale, 150 g Zucker, Zimt, Muskatnuss und Gewürznelken mischen. 2 EL Wasser hinzufügen und alles 20–25 Minuten unter gelegentlichem Rühren köcheln lassen, bis die Masse eine Konsistenz von Konfitüre erreicht hat. In eine Schüssel füllen und abkühlen lassen. Den Backofen auf 200 °C vorheizen.

**2** Ein Küchentuch auf die Arbeitsfläche legen und mit etwas Wasser bespritzen. Den Filoteig darauf ausbreiten und längs halbieren. Mit einem weiteren feuchten Küchentuch bedecken. In einem kleinen Topf die Butter zerlassen. 1 halbiertes Blatt Filoteig nehmen und die Hälfte davon der Länge nach mit etwas Butter bestreichen. Die andere Teighälfte darüberlegen.

**3** Den Teigstreifen erneut mit zerlassener Butter bestreichen. 1–2 TL abgekühlte Aprikosenfüllung darüber verteilen, dabei einen Abstand von 2,5 cm zu einem Endstück frei lassen. Am anderen Endstück eine Teigecke diagonal zu einem Dreieck umklappen. Das Dreieck in die andere Richtung klappen und damit fortfahren, bis der Streifen verbraucht ist. Das Dreieck mit dem letzten Endstück nach unten einschlagen und mit einem feuchten Küchentuch bedecken.

**4** Die übrigen Filoteig-Dreiecke wie oben herstellen, mit der übrigen Butter bestreichen und mit dem restlichen Zucker bestreuen. 12–15 Minuten backen, bis der Teig goldbraun und blätterig ist. Die Teigtaschen auf einem Ofengitter leicht abkühlen lassen und warm servieren. Die Filo-Taschen können bis zu zwei Tage im Voraus hergestellt und im Kühlschrank aufbewahrt werden. Erst kurz vor dem Servieren backen.

## KÜCHENUTENSILIEN

**Backblech**

## ZUTATEN

**FÜR DIE FÜLLUNG**

**500 g Aprikosen, entsteint, halbiert und jeweils in 4–5 Stücke geschnitten**
**abgeriebene Schale von ½ Bio-Zitrone**
**200 g Zucker**
**1 TL gemahlener Zimt**
**1 Prise frisch geriebene Muskatnuss**
**1 Prise gemahlene Gewürznelken**

**FÜR DEN TEIG**

**500 g Filoteig**
**175 g Butter**

Ein Dauerbrenner aus Frankreich, der auch Ihren Kaffeetisch im Nu erobern wird. Die Füllung aus köstlicher Vanillecreme und saftigen Aprikosen macht dieses Dessert zu einem Geschmackserlebnis.

# APRIKOSENTARTE

FÜR 6–8 PERS.

ZUBEREITUNG 30 MIN. + KÜHLEN

GARZEIT 50–60 MIN.

EINFRIEREN TEIGBODEN BIS ZU 3 MONATE

1 Für den Teig Mehl, Zucker und Butter von Hand oder mit der Küchenmaschine zu einer feinbröseligen Masse verarbeiten. Das verquirlte Eigelb hinzufügen und alles zu einem weichen Teig kneten. Falls nötig, noch etwas Wasser dazugeben. Den Teig in Frischhaltefolie einwickeln und 30 Minuten kühl stellen. Den Backofen auf 180 °C vorheizen.

2 Auf der bemehlten Arbeitsfläche den Teig 3 mm dick ausrollen und die Tarteform damit auskleiden. Den Teig mindestens 1 cm über den Rand hängen lassen, weiter überhängenden Teig begradigen. Den Boden mit einer Gabel mehrmals einstechen und mit dem Eiweiß bestreichen (so wird der Boden nicht weich). Mit Backpapier auslegen und mit den Hülsenfrüchten beschweren. Die Form auf ein Backblech setzen und den Boden 20 Minuten backen. Dann Hülsenfrüchte und Papier entfernen und den Boden weitere 5 Minuten backen. Die Ränder noch warm begradigen.

3 Für die Füllung in einer großen Schüssel Sahne, Zucker, Eier, Eigelb und Vanillezucker aufschlagen. Die Aprikosen mit der Schnittfläche nach unten gleichmäßig auf dem Boden verteilen. Die Form wieder auf das Backblech setzen und die Sahnemischung vorsichtig über die Aprikosen gießen. Die Tarte 30–35 Minuten backen, bis die Aprikosen leicht goldfarben und gerade gar sind. Auf Zimmertemperatur abkühlen lassen und dann mit Puderzucker bestäubt und mit frischer Schlagsahne servieren.

## KÜCHENUTENSILIEN

**1 Tarteform (22 cm Ø) mit herausnehmbarem Boden**
**Hülsenfrüchte zum Blindbacken**

## ZUTATEN

**FÜR DEN TEIG**

**175 g Mehl sowie Mehl zum Bestäuben**
**25 g Zucker**
**100 g weiche Butter, in Stücken**
**1 Eigelb, mit 2 EL kaltem Wasser verquirlt, sowie 1 Eiweiß zum Bestreichen**

**FÜR DIE FÜLLUNG**

**200 g Sahne**
**50 g Zucker**
**2 Eier sowie 1 Eigelb**
**etwas Vanillezucker**
**400 g Aprikosenhälften aus der Dose, abgetropft**
**Puderzucker zum Bestäuben**

Diese köstliche Tarte passt wunderbar zum Nachmittagskaffee. Die Füllung aus Frischkäse und Sauerrahm bildet hier ein perfektes Pendant zur süßsäuerlichen Note der Himbeeren.

# HIMBEERTARTE MIT FRISCHKÄSE

FÜR 8 PERS.

ZUBEREITUNG 25 MIN. + KÜHLEN

GARZEIT 35–45 MIN.

KÜCHENUTENSILIEN

1 Tarteform (23 cm Ø) mit herausnehmbarem Boden
Hülsenfrüchte zum Blindbacken

ZUTATEN

**FÜR DEN TEIG**

**175 g Mehl sowie Mehl zum Bestäuben**
**85 g Butter, gewürfelt**
**2 EL Zucker**
**1 Eigelb**

**FÜR DIE FÜLLUNG**

**115 g Frischkäse (Doppelrahmstufe)**
**60 g Sauerrahm**
**60 g Zucker**
**1 Prise frisch geriebene Muskatnuss**
**3 Eier, verquirlt**
**abgeriebene Schale von 1 Bio-Zitrone**
**350 g Himbeeren**
**Puderzucker zum Bestäuben**

1 Für den Teig Mehl, Butter und Zucker in einer Küchenmaschine zu einer bröseligen Masse verrühren. Oder von Hand die Butter mit den Fingerspitzen in Mehl und Zucker einarbeiten, bis eine bröselige Masse entstanden ist. Dann das Eigelb hinzufügen und alles zu einem festen Teig kneten.

2 Auf der bemehlten Arbeitsfläche den Teig ausrollen und die Form damit auskleiden. Den Boden mit einer Gabel mehrmals einstechen und 30 Minuten kühl stellen. Den Backofen auf 200 °C vorheizen.

3 Den Teig mit Backpapier auslegen und mit den Hülsenfrüchten beschweren. Den Boden 10 Minuten backen, dann Papier und Hülsenfrüchte entfernen. Den Boden in weiteren 10 Minuten goldbraun backen. Abkühlen lassen und die Ofentemperatur auf 180 °C herunterschalten.

4 Für die Füllung Frischkäse, Sauerrahm, Zucker, Muskatnuss, Eier und Zitronenschale gut mischen. Die Mischung auf den Teig gießen und die Himbeeren darauf verteilen. Die Tarte 25–30 Minuten backen, bis die Füllung fest zu werden beginnt. Abkühlen lassen, dann auf einem Servierteller anrichten. Warm oder kalt mit Puderzucker bestäubt servieren.

Dieses erlesene Dessert vereint Himbeeren und Schokoladencreme auf einem locker-leichten Mürbeteigboden. Achten Sie auf qualitativ hochwertige Schokolade – dann erhalten Sie maximalen Genuss.

# HIMBEERTARTE MIT SCHOKOLADENCREME

**FÜR 6–8 PERS.**

**ZUBEREITUNG 40 MIN. + KÜHLEN**

**GARZEIT 20–25 MIN.**

**EINFRIEREN TEIGBODEN BIS ZU 3 MONATE**

1 Für den Teig Mehl, Kakaopulver und Butter mit den Fingerspitzen reiben, bis eine feinbröselige Masse entstanden ist. Zucker dazugeben. Eigelb und Vanille aufschlagen, zum Mehlgemisch geben und alles zu einem weichen Teig kneten. Falls nötig, noch etwas Wasser dazugeben. Den Teig in Frischhaltefolie einwickeln und 30 Minuten kühl stellen.

2 Den Backofen auf 180 °C vorheizen. Auf der bemehlten Arbeitsfläche den Teig 3 mm dick ausrollen und die Form damit auskleiden. Einen Rand von 2 cm überhängen lassen, weiter überhängende Ränder abschneiden. Den Boden mit einer Gabel mehrmals einstechen, mit Backpapier auslegen und mit den Hülsenfrüchten beschweren. Auf ein Backblech setzen und den Boden 20 Minuten backen. Papier und Hülsenfrüchte entfernen und den Boden weitere 5 Minuten backen.

3 Für die Füllung Zucker, Stärke, Eier und Vanillezucker aufschlagen. In einem Topf Milch und 100 g Schokolade unter Rühren aufkochen, sofort vom Herd nehmen und in das Eigemisch rühren. In einen sauberen Topf gießen und unter Rühren aufkochen. Sobald die Masse andickt, den Herd ausschalten und die Masse 2–3 Minuten unter Rühren kochen. In einer Schüssel mit Frischhaltefolie zugedeckt abkühlen lassen.

4 Übrige Schokolade über einem heißen Wasserbad schmelzen und den Tarteboden damit bestreichen. Die Schokolade fest werden lassen, dann die Vanillecreme noch einmal durchrühren und in die Form geben. Die Himbeeren darüber verteilen. Die Tarte aus der Form lösen, mit Puderzucker bestäubt servieren.

## KÜCHENUTENSILIEN

**1 Tarteform (22 cm Ø) mit herausnehmbarem Boden**
**Hülsenfrüchte zum Blindbacken**

## ZUTATEN

**FÜR DEN TEIG**

**130 g Mehl sowie Mehl zum Bestäuben**
**20 g Kakaopulver**
**100 g kalte Butter, gewürfelt**
**50 g Zucker**
**1 Eigelb**
**etwas Vanillezucker**

**FÜR DIE FÜLLUNG**

**100 g Zucker**
**50 g Speisestärke, gesiebt**
**2 Eier**
**etwas Vanillezucker**
**450 ml Milch**
**175 g hochwertige dunkle Schokolade, in Stücke gebrochen**
**400 g Himbeeren**
**Puderzucker zum Bestäuben**

Wenn Sie eine Alternative zu Mürbeteig suchen, können Sie einmal dieses Rezept mit Keksboden ausprobieren. Einfach mehr davon vorbereiten, einfrieren und immer griffbereit haben.

# HIMBEER-TORTELETTS MIT VANILLECREME

**ERGIBT 6 STÜCK** | **ZUBEREITUNG 20 MIN. + KÜHLEN** | **GARZEIT 10 MIN.** | **EINFRIEREN TEIGBODEN BIS ZU 2 MONATE**

**1** Den Backofen auf 180 °C vorheizen. Für den Boden die Kekse mit dem Nudelholz fein zerbröseln. Kekskrümel, Zucker und zerlassene Butter mischen, bis eine sandige Masse entstanden ist.

**2** Die Keksmasse in den Förmchen verteilen und fest andrücken, sodass sie beim Backen an den Seiten aufgehen kann. Die Keksböden 10 Minuten backen, dann abkühlen lassen. Die abgekühlten Torteletts bis zum Verzehr kühl stellen.

**3** Für die Füllung Zucker, Stärke, Eier und Vanillezucker in einer Schüssel verrühren. Die Milch in einem Topf aufkochen, dann sofort vom Herd nehmen. Die heiße Milch unter Rühren zum Eigemisch gießen. Die Vanillecreme zurück in den Topf geben und unter Rühren (verhindert Klümpchenbildung!) aufkochen. Sobald die Vanillecreme andickt, den Herd ausschalten und alles noch 2–3 Minuten köcheln.

**4** Die angedickte Vanillecreme in eine Schüssel geben, mit Frischhaltefolie zudecken, damit sich keine Haut bilden kann, und abkühlen lassen. Sobald die Creme kalt ist, mit einem Holzlöffel gut durchrühren.

**5** Die Vanillecreme mit einem Löffel auf den Torteletts verteilen. Diese zum Servieren mit Himbeeren belegen und mit Puderzucker bestäuben. Zugedeckt können der Teig drei Tage und die Vanillecreme zwei Tage im Kühlschrank aufbewahrt werden.

## KÜCHENUTENSILIEN

6 Tortelett-Förmchen (10 cm Ø)

## ZUTATEN

**FÜR DEN KEKSBODEN**

(bebilderte Schritt-für-Schritt-Anleitung für Keksboden s. S. 132)

200 g Vollkorn- oder Butterkekse
50 g Zucker
100 g Butter, zerlassen und abgekühlt

**FÜR DIE FÜLLUNG**

100 g Zucker
40 g Speisestärke
2 Eier
etwas Vanillezucker
400 ml Milch
Himbeeren
Puderzucker zum Bestäuben

Diese italienische Süßspeise mit Konfitüre ist ein großartiges Dessert für Überraschungsgäste. Verwenden Sie hierfür Ihre Lieblingskonfitüre und versuchen Sie, kleine Törtchen für Kinder herzustellen.

# CROSTATA DI MARMELLATA

**FÜR 6–8 PERS.**

**ZUBEREITUNG 30 MIN. + KÜHLEN**

**GARZEIT 50 MIN.**

**EINFRIEREN TEIG BIS ZU 3 MONATE**

KÜCHENUTENSILIEN

**1 Tarteform (22 cm Ø) mit herausnehmbarem Boden**
**Hülsenfrüchte zum Blindbacken**

ZUTATEN

**FÜR DEN TEIG**

**175 g Mehl sowie Mehl zum Bestäuben**
**100 g kalte Butter, gewürfelt**
**50 g Zucker**
**1 Eigelb sowie 1 Ei, verquirlt, zum Bestreichen**
**2 EL Milch oder etwas mehr**
**etwas Vanillezucker**

**FÜR DIE FÜLLUNG**

**450 g hochwertige Himbeer-, Kirsch- oder Aprikosenkonfitüre**

1 Für den Teig Mehl und Butter mit den Fingerspitzen reiben, bis eine feinbröselige Masse entstanden ist. Den Zucker hineinrühren. Eigelb, Milch und Vanillezucker aufschlagen, zu den trockenen Zutaten geben und alles zu einem weichen Teig kneten. Falls nötig, noch 1 EL Milch dazugeben. Den Teig in Frischhaltefolie einwickeln und 30 Minuten kühl stellen.

2 Den Backofen auf 180 °C vorheizen. Auf der bemehlten Arbeitsfläche den Teig 3 mm dick ausrollen. Bröselt der Teig, noch einmal glatt kneten. Die Form mit Teig auskleiden, dabei einen Rand von 2 cm überhängen lassen und weiter überhängenden Teig abschneiden. Den Boden mit einer Gabel mehrmals einstechen. Übrigen Teig für spätere Verwendung zusammenrollen und kühl stellen.

3 Die Form mit Backpapier auslegen und mit den Hülsenfrüchten beschweren. Auf ein Backblech setzen und 20 Minuten backen. Dann die Hülsenfrüchte und das Papier entfernen und den Boden weitere 5 Minuten backen. Die Ofentemperatur auf 200 °C heraufschalten.

4 Die Konfitüre 1–2 cm dick auf den Boden streichen. Den übrigen Teig 3 mm dick zu einem Quadrat etwas größer als die Form ausrollen. In zwölf Streifen à 1 cm Breite schneiden und die Streifen gitterartig über der Konfitüre verteilen.

5 Die Streifen mit verquirltem Ei am Rand festkleben und das Teiggitter vorsichtig damit bestreichen. Den Kuchen 20–25 Minuten backen, bis das Gitter gar und goldbraun ist. 10 Minuten abkühlen lassen, dann noch warm servieren. Die Crostata kann zwei Tage aufbewahrt werden.

Fruchtige Himbeeren und aromatische Mandeln vereint in einem Rezept. Dieses himmlische Kuchendessert aus der österreichischen Stadt Linz geht schnell und eignet sich für jeden Anlass.

# LINZER TORTE

FÜR 6–8 PERS.

ZUBEREITUNG 30–35 MIN. + KÜHLEN

GARZEIT 50–60 MIN.

**1** Für den Teig das Mehl in eine Schüssel sieben, mit Gewürzen und Mandeln mischen und eine Mulde in die Mitte drücken. Butter, Eigelb, Zucker, Salz, Zitronenschale und -saft dazugeben und alles mit den Fingerspitzen reiben, bis eine bröselige Masse entstanden ist. Den Teig zu einer Kugel kneten, in Frischhaltefolie einwickeln und 1–2 Stunden kühl stellen.

**2** Für die Füllung den Zucker und die Himbeeren 10–12 Minuten andicken, dann abkühlen lassen. Eine Hälfte durch ein Sieb streichen, die andere hineinrühren. Form einfetten. Backofen auf 190 °C vorheizen.

**3** Auf der bemehlten Arbeitsfläche ⅔ des Teiges zu einem Kreis (28 cm Ø) ausrollen, die Form damit auskleiden und überhängenden Teig entfernen. Die Füllung auf dem Teig verteilen. Für das Teiggitter übrigen Teig zu einem Rechteck (15 x 30 cm) ausrollen (s. unten). Die Torte erst 15 Minuten backen, dann bei 180 °C weitere 25–30 Min. backen. Abkühlen lassen und servieren.

### KÜCHENUTENSILIEN

1 Tarteform (23 cm Ø) mit herausnehmbarem Boden
gewelltes Teigrädchen (nach Belieben)

### ZUTATEN

**FÜR DEN TEIG**

**125 g Mehl sowie Mehl zum Bestäuben**
**1 Prise gemahlene Gewürznelken**
**½ TL gemahlener Zimt**
**175 g gemahlene Mandeln**
**125 g Butter sowie Butter zum Einfetten**
**1 Eigelb**
**100 g Zucker**
**¼ TL Salz**
**abgeriebene Schale von 1 Bio-Zitrone**
**Saft von ½ Zitrone**

**FÜR DIE FÜLLUNG**

**125 g Zucker**
**375 g Himbeeren**

## Herstellen des Teiggitters

**1** Den Mürbeteig mit einem Messer oder Teigrädchen in dekorative Streifen (12 x 1 cm) schneiden.

**2** Die Hälfte der Streifen im Abstand von 2,5 cm horizontal auf die Tarte legen, an den Rändern andrücken.

**3** Die übrigen Streifen diagonal dazu darüberlegen, überhängenden Teig entfernen. 15 Minuten kühl stellen.

Diese herrliche Erdbeertarte ist die Krönung jedes Essens. Die köstliche Vanillecreme können Sie je nach Saison auch mit einer anderen Obst- oder Beerensorte kombinieren.

# ERDBEERTARTE

FÜR 6–8 PERS.

ZUBEREITUNG
40 MIN. + KÜHLEN

GARZEIT
25 MIN.

EINFRIEREN
TEIG BIS ZU
3 MONATE

**KÜCHENUTENSILIEN**

1 Tarteform (22 cm Ø) mit herausnehmbarem Boden
Hülsenfrüchte zum Blindbacken

**ZUTATEN**

**FÜR DEN TEIG**

**150 g Mehl sowie Mehl zum Bestäuben**
**100 g kalte Butter, gewürfelt**
**150 g Zucker**
**1 Eigelb sowie 2 Eier**
**etwas Vanillezucker**
**6 EL Johannisbeergelee zum Bestreichen**

**FÜR DIE FÜLLUNG**

**50 g Speisestärke**
**etwas Vanillezucker**
**400 ml Milch**
**300 g Erdbeeren, in große Stücke geschnitten**

1 Für den Teig Mehl und Butter mit den Fingerspitzen zu einer bröseligen Masse reiben. 50 g Zucker hineinrühren, Eigelb mit Vanillezucker aufschlagen und hinzufügen. Alles zu einem Teig kneten. In Frischhaltefolie einwickeln und 30 Minuten kühl stellen.

2 Den Backofen auf 180 °C vorheizen. Auf der bemehlten Arbeitsfläche den Teig 3 mm dick ausrollen und die Form damit auskleiden. Dabei Rand von 2 cm überhängen lassen, Rest abschneiden. Den Boden mit einer Gabel mehrmals einstechen, mit Backpapier auslegen und mit Hülsenfrüchten beschweren. Auf einem Backblech 20 Minuten backen. Hülsenfrüchte und Papier entfernen und den Boden noch 5 Minuten backen. Ränder noch warm begradigen. Gelee mit 1 EL Wasser erhitzen und den Teig damit bestreichen. Abkühlen lassen.

3 Vanillecreme herstellen (s. unten), auf dem Teig verteilen und mit Erdbeeren belegen. Geleeglasur erneut erwärmen und Erdbeeren damit bestreichen.

## Herstellen der Vanillecreme

**1** Übrigen Zucker, Stärke, 2 Eier und Vanillezucker aufschlagen. Milch aufkochen, vom Herd nehmen.

**2** Milch unter Rühren zum Eigemisch gießen. Dieses zurück in den Topf geben und unter Rühren köcheln.

**3** Sobald die Creme andickt, Herd ausschalten und die Creme 2–3 Minuten köcheln. Abkühlen lassen.

Ein großartiges Rezept besonders für Bäcker und Bäckerinnen, die das Glück haben, die verwendeten Obstsorten selbst im Garten anzubauen. Einfach himmlisch mit Vanilleeis oder Schlagsahne!

# RHABARBER-ERDBEER-PIE

FÜR 6–8 PERS.

ZUBEREITUNG 30–35 MIN. + KÜHLEN

GARZEIT 50–55 MIN.

1 Für den Teig Mehl und Salz sieben. Das Pflanzenfett hinzufügen und in Stücke schneiden. Fett und Mehl mit den Fingerspitzen reiben, bis eine grobbröselige Masse entstanden ist. Nach und nach 6–7 EL Wasser dazugeben und alles mit einer Gabel verrühren. Den Teig vorsichtig zu einer Kugel kneten, in Frischhaltefolie einwickeln und 30 Minuten kühl stellen.

2 Für die Füllung Rhabarber, Orangenschale, Zucker, Salz und Mehl in einer Schüssel mischen. Die Erdbeeren hinzufügen und alles gut verrühren. Die Früchte in der mit Teig ausgekleideten Form verteilen, dabei in der Mitte etwas höher schichten. Die Butterstücke gleichmäßig über die Füllung verteilen.

3 Den Teigrand mit Wasser bestreichen. Übrigen Teig auf der bemehlten Arbeitsfläche zu einem Kreis (28 cm Ø) ausrollen und auf die Füllung legen. Abstehenden Teig begradigen und die Teigränder mit Daumen und Fingern gut zusammendrücken.

4 Zum Entweichen des Dampfes ein kleines Loch in die Mitte der Pie schneiden. Den Teigdeckel mit Milch bestreichen, mit Zucker bestreuen und etwa 15 Minuten kühl stellen. Den Backofen auf 220 °C vorheizen und ein Backblech darin erhitzen.

5 Die Pie auf dem Backblech 20 Minuten backen. Dann die Ofentemperatur auf 180 °C herunterschalten und die Pie in weiteren 30–35 Minuten goldbraun backen. Mit einem Spieß prüfen, ob die Früchte gar sind. Ggf. die Pie mit Alufolie zudecken, damit der Deckel nicht zu dunkel wird. Auf einem Kuchengitter abkühlen lassen. Der Teig kann zwei Tage im Voraus vorbereitet und im Kühlschrank aufbewahrt werden.

KÜCHENUTENSILIEN

**1 flache Pieform (23 cm Ø)**

ZUTATEN

**FÜR DEN TEIG**

**330 g Mehl**
**½ TL Salz**
**150 g weißes Pflanzenfett (z. B. Kokosfett)**
**1 EL Milch zum Bestreichen**

**FÜR DIE FÜLLUNG**

**1 kg Rhabarber, geschält und in Scheiben geschnitten**
**fein abgeriebene Schale von 1 Bio-Orange**
**250 g extrafeiner Zucker (oder mehr nach Belieben) sowie 1 EL Zucker zum Bestreuen**
**¼ TL Salz**
**30 g Mehl**
**375 g Erdbeeren, geputzt, halbiert oder geviertelt**
**15 g Butter, gewürfelt**

Die zarte Note der Vanillecreme ergänzt den fruchtigen Geschmack des Rhabarbers auf elegante Weise. Jedes Frühjahr freue ich mich wieder auf diese Tarte!

# RHABARBER-VANILLE-TARTE

**FÜR 6–8 PERS.**

**ZUBEREITUNG**
**30 MIN. + KÜHLEN**

**GARZEIT**
**1 STD. 35 MIN.**

**EINFRIEREN**
**TEIG BIS ZU**
**3 MONATE**

KÜCHENUTENSILIEN
1 geriffelte Tarteform (22 cm Ø) mit herausnehmbarem Boden
Hülsenfrüchte zum Blindbacken

ZUTATEN

**FÜR DEN TEIG**

**175 g Mehl sowie Mehl zum Bestäuben**
**25 g Zucker**
**100 g weiche Butter, in Stücken**
**1 Eigelb, mit 2 EL kaltem Wasser verquirlt, sowie 1 Eiweiß zum Bestreichen**

**FÜR DIE FÜLLUNG**

**450 g Rhabarber, geschält und in 2 cm große Stücke geschnitten**
**75 g Zucker (oder mehr nach Belieben)**
**200 g Sahne**
**2 Eier sowie 1 Eigelb**
**etwas Vanillezucker**
**Puderzucker zum Bestäuben**

1 Für den Teig Mehl, Zucker und Butter mit den Fingerspitzen reiben, bis eine feinbröselige Masse entstanden ist. Das verquirlte Eigelb hinzufügen und alles zu einem weichen Teig kneten. Falls nötig, noch etwas Wasser dazugeben. Den Teig in Frischhaltefolie einwickeln und 30 Minuten kühl stellen.

2 Den Backofen auf 180 °C vorheizen. Rhabarber mit mindestens 25 g Zucker mischen, in einer Auflaufform verteilen und 30 Minuten im Ofen garen. In einem Sieb abtropfen lassen, die Stücke dabei ganz lassen.

3 Auf der bemehlten Arbeitsfläche den Teig 3 mm dick ausrollen und die Tarteform damit auskleiden. Dabei den Teig mindestens 1 cm überhängen lassen, weiter überhängenden Teig abschneiden. Den Boden mit einer Gabel mehrmals einstechen und mit Eiweiß bestreichen. Mit Backpapier auslegen und mit den Hülsenfrüchten beschweren. Den Boden auf einem Backblech 20 Minuten backen. Dann Hülsenfrüchte und Papier entfernen und den Boden weitere 5 Minuten backen. Die Ränder noch warm begradigen.

4 Für die Füllung Sahne, 50 g Zucker, Eier, Eigelb und Vanillezucker aufschlagen. Gegarten Rhabarber gleichmäßig auf dem Boden verteilen. Die Form auf das Backblech setzen und das Sahnegemisch vorsichtig über den Rhabarber gießen.

5 Die Tarte 30–40 Minuten backen, bis sie leicht goldfarben ist und die Füllung fest zu werden beginnt. Auf Zimmertemperatur abkühlen lassen, dann mit Puderzucker bestäubt und mit Schlagsahne servieren. Die Tarte schmeckt frisch am besten.

Der Smulpaj ist die schwedische Variante des allseits beliebten Streuselkuchens. Hier wird eine flache Obstschicht mit Haferflockenstreuseln bedeckt. Ein echter skandinavischer Gaumenschmaus!

# RHABARBER-SMULPAJ

FÜR 4 PERS.

ZUBEREITUNG 10 MIN.

GARZEIT 30 MIN.

EINFRIEREN TEIG BIS ZU 1 MONAT

KÜCHENUTENSILIEN
1 runde Auflaufform (20 cm Ø)

ZUTATEN

**FÜR DIE FÜLLUNG**

**300 g Rhabarber, geschält und in 2 cm große Stücke geschnitten**
**4 EL Zucker (oder mehr nach Belieben)**
**1 TL Speisestärke**

**FÜR DIE STREUSEL**

**(bebilderte Schritt-für-Schritt-Anleitung für Streusel s. S. 133)**
**50 g Mehl**
**75 g brauner Zucker**
**75 g weiche Butter**
**75 g Haferflocken**
**½ TL gemahlener Zimt**

1 Den Backofen auf 190 °C vorheizen. Für die Füllung Rhabarber, Zucker und Stärke in eine große Schüssel geben und mischen, dabei die Früchte gut bedecken. Rhabarber in die Auflaufform geben und andrücken.

2 Für die Streusel das Mehl mit dem braunen Zucker in einer weiteren Schüssel mischen. Die Butter hinzufügen und mit den Fingerspitzen in das Mehlgemisch einarbeiten, dabei ein paar erbsengroße Butterklümpchen im Teig lassen. Haferflocken und Zimt dazugeben und gut unterrühren.

3 Die Streusel auf dem Rhabarber verteilen, dabei nicht zu fest andrücken. Die Auflaufform auf ein Backblech stellen und den Smulpaj 30 Minuten backen, bis die Früchte weich und die Streusel goldbraun sind.

4 Den Smulpaj 5–10 Minuten abkühlen lassen, dann heiß oder warm mit Schlagsahne servieren. Der Kuchen schmeckt am gleichen Tag am besten, kann aber über Nacht im Kühlschrank aufbewahrt werden.

Der Aufwand für das Backen und Schichten dieses attraktiven Millefeuilles ist relativ groß. Aber er lohnt sich! Wählen Sie unbedingt Ihr Lieblingsobst für dieses Dessert aus.

# SOMMERFRUCHT-MILLEFEUILLES

**FÜR 8 PERS.**

**ZUBEREITUNG 45–50 MIN. + KÜHLEN**

**GARZEIT 25–30 MIN.**

1 Für die Füllung die Milch bei mittlerer Hitze aufkochen, dann vom Herd nehmen. Die Eigelbe und den Zucker in 2–3 Minuten zu einer dicken Masse aufschlagen. Erst das Mehl, dann die Milch nach und nach in das Eigemisch rühren, bis eine glatte Masse entstanden ist. In einen Topf geben und unter Rühren aufkochen, bis die Masse andickt. Herd ausschalten und die Creme noch 2 Minuten rühren. Abkühlen lassen.

2 Den Backofen auf 200 °C vorheizen. Ein Backblech mit kaltem Wasser bespritzen. Auf der bemehlten Arbeitsfläche den Teig 3 mm dick zu einem Rechteck etwas größer als das Backblech ausrollen. Den Teig mit dem Nudelholz auf das Backblech legen und an den Rändern überhängen lassen. Den Teig gut andrücken und 15 Minuten kühl stellen.

3 Den Teig mit einer Gabel mehrmals einstechen. Mit Backpapier bedecken und ein Ofengitter darauf legen. Den Teig 15–20 Minuten backen, bis er zu bräunen beginnt. Backblech und Ofengitter gut festhalten und den Teig wenden. Das Backblech wieder unter den Teig schieben und den Teig weitere 10 Minuten backen, bis beide Seiten braun sind. Aus dem Ofen nehmen und auf ein Brett gleiten lassen. Den Rand noch warm begradigen. Längs in drei gleich große Streifen schneiden. Diese wieder auf das Ofengitter legen und zum Abkühlen beiseitestellen.

4 Die Sahne steif schlagen und unter die Creme heben. Die Hälfte der Cremefüllung auf einem Teigstreifen verteilen. Die Hälfte der Früchte darüberlegen. Den Vorgang mit dem zweiten Teigstreifen wiederholen. Den dritten Streifen auflegen und leicht andrücken. Zum Servieren mit Puderzucker bestäuben.

### KÜCHENUTENSILIEN

Backblech

### ZUTATEN

**FÜR DIE FÜLLUNG**

**375 ml Milch**
**4 Eigelb**
**60 g Zucker**
**3 EL Mehl**
**250 g Sahne**
**400 g verschiedene Sommerfrüchte (z. B. in Würfel geschnittene Erdbeeren und Himbeeren)**

**FÜR DEN TEIG**

**600 g Fertig-Blätterteig (oder selbst gemachter Blätterteig s. S. 122)**
**Mehl zum Bestäuben**
**Puderzucker zum Bestäuben**

Dieses Rezept vereint wunderbar die Süße der Heidelbeeren mit einer cremigen Füllung aus Sauerrahm und Frischkäse. Mit Schlagsahne oder Beerenkompott serviert schmeckt die Tarte einfach göttlich!

# HEIDELBEER-FRISCHKÄSE-TARTE

FÜR 8 PERS.

ZUBEREITUNG 25 MIN. + KÜHLEN

GARZEIT 45–50 MIN.

KÜCHENUTENSILIEN

1 Tarteform (23 cm Ø), mit herausnehmbarem Boden
Hülsenfrüchte zum Blindbacken

ZUTATEN

**FÜR DEN TEIG**

**175 g Mehl sowie Mehl zum Bestäuben**
**85 g Butter, gewürfelt**
**2 EL Zucker**
**1 Eigelb**

**FÜR DIE FÜLLUNG**

**115 g Frischkäse (Doppelrahmstufe)**
**60 g Sauerrahm**
**60 g Zucker**
**1 Prise frisch geriebene Muskatnuss**
**3 Eier, verquirlt**
**abgeriebene Schale von 1 Bio-Zitrone**
**350 g Heidelbeeren**
**Puderzucker zum Bestäuben**

1 Für den Teig Mehl und Butter mit den Fingerspitzen reiben oder in der Küchenmaschine verrühren, bis eine bröselige Masse entstanden ist. Zucker hineinrühren, Eigelb hinzufügen und alles zu einem festen Teig kneten. Den Teig auf der bemehlten Arbeitsfläche ausrollen und die Form damit auskleiden. Den Boden mit einer Gabel mehrmals einstechen und 30 Minuten kühl stellen. Den Backofen auf 200 °C vorheizen.

2 Den Boden mit Backpapier auslegen und mit den Hülsenfrüchten beschweren. 10 Minuten backen, dann Papier und Hülsenfrüchte entfernen und den Boden in weiteren 10 Minuten goldbraun backen. Abkühlen lassen, die Ofentemperatur auf 180 °C herunterschalten.

3 Für die Füllung Frischkäse, Sauerrahm, Zucker, Muskatnuss, Eier und Zitronenschale gut verrühren. Die Füllung auf den Teig gießen und die Heidelbeeren darüber verteilen. Die Tarte 25–30 Minuten backen. Abkühlen lassen, dann auf eine Kuchenplatte setzen. Mit Puderzucker bestäuben und warm oder kalt servieren. Der Teig kann mehrere Tage im Voraus vorbereitet und im Kühlschrank aufbewahrt werden.

Die Kirschpie ist ein amerikanischer Klassiker, der am besten mit reifen und saftigen Kirschen schmeckt. Der Saft in der Pie wird hier mit Hilfe der Speisestärke gebunden.

# KIRSCHPIE

FÜR 4–6 PERS.

ZUBEREITUNG 30 MIN. + KÜHLEN

GARZEIT 50–60 MIN.

EINFRIEREN BIS ZU 1 MONAT

KÜCHENUTENSILIEN
1 Pieform (20 cm Ø)

ZUTATEN

**FÜR DEN TEIG**
- **200 g Mehl sowie Mehl zum Bestäuben**
- **125 g kalte Butter, gewürfelt**
- **50 g Zucker**
- **2 EL Milch**
- **1 Ei, verquirlt, zum Bestreichen**

**FÜR DIE FÜLLUNG**
- **50 g Zucker**
- **500 g frische Kirschen, entsteint**
- **Saft von 1 kleinen oder ½ großen Zitrone**
- **1 EL Speisestärke**

1 Für den Teig Mehl und Butter mit den Fingerspitzen reiben, bis eine bröselige Masse entstanden ist. Den Zucker hineinrühren. Die Milch hinzufügen und alles zu einem Teig kneten. In Frischhaltefolie einwickeln und 30 Minuten kühl stellen. Den Backofen auf 180 °C vorheizen.

2 Für die Füllung den Zucker mit 3½ EL Wasser in einem Topf auflösen und Kirschen und Zitronensaft hinzufügen. Alles aufkochen, dann die Hitze herunterschalten und die Kirschen zugedeckt 5 Minuten köcheln. Die Stärke mit 1 EL Wasser verrühren und zu den Kirschen gießen. Bei kleiner Hitze köcheln lassen, bis der Saft andickt, dann abkühlen lassen.

3 Den Teig auf der bemehlten Arbeitsfläche 3–5 mm dick ausrollen. Boden und Rand der Pieform damit auslegen und einen 2 cm breiten Rand formen, weiter überstehenden Teig abschneiden. Den Rand mit dem verquirlten Ei bestreichen.

4 Den übrigen Teig zu einem Kreis etwas größer als die Form ausrollen. Die Kirschfüllung in der Form verteilen. Den Teigkreis vorsichtig über die Kirschen legen und die Teigränder gut zusammendrücken. Überhängenden Teig abschneiden und die Pie mit verquirltem Ei bestreichen. Zwei kleine Schlitze in den Teigdeckel schneiden, damit Dampf entweichen kann.

5 Die Pie in 45–50 Minuten goldbraun backen. Dann 10–15 Minuten abkühlen lassen und warm servieren. Die Pie kann einen Tag in einem luftdichten Behältnis aufbewahrt werden. Die Füllung kann drei Tage im Voraus zubereitet und im Kühlschrank aufbewahrt werden. Der Teig lässt sich einen Tag vorher zubereiten und gekühlt aufbewahren.

Der Teig dieser himmlischen Torteletts kann von Hand oder mit einer Küchenmaschine geknetet werden. Für ein wahrhaft köstliches Ergebnis sollten Sie unbedingt saftige Kirschen verwenden.

# KIRSCH-TORTELETTS

**ERGIBT 8 STÜCK** | **ZUBEREITUNG 40–45 MIN. + KÜHLEN** | **GARZEIT 20–25 MIN.**

**1** Für den Teig das Mehl auf die Arbeitsfläche sieben und eine Mulde in die Mitte drücken. Zucker, Butter, Vanillezucker, Salz und Eigelbe in die Mulde geben. Alles gut mit den Fingerspitzen vermengen und in das Mehl einarbeiten, bis eine grobbröselige Masse entstanden ist. Zu einer Kugel kneten. Den Teig in Frischhaltefolie einwickeln und 30 Minuten kühl stellen.

**2** Vier Förmchen mit Butter einfetten. Auf der bemehlten Arbeitsfläche ⅔ des Teiges etwa 3 mm dick ausrollen, übrigen Teig kühl stellen. Vier Teigkreise ausstechen und die Förmchen damit auskleiden, dabei den Teig vorsichtig in die Förmchen drücken. Die Böden mit einer Gabel mehrmals einstechen und 15 Minuten kühl stellen. Den Backofen auf 200 °C vorheizen, ein Backblech in den Ofen schieben. Die ausgekleideten Förmchen jeweils mit einem leeren Förmchen bedecken und 6–8 Minuten backen. Die oberen Förmchen entfernen, die Ofentemperatur auf 190 °C herunterschalten und die Böden weitere 3–5 Minuten backen. Aus den Förmchen lösen und auf einem Kuchengitter abkühlen lassen. Den übrigen Teig wie beschrieben verarbeiten und daraus Törtchen backen.

**3** Für die Füllung den Frischkäse glatt rühren und mit Vanillezucker, Zucker und Zitronenschale in 2–3 Minuten zu einer lockeren Creme mischen. Die Sahne in einer kalten Schüssel steif schlagen und gleichmäßig unter die Frischkäsemasse heben, zugedeckt kühl stellen. In einem kleinen Topf Gelee mit Kirschwasser erhitzen und die Böden damit bestreichen. Mit einem Spritzbeutel ¾ der Füllung in die Förmchen füllen, die Kirschen kreisförmig darauf verteilen und mit der übrigen Glasur bestreichen.

### KÜCHENUTENSILIEN

**8 Tortelett-Förmchen (7,5 cm Ø)**
**runde Ausstechform (10 cm Ø)**
**Spritzbeutel mit Sterntülle**

### ZUTATEN

**FÜR DEN TEIG**

**215 g Mehl sowie Mehl zum Bestäuben**
**60 g Zucker**
**90 g weiche Butter sowie Butter zum Einfetten**
**etwas Vanillezucker**
**¼ TL Salz**
**3 Eigelb**

**FÜR DIE FÜLLUNG**

**250 g Frischkäse (Doppelrahmstufe)**
**etwas Vanillezucker**
**3 TL Zucker**
**abgeriebene Schale von 1 Bio-Zitrone**
**125 g Sahne**
**375 g Kirschen, entsteint**

**FÜR DIE GLASUR**

**75 ml Johannisbeergelee**
**1 EL Kirschwasser**

Die amerikanische Kirschpie bekommt hier ein köstliches Teiggitter. Mit Vanilleeis schmeckt sie einfach verführerisch – und ist ideal als Dessert auf einer Sommerabend-Party!

# KIRSCHPIE MIT TEIGGITTER

FÜR 8 PERS.

ZUBEREITUNG 40–45 MIN. +KÜHLEN

GARZEIT 40–45 MIN.

EINFRIEREN BIS ZU 1 MONAT

KÜCHENUTENSILIEN

1 geriffelte Pieform (23 cm Ø)

ZUTATEN

**FÜR DEN TEIG**

**250 g Mehl sowie Mehl zum Bestäuben**
**1 TL Salz**
**125 g kaltes Schweineschmalz oder weißes Pflanzenfett (z.B. Kokosfett), gewürfelt**
**75 g kalte Butter, gewürfelt**
**1 Ei zum Bestreichen**

**FÜR DIE FÜLLUNG**

**500 g Kirschen, entsteint**
**200 g Zucker**
**45 g Mehl**
**1 Tropfen Mandelaroma (nach Belieben)**

1 Für den Teig das Mehl mit ½ TL Salz in eine Schüssel sieben. Mit den Fingerspitzen Schmalz und Butter in das Mehl einarbeiten, bis eine bröselige Masse entstanden ist. 3 EL Wasser hinzufügen und den Teig zu einer Kugel kneten. In Frischhaltefolie einwickeln und 30 Minuten kühl stellen.

2 Den Backofen auf 200 °C vorheizen und ein Backblech hineinschieben. Auf der bemehlten Arbeitsfläche ⅔ des Teiges ausrollen und die Form damit auskleiden, dabei etwas Teig über den Rand hängen lassen. Den Teig gut in die Form drücken und 15 Minuten kühl stellen.

3 Für die Füllung die Kirschen in eine Schüssel geben und Zucker, Mehl und ggf. Mandelaroma hinzufügen. Alles gut verrühren und mit einem Löffel in der Form verteilen.

4 Den restlichen Teig zu einem Rechteck ausrollen. Dann in acht Streifen von etwa 1 cm Breite schneiden und gitterartig auf der Pie verteilen, die Teigränder begradigen. Das Ei mit ½ TL Salz verquirlen und das Teiggitter damit bestreichen. Die Streifen am Rand gut andrücken. Die Pie in 40–45 Minuten goldbraun backen und dann kalt oder warm servieren. Die Pie kann zwei Tage aufbewahrt werden, schmeckt aber frisch aus dem Backofen am besten.

Mit Mürbeteig haben Sie eigentlich immer eine gute Dessertidee. Für ein Blitzdessert können Sie Torteletts einfach mit Schlagsahne füllen und mit Beeren oder Obst der Saison belegen.

# TORTELETTS MIT FRISCHEN FRÜCHTEN

ERGIBT 8 STÜCK

ZUBEREITUNG 40–45 MIN. + KÜHLEN

GARZEIT 30 MIN.

EINFRIEREN TEIG BIS ZU 3 MONATE

KÜCHENUTENSILIEN
8 Tortelett-Förmchen (10 cm Ø)

ZUTATEN

**FÜR DEN TEIG**
**175 g Mehl sowie Mehl zum Bestäuben**
**4 Eigelb**
**90 g Zucker**
**½ TL Salz**
**etwas Vanillezucker**
**90 g Butter, gewürfelt, sowie Butter zum Einfetten**

**FÜR DIE FÜLLUNG**
**375 ml Milch**
**1 Vanilleschote, aufgeschnitten und ausgekratzt**
**5 Eigelb**
**60 g Zucker**
**30 g Mehl**
**500 g verschiedene frische Früchte (z. B. Kiwis, Himbeeren, Weintrauben, Pfirsiche), geschält und in Scheiben geschnitten**
**175 g Aprikosenkonfitüre oder Johannisbeergelee zum Bestreichen**

1 Für den Teig das Mehl sieben und eine Mulde in die Mitte drücken. Eigelbe, Zucker, Salz, Vanillezucker und Butter hinzufügen und mit den Fingerspitzen in das Mehl einarbeiten, bis eine bröselige Masse entstanden ist. Zu einer Kugel kneten. In Frischhaltefolie einwickeln und 30 Minuten kühl stellen.

2 Für die Füllung die Milch mit Vanille aufkochen. Vom Herd nehmen und zugedeckt 10–15 Minuten ziehen lassen. In einer Schüssel Eigelbe, Zucker und Mehl verrühren und die heiße Milch zugießen. Alles zurück in den Topf geben und unter Rühren kochen, bis die Creme andickt. Bei kleiner Hitze 2 Minuten köcheln, dann in einer Schüssel abkühlen lassen.

3 Die Förmchen einfetten. Auf der bemehlten Arbeitsfläche den Teig etwa 3 mm dick ausrollen. Die Teigplatte über die Förmchen legen, mit dem Nudelholz darüberrollen und überhängenden Teig entfernen. Den Teig jeweils gut in die Förmchen drücken und diese auf ein Backblech setzen. Die Böden mit einer Gabel mehrmals einstechen und 30 Minuten kühl stellen.

4 Backofen auf 200 °C vorheizen. Torteletts mit Alufolie auslegen und 6–8 Minuten backen. Die Folie entfernen und die Torteletts noch 5 Minuten backen. Auf einem Kuchengitter abkühlen lassen, dann stürzen.

5 Die Konfitüre in einem Topf mit 2–3 EL Wasser erhitzen und durch ein Sieb streichen. Die Torteletts damit ausstreichen, dann zur Hälfte mit Vanillecreme füllen. Die Früchte darauf verteilen und mit Konfitüre bestreichen.

Der klassische Strudel präsentiert sich hier von einer neuen Seite: mit Walnussfüllung und frischen Kirschen. Dazu schmeckt Vanilleeis, Schlagsahne oder Crème fraîche am besten.

# KIRSCHSTRUDEL

FÜR 6–8 PERS. | ZUBEREITUNG 45–50 MIN. | GARZEIT 30–40 MIN.

**1** Für den Teig das Mehl sieben und eine Mulde in die Mitte drücken. In einer Schüssel Ei, 125 ml Wasser, Zitronensaft und Salz verrühren und in die Mehlmulde gießen. Alles mit den Fingerspitzen mischen und nach und nach das Mehl einarbeiten. Zu einer Kugel formen und noch 10 Minuten kneten. Den Teig mit einer Schüssel bedecken und 30 Minuten ruhen lassen.

**2** Die Arbeitsfläche mit einem Küchentuch bedecken und dieses mit Mehl bestäuben. Den Teig darauf zu einem sehr großen Quadrat ausrollen. Die Teigfläche 15 Minuten mit feuchten Küchentüchern bedecken. Den Backofen auf 190 °C vorheizen und das Backblech gründlich einfetten.

**3** Den Strudel herstellen (s. unten). Die Strudeloberfläche mit der restlichen zerlassenen Butter bestreichen und den Strudel in 30–40 Minuten knusprig backen. Kurz ruhen lassen, dann auf ein Kuchengitter heben und mit Puderzucker bestäubt und nach Belieben mit heißer Vanillesauce servieren.

KÜCHENUTENSILIEN

**Backblech**

ZUTATEN

**FÜR DEN TEIG**

**(bebilderte Schritt-für-Schritt-Anleitung für Strudelteig s. S. 126)**

**250 g Mehl sowie Mehl zum Bestäuben**
**1 Ei**
**½ TL Zitronensaft**
**1 Prise Salz**
**125 g zerlassene Butter sowie Butter zum Einfetten**

**FÜR DIE FÜLLUNG**

**500 g Kirschen, entsteint**
**abgeriebene Schale von 1 Bio-Zitrone**
**75 g Walnusskerne, grob gehackt**
**100 g brauner Zucker**
**1 TL gemahlener Zimt**
**Puderzucker zum Bestäuben**

## Herstellen des Strudels

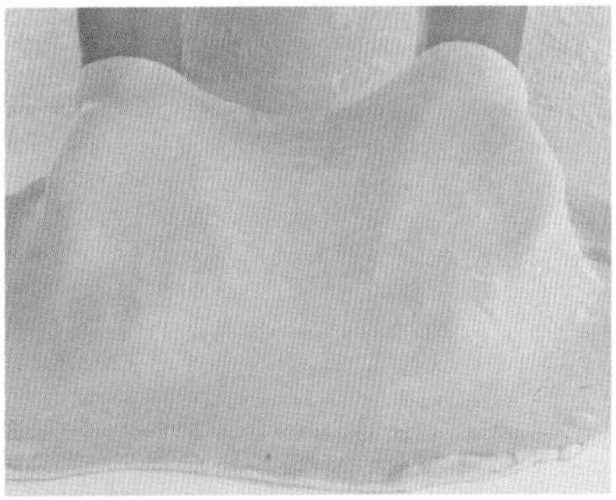

**1** Den Teig über den Handrücken von der Mitte aus sehr dünn auseinanderziehen. Mit Butter bestreichen.

**2** Die Zutaten für die Füllung auf dem Teig verteilen. Dicke Teigränder nach außen ziehen und entfernen.

**3** Strudel mit Hilfe des Küchentuchs aufrollen und hufeisen- oder kreisförmig auf das Backblech setzen.

Ein wahrer Vorbote des Sommers ist dieses Rezept, bei dem ein knuspriger Mürbeteig auf Sahnecreme und Stachelbeeren trifft. Genießen Sie ein Stück Nostalgie auf dem Teller mit kalter Sahne.

# STACHELBEERTARTE

**FÜR 6–8 PERS.** **ZUBEREITUNG 30 MIN. + KÜHLEN** **GARZEIT 1 STD.**

KÜCHENUTENSILIEN
**1 Tarteform (24 cm Ø) mit herausnehmbarem Boden**
**Hülsenfrüchte zum Blindbacken**

ZUTATEN

**FÜR DEN TEIG**
**150 g Mehl sowie Mehl zum Bestäuben**
**25 g Zucker**
**75 g Butter**
**1 Eigelb**
**(oder 250 g Fertig-Mürbeteig)**

**FÜR DIE FÜLLUNG**
**400 g Stachelbeeren**
**250 g Sahne**
**2 Eier**
**50 g Zucker**

1 Für den Teig Mehl, Zucker und Butter in einer Küchenmaschine zu einer feinbröseligen Masse verarbeiten oder mit den Fingerspitzen verreiben. Das Eigelb hinzufügen und alles zu einer Kugel kneten. Falls nötig, etwas Wasser dazugeben. Teig in Frischhaltefolie einwickeln und 30 Minuten kühl stellen.

2 Den Backofen auf 180 °C vorheizen. Die Stachelbeeren putzen und beiseitestellen. Für die Füllung Sahne, Eier und Zucker in einer Schüssel aufschlagen und kühl stellen.

3 Auf der bemehlten Arbeitsfläche den Teig zu einem Kreis etwas größer als die Form ausrollen und die Form damit auskleiden. Die Form mit Backpapier auslegen und mit den Hülsenfrüchten beschweren. Den Boden 15 Minuten backen. Dann Hülsenfrüchte und Papier entfernen und den Boden weitere 10 Minuten backen, bis er gar, aber noch nicht braun ist.

4 Die Form aus dem Ofen nehmen und den Teigboden mit einer Lage Stachelbeeren bedecken. Mit der Füllung begießen und die Tarte weitere 35 Minuten backen, bis die Füllung fest und der Rand goldbraun ist. Vor dem Servieren leicht abkühlen lassen und mit Schlagsahne oder Vanillesauce servieren.

Das Rezept für diese Tarte verwendet Rosmarin im Teig und in der Füllung. Diese Süßspeise eignet sich sehr gut für einen besonderen Anlass, am besten mit Vanilleeis oder Crème fraîche serviert.

# ORANGEN-ROSMARIN-TARTE

FÜR 6–8 PERS.

ZUBEREITUNG 30 MIN. + KÜHLEN

GARZEIT 1 STD.

1 Den Backofen auf 180 °C vorheizen. Für den Teig Mehl, Butter und Rosmarin kurz in der Küchenmaschine zu einer bröseligen Masse verrühren. Oder mit den Fingerspitzen die Butter mit Mehl und Rosmarin reiben, bis eine bröselige Masse entstanden ist. Zucker und Ei hinzufügen und alles kurz kneten. Falls nötig, etwas Wasser hinzufügen. Den Teig in Frischhaltefolie einwickeln und 30 Minuten kühl stellen.

2 Den Teig auf der bemehlten Arbeitsfläche ausrollen und die Form damit auskleiden. Den Boden mit Backpapier auslegen und mit den Hülsenfrüchten beschweren. Den Boden 10 Minuten backen, dann Papier und Hülsenfrüchte entfernen und den Boden in weiteren 10–15 Minuten goldbraun backen. Die Form aus dem Ofen nehmen und die Ofentemperatur auf 160 °C herunterschalten.

3 Für die Füllung Orangensaft und Rosmarin in einem Topf zum Kochen bringen. Dann die Hitze herunterschalten und den Saft köcheln lassen, bis er andickt und etwas eingekocht ist. Abkühlen lassen, durch ein Sieb gießen und den Rosmarin entfernen.

4 Den Saft mit Orangenschale, Zucker, Eiern und Sahne mit einem Schneebesen aufschlagen, gut verrühren und in die Form gießen. Die Tarte 35 Minuten backen, bis sie fest ist. Abkühlen lassen, dann bis zum Verzehr kühl stellen und mit Orangenzesten garnieren.

## KÜCHENUTENSILIEN

**1 Tarteform (20 cm Ø) mit herausnehmbarem Boden**

**Hülsenfrüchte zum Blindbacken**

## ZUTATEN

**FÜR DEN TEIG**

**225 g Mehl sowie Mehl zum Bestäuben**

**115 g kalte Butter**

**2 EL gehackte Rosmarinnadeln**

**2 EL Puderzucker**

**1 Ei, leicht verquirlt**

**FÜR DIE FÜLLUNG**

**500 ml frischer Orangensaft**

**2 Rosmarinzweige**

**abgeriebene Schale von 2 Bio-Orangen**

**175 g Zucker**

**4 Eier**

**120 g Sahne**

**Bio-Orangenzesten zum Garnieren**

Tarte au citron: Ein französischer Klassiker, der jede Mahlzeit hervorragend abrundet. Die leichte Säure der Zitronencremefüllung ist eingebettet in einen reichhaltigen Teig – fantastisch!

# ZITRONENTARTE

**FÜR 8 PERS.** **ZUBEREITUNG** **35 MIN. + KÜHLEN** **GARZEIT** **45 MIN.**

1 Für den Teig Mehl, Butter und Zucker in einer Küchenmaschine zu einer bröseligen Masse verrühren. Oder Mehl und Butter mit den Fingerspitzen reiben, bis eine bröselige Masse entstanden ist. Den Zucker hineinrühren, das Ei dazugeben und alles zu einem weichen Teig kneten.

2 Den Teig auf der bemehlten Arbeitsfläche ausrollen und die Form damit auskleiden. Mit Frischhaltefolie zugedeckt mindestens 30 Minuten kühl stellen.

3 Für die Füllung Eier und Zucker aufschlagen, bis die Zutaten gut gemischt sind. Zitronenschale und -saft hinzufügen, dann die Sahne mit einem Schneebesen hineinrühren. Etwa 1 Stunde kühl stellen.

4 Den Backofen auf 190 °C vorheizen. Den Boden mit Backpapier auslegen und mit den Hülsenfrüchten beschweren. Den Boden 10 Minuten backen, dann Papier und Hülsenfrüchte entfernen und den Boden in weiteren 5 Minuten knusprig backen.

5 Die Ofentemperatur auf 140 °C herunterschalten. Die Form auf ein Backblech setzen und die Zitronenfüllung vorsichtig in die Form gießen, dabei nicht über den Rand hinaustreten lassen. Die Tarte 30 Minuten backen, bis sie fest ist. Aus dem Ofen nehmen und abkühlen lassen. Mit Puderzucker bestäuben, mit Zitronenzesten garnieren und mit Schlagsahne servieren.

## KÜCHENUTENSILIEN

**1 Tarteform (24 cm Ø) mit herausnehmbarem Boden**
**Hülsenfrüchte zum Blindbacken**

## ZUTATEN

**FÜR DEN TEIG**
**175 g Mehl sowie Mehl zum Bestäuben**
**85 g kalte Butter**
**45 g Zucker**
**1 Ei**

**FÜR DIE FÜLLUNG**
**5 Eier**
**200 g Zucker**
**abgeriebene Schale und Saft von 4 Bio-Zitronen**
**250 g Sahne**
**Puderzucker zum Bestäuben**
**Bio-Zitronenzesten zum Bestreuen**

Die köstlichen Teigtaschen sind ein brasilianischer Klassiker, der süß oder herzhaft gefüllt wird. Natürlich können Sie den Alkohol im Teig auch weglassen, wenn Kinder mitessen.

# BANANEN-ZIMT-TEIGTASCHEN

ERGIBT 10 STÜCK

ZUBEREITUNG 35 MIN. + KÜHLEN

GARZEIT 10 MIN.

KÜCHENUTENSILIEN

**1 mittelgroßer, schwerer Topf**

ZUTATEN

**FÜR DEN TEIG**

**300 g Mehl sowie Mehl zum Bestäuben**
**½ TL Salz**
**2 EL Sonnenblumenöl**
**1 EL Cachaça oder Wodka**
**1 EL Weißweinessig**

**FÜR DIE FÜLLUNG**

**1 große Banane**
**2 EL brauner Zucker**
**1 TL gemahlener Zimt**
**Pflanzenöl zum Frittieren**
**Puderzucker zum Bestäuben**

1 Für den Teig Mehl und Salz in einer Schüssel mischen. Sonnenblumenöl, Cachaça und Essig hineinrühren. Nach und nach 120 ml warmes Wasser hinzufügen und alles gut verrühren, bis ein weicher Teig entstanden ist. Auf der bemehlten Arbeitsfläche noch kurz kneten. Den Teig in Frischhaltefolie einwickeln und 1 Stunde kühl stellen.

2 Für die Füllung die Banane in einer kleinen Schüssel stampfen und Zucker und Zimt untermischen.

3 Den Teig halbieren und jede Teighälfte auf der bemehlten Arbeitsfläche zu einem Rechteck (18 × 30 cm) ausrollen. Die Teigplatte jeweils in fünf kleine Rechtecke (6 × 18 cm) schneiden und etwas Füllung auf einer Hälfte verteilen. Die Ränder mit Wasser bestreichen, die Teigrechtecke zusammenklappen und die Ränder gut mit einem Gabelrücken andrücken. Aus dem restlichen Teig und der übrigen Füllung wie beschrieben insgesamt zehn Teigtaschen herstellen.

4 Das Pflanzenöl in einem Topf auf 180 °C erhitzen. Jeweils zwei Teigtaschen darin in 1½–2 Minuten goldbraun ausbacken. Die Teigtaschen kurz auf Küchenpapier abtropfen lassen und noch heiß mit Puderzucker bestäubt servieren.

Sobald Passionsfrüchte Saison haben, sollten Sie unbedingt diese Tarte ausprobieren. Das Rezept ist eine Alternative zur klassischen Zitronentarte, wobei der Passionsfruchtgeschmack sehr gut passt.

# PASSIONSFRUCHTTARTE

FÜR 6–8 PERS.

ZUBEREITUNG 30 MIN. + KÜHLEN

GARZEIT 45–55 MIN.

EINFRIEREN TEIG BIS ZU 3 MONATE

KÜCHENUTENSILIEN

1 geriffelte Tarteform (22 cm Ø) mit herausnehmbarem Boden
Hülsenfrüchte zum Blindbacken

ZUTATEN

**FÜR DEN TEIG**

**175 g Mehl sowie Mehl zum Bestäuben**
**25 g Zucker**
**100 g weiche Butter**
**1 Eigelb**

**FÜR DIE FÜLLUNG**

**100 ml Passionsfruchtsaft (von 6–8 Früchten, durchpassiert)**
**Saft und abgeriebene Schale von 1 Bio-Zitrone**
**100 g Zucker**
**250 g Sahne**
**3 Eier sowie 1 Eigelb**

1 Für den Teig Mehl, Zucker und Butter mit den Fingerspitzen reiben, bis eine feinbröselige Masse entstanden ist. Das Eigelb mit 2 EL Wasser verquirlen, zu den trockenen Zutaten geben und alles zu einem weichen Teig kneten. Falls nötig, etwas Wasser hinzufügen. Den Teig in Frischhaltefolie einwickeln und 30 Minuten kühl stellen.

2 Den Backofen auf 180 °C vorheizen. Auf der bemehlten Arbeitsfläche den Teig etwa 3 mm dick ausrollen und die Form damit auslegen, dabei einen Rand von 1 cm überhängen lassen und, falls nötig, diesen begradigen. Den Boden mit einer Gabel mehrmals einstechen, mit Backpapier auslegen und mit den Hülsenfrüchten beschweren. Die Form auf ein Backblech setzen und den Boden 20 Minuten backen. Dann Hülsenfrüchte und Papier entfernen und den Boden weitere 5 Minuten backen, falls die Teigmitte noch nicht gar aussieht. Die Ränder noch warm begradigen.

3 Für die Füllung den Passionsfruchtsaft, Zitronenschale und -saft, Zucker, Sahne, Eier und Eigelb in einem Rührbecher gut verrühren.

4 Die Form auf ein Backblech setzen und die Füllung hineingießen. Dazu am besten bei geöffneter Backofentüre die Form zur Hälfte auf das Ofengitter schieben, die Füllung hineingießen und die Form dann vorsichtig vollständig in den Ofen schieben. Die Tarte 25–30 Minuten backen. Vor dem Servieren 30 Minuten abkühlen lassen.

Diese mit Mandelcreme, einem Franchipan, gefüllte Tarte beeindruckt durch ihr attraktives Äußeres. Tunken Sie die Pflaumen anstelle von Brandy alternativ in Schwarzen Tee – sehr zu empfehlen!

# PFLAUMEN-MANDEL-TARTE

FÜR 8 PERS.

ZUBEREITUNG
20 MIN. + KÜHLEN

GARZEIT
50 MIN.

1 Für den Teig Mehl, Zucker und Butter in einer Küchenmaschine zu einer bröseligen Masse verrühren. Oder Butter und Mehl mit den Fingerspitzen reiben, bis eine bröselige Masse entstanden ist. Zucker hineinrühren und das Ei dazugeben. Alles mit den Händen zu einem Teig kneten. Auf der bemehlten Arbeitsfläche den Teig ausrollen und die Form damit auskleiden. Den Boden zugedeckt 30 Minuten kühl stellen.

2 Den Backofen auf 190 °C vorheizen. Die Form mit Backpapier auslegen und mit den Hülsenfrüchten beschweren. Den Boden 10 Minuten backen, dann Papier und Hülsenfrüchte entfernen und den Boden weitere 5 Minuten backen. Auf einem Kuchengitter abkühlen lassen.

3 Die Ofentemperatur auf 180 °C herunterschalten. Für die Füllung die Pflaumen in einen Topf geben, mit Wasser bedecken und den Brandy zugießen. 5 Minuten köcheln lassen, dann vom Herd nehmen und beiseitestellen. Die Hälfte der Mandelblättchen mit Zucker in einer Küchenmaschine fein mahlen. Eier, Eigelb, Orangenschale, Mandelaroma, Butter und Sahne hinzufügen und alles glatt rühren.

4 Die Pflaumen abtropfen lassen, dabei große Stücke halbieren. Die Mandelcreme auf den Tarteboden gießen und die Pflaumen darauf verteilen. Die restlichen Mandelblättchen darüberstreuen und die Tarte 30 Minuten backen, bis sie gerade gar ist. Die Tarte kann zwei Tage im Voraus hergestellt und im Kühlschrank aufbewahrt werden.

KÜCHENUTENSILIEN

**1 Tarteform (23 cm Ø) mit herausnehmbarem Boden**
**Hülsenfrüchte zum Blindbacken**

ZUTATEN

**FÜR DEN TEIG**

**175 g Mehl sowie Mehl zum Bestäuben**
**1 EL Zucker**
**85 g kalte Butter**
**1 kleines Ei**

**FÜR DIE FÜLLUNG**

**200 g Pflaumen, entsteint**
**2 EL Brandy (oder schwarzer Tee)**
**100 g Mandelblättchen, geröstet**
**85 g Zucker**
**2 Eier sowie 1 Eigelb**
**1 EL abgeriebene Schale von 1 Bio-Orange**
**1 Tropfen Mandelaroma**
**30 g weiche Butter**
**120 g Sahne**

Bereits eine kleine Menge dieser herrlichen Schokoladentarte wird Ihren Gaumen erfreuen. Am besten schmeckt die Tarte ofenfrisch und mit kalter Schlagsahne serviert.

# SCHOKOLADENTARTE

FÜR 8–10 PERS.

ZUBEREITUNG 30 MIN.

GARZEIT 35–40 MIN.

EINFRIEREN TEIG BIS ZU 3 MONATE

**KÜCHENUTENSILIEN**

1 Tarteform (22 cm Ø) mit herausnehmbarem Boden
Hülsenfrüchte zum Beschweren

**ZUTATEN**

**FÜR DEN TEIG**

**150 g Mehl sowie Mehl zum Bestäuben**
**100 g kalte Butter, gewürfelt**
**50 g Zucker**
**1 Eigelb**
**etwas Vanillezucker**

**FÜR DIE FÜLLUNG**

**150 g Butter, gewürfelt**
**200 g dunkle Schokolade, gehackt**
**3 Eier**
**30 g Zucker**
**100 g Sahne**

1 Für den Teig Mehl und Butter mit den Fingerspitzen reiben, bis eine bröselige Masse entstanden ist. Zucker, Eigelb und Vanillezucker verquirlen und dazugeben. Alles zu einem Teig kneten, falls nötig, Wasser dazugeben. In Frischhaltefolie einwickeln und 30 Minuten kühl stellen. Den Backofen auf 180 °C vorheizen.

2 Auf der bemehlten Arbeitsfläche den Teig 3 mm dick ausrollen, die Form damit auskleiden, dabei einen Rand von 2 cm überhängen lassen. Den Boden mit einer Gabel mehrmals einstechen, mit Backpapier auslegen und mit Hülsenfrüchten beschweren. Auf einem Backblech 20 Minuten backen. Hülsenfrüchte und Papier entfernen und den Boden weitere 5 Minuten backen.

3 Die Schokoladenfüllung zubereiten (s. unten) und auf den Tarteboden gießen. Die Tarte 10–15 Minuten backen, bis die Füllung gerade fest ist. Vor dem Servieren 5 Minuten abkühlen lassen. Die Tarte kann zwei Tage im Kühlschrank aufbewahrt werden.

## Für die Schokoladenfüllung

1 Auf dem Wasserbad Butter und Schokolade schmelzen. Abkühlen lassen. Eier und Zucker verrühren.

2 Die abgekühlte Schokolade löffelweise zur Eimischung geben und vorsichtig, aber gut verrühren.

3 Die Sahne einrühren. Die Form auf ein Backblech setzen und die Schokoladenfüllung hineingießen.

Kinder und Erwachsene können gar nicht genug davon bekommen. Servieren Sie diese himmlische Pie am besten noch warm, mit ein bis zwei Kugeln Vanilleeis und einem Löffel Schlagsahne.

# SCHOKOLADENPIE

FÜR 6 PERS.

ZUBEREITUNG 20 MIN. + KÜHLEN

GARZEIT 75–80 MIN.

EINFRIEREN TEIG BIS ZU 1 MONAT

1 Für den Teig Mehl und Butter in einer Schüssel mit den Fingerspitzen reiben, bis eine feinbröselige Masse entstanden ist. Den Zucker hineinrühren. Das Eigelb dazugeben und alles zu einem weichen Teig kneten. Falls nötig, 1–2 TL kaltes Wasser hinzufügen. Den Teig in Frischhaltefolie einwickeln und 30 Minuten kühl stellen.

2 Den Backofen auf 180 °C vorheizen. Auf der bemehlten Arbeitsfläche den Teig zu einem Kreis (mindestens 20 cm Ø) ausrollen. Die Form damit auskleiden und einen Rand formen, überstehenden Teig abschneiden. Den Boden mit einer Gabel mehrmals einstechen und die Form auf ein Backblech setzen. Den Boden mit Backpapier auslegen und mit den Hülsenfrüchten beschweren. 20 Minuten backen, dann Hülsenfrüchte und Papier entfernen und den Boden weitere 5 Minuten backen. Die Ofentemperatur auf 160 °C herunterschalten.

3 Für die Füllung die Eier in einer großen Schüssel mit den Schneebesen des Handrührgeräts 2–3 Minuten schaumig rühren. Mehl und beide Zuckersorten hineinrühren, Butter dazugeben und alles glatt rühren.

4 Die Schokotropfen auf den Boden streuen und die Füllung mit einem Löffel gleichmäßig darüber verteilen. Die Pie 50–55 Minuten backen, bis die Füllung gar ist. Auf einem Kuchengitter abkühlen lassen.

KÜCHENUTENSILIEN

**1 Tarteform (20 cm Ø) mit herausnehmbarem Boden**
**Hülsenfrüchte zum Blindbacken**

ZUTATEN

**FÜR DEN TEIG**

**150 g Mehl sowie Mehl zum Bestäuben**
**100 g Butter**
**50 g Zucker**
**1 Eigelb**

**FÜR DIE FÜLLUNG**

**2 Eier**
**50 g Mehl**
**75 g Zucker**
**75 g brauner Zucker**
**125 g kalte Butter, gewürfelt**
**je 50 g Vollmilch- und weiße Schokotropfen (oder jeweils 50 g gehackte Schokolade)**

Für dieses Dessert empfiehlt es sich, qualitativ hochwertigen Fertigteig zu kaufen, das spart viel Zeit. Verwenden Sie außerdem reife Himbeeren und Schokolade von bester Qualität.

# HIMBEERTARTE MIT ZWEIERLEI SCHOKOLADE

**FÜR 6–8 PERS.**

**ZUBEREITUNG 20 MIN. + KÜHLEN**

**GARZEIT 5–10 MIN.**

**EINFRIEREN TEIG BIS ZU 3 MONATE**

KÜCHENUTENSILIEN

1 Tarteform (22 cm Ø) mit herausnehmbarem Boden
Hülsenfrüchte zum Blindbacken

ZUTATEN

**FÜR DIE FÜLLUNG**

**100 g hochwertige weiße Schokolade, in Stücke gebrochen**
**75 g hochwertige dunkle Schokolade, in Stücke gebrochen**
**250 g Sahne**
**400 g Himbeeren**
**Puderzucker zum Bestäuben**

**FÜR DEN TEIG**

**gebackener Fertig-Schokoladen-Mürbeteigboden (oder ein selbst gemachter Schokoladen-Mürbeteigboden s. S. 193)**

1 Die Tarteform mit dem Fertigteig auskleiden. Die weiße Schokolade über einem heißen Wasserbad schmelzen und zum Abkühlen beiseitestellen.

2 Die dunkle Schokolade wie beschrieben schmelzen und den Boden mit einer Schicht dunkler Schokolade bestreichen. Das verhindert das Weichwerden des Teiges durch die cremige Füllung. Den Teig beiseitestellen, bis die Schokolade fest geworden ist.

3 Die Sahne steif schlagen und die abgekühlte weiße Schokolade unter die Schlagsahne heben. Die Hälfte der Himbeeren zerkleinern und unter die Crememasse rühren. Die Füllung gleichmäßig in der Form verteilen und mit den übrigen Himbeeren belegen. Die Tarte mit Puderzucker bestäuben und servieren. Die Tarte kann zwei Tage in einem luftdichten Behältnis im Kühlschrank aufbewahrt werden. Der gebackene Boden lässt sich in einem luftdichten Behältnis ebenfalls drei Tage aufbewahren.

Diese köstlichen Torteletts kombinieren auf klassische Weise Birnen und Schokolade. Die Torteletts am besten heiß oder lauwarm mit einer Kugel Vanilleeis genießen.

# SCHOKOLADEN-BIRNEN-TORTELETTS

**ERGIBT 8 STÜCK** | **ZUBEREITUNG 30–35 MIN. + KÜHLEN** | **GARZEIT 25–30 MIN.**

KÜCHENUTENSILIEN
**8 Tortelett-Förmchen (10 cm Ø)**

ZUTATEN

**FÜR DEN TEIG**
**175 g Mehl sowie Mehl zum Bestäuben**
**60 g Zucker**
**½ TL Salz**
**etwas Vanillezucker**
**90 g weiche Butter sowie Butter zum Einfetten**
**3 Eigelb**

**FÜR DIE FÜLLUNG**
**150 g dunkle Schokolade, fein gehackt**
**1 Ei**
**125 g Sahne**
**1 EL Kirschwasser (nach Belieben)**
**2 große, reife Birnen**
**1–2 EL Zucker zum Bestreuen**

1 Für den Teig das Mehl auf die Arbeitsfläche sieben und eine Mulde in die Mitte drücken. Zucker, Salz, Vanillezucker und Butter hineingeben und alles mit den Fingerspitzen reiben. Eigelbe dazugeben und in das Mehl einarbeiten, bis eine bröselige Masse entstanden ist. Den Teig zu einer Kugel kneten. In Frischhaltefolie einwickeln und 30 Minuten kühl stellen.

2 Die Tortelett-Förmchen einfetten und vier Förmchen so nebeneinander stellen, dass sich ihre Ränder fast berühren. Auf der bemehlten Arbeitsfläche die Hälfte des Teiges etwa 3 mm dick ausrollen und mit Hilfe des Nudelholzes über die vier Förmchen legen. Den Teig jeweils in die Förmchen drücken und mit dem Nudelholz über die Förmchen rollen, um die Ränder zu begradigen. Die übrigen vier Förmchen wie beschrieben mit der zweiten Teighälfte auskleiden.

3 Den Backofen auf 200 °C vorheizen. Ein Backblech in den Ofen schieben. Die gehackte Schokolade in den Tortelett-Förmchen verteilen. Ei, Sahne und Kirschwasser gut verrühren. Jeweils 2–3 EL Sauce in den Förmchen über die Schokolade verteilen.

4 Die Birnen schälen, halbieren und entkernen. Die Birnenhälften in dünne Scheiben schneiden. Die Birnenscheiben überlappend auf die Sauce setzen und leicht in die Sauce drücken. Die Birnen gleichmäßig mit Zucker bestreuen und die Förmchen auf ein Backblech setzen. Die Torteletts 10 Minuten backen. Dann die Ofentemperatur auf 180 °C herunterschalten und die Torteletts weitere 15–20 Minuten backen. Etwas abkühlen lassen, dann aus den Förmchen nehmen und servieren.

Dieses Rezept kombiniert italienische *pasta frolla* mit einer Schokoladentrüffelfüllung. Durch das Rösten schmecken die Walnusskerne intensiver und die Füllung bekommt mehr Substanz.

# WALNUSS-TRÜFFEL-TARTE MIT SCHOKOLADE

**FÜR 6–8 PERS.**

**ZUBEREITUNG 45–50 MIN. + KÜHLEN**

**GARZEIT 40–50 MIN.**

1 Für den Teig das Mehl sieben und eine Mulde in die Mitte drücken. Butter, Zucker, Salz und Ei hineingeben und alles mit den Fingerspitzen in das Mehl einarbeiten, bis eine bröselige Masse entstanden ist. Zu einer Kugel kneten. Den Teig in Frischhaltefolie einwickeln und 30 Minuten kühl stellen.

2 Die Form einfetten. Auf der bemehlten Arbeitsfläche den Teig zu einem Kreis (28 cm Ø) ausrollen, in die Form legen und gut andrücken. Mit einer Gabel mehrmals einstechen und 15 Minuten kühl stellen.

3 Den Backofen auf 180 °C vorheizen. Für die Füllung die Nüsse auf einem Backblech in 5–10 Minuten hellbraun rösten, abkühlen lassen. Blech wieder in den Ofen schieben. 8 Nusshälften beiseitestellen, übrige Nüsse in einer Küchenmaschine mit Zucker mahlen.

4 Die Butter cremig rühren. Mehl und Nussmischung hinzufügen und 2–3 Minuten schaumig rühren. Eigelbe und Ei nacheinander dazugeben und jeweils gut unterrühren. Schokolade und Vanillezucker hinzufügen. Füllung auf dem Boden gleichmäßig verteilen. Tarte 35–40 Minuten backen, dann abkühlen lassen.

5 Für die Glasur Schokolade über dem Wasserbad schmelzen. Tarte mit Schokolade überziehen, beiseitestellen. Butter und Grand Marnier unter die übrige Schokolade rühren und die Glasur abkühlen lassen.

6 Tarte aus der Form lösen. Glasur darauf verteilen. Abkühlen lassen, bis die Schokolade fest ist. Mit Kakao bestäubt und den übrigen Nüssen servieren.

KÜCHENUTENSILIEN

**1 Springform (23 cm Ø)**

ZUTATEN

**FÜR DEN TEIG**

**150 g Mehl sowie Mehl zum Bestäuben**
**75 g weiche Butter sowie Butter zum Einfetten**
**50 g Zucker**
**¼ TL Salz**
**1 Ei**

**FÜR DIE FÜLLUNG**

**150 g Walnusskerne**
**100 g Zucker**
**150 g weiche Butter**
**2 TL Mehl**
**2 Eigelb sowie 1 Ei**
**60 g hochwertige dunkle Schokolade, fein gehackt**
**etwas Vanillezucker**

**FÜR DIE GLASUR**

**175 g hochwertige dunkle Schokolade, in Stücke gebrochen**
**75 g Butter, in Stücken**
**2 TL Grand Marnier**
**Kakaopulver, gesiebt, zum Bestäuben**

Dieses Rezept kombiniert Schokolade mit einem leichten Mandelteig. Verwenden Sie bereits gemahlene Mandeln, das spart Zeit. Sie können die Pie einen Tag vorher zubereiten und kühl stellen.

# SCHOKOLADENPIE MIT KNUSPERTEIG

**FÜR 8 PERS.**

**ZUBEREITUNG 30–35 MIN. + KÜHLLEN**

**GARZEIT 25–30 MIN.**

KÜCHENUTENSILIEN
**1 Tarteform (25 cm Ø) mit herausnehmbarem Boden**

ZUTATEN

**FÜR DEN TEIG**
**60 g Zucker**
**175 g geschälte Mandeln**
**1 Eiweiß**
**Butter zum Einfetten**
**Mehl zum Bestäuben**

**FÜR DIE FÜLLUNG**
**270 g dunkle Schokolade, fein gehackt**
**375 g Sahne**
**2 Eier sowie 1 Eigelb**

1 Für den Teig Zucker und Mandeln in der Küchenmaschine fein mahlen. Das Eiweiß in einem hohen Rührbecher steif schlagen. Das Zucker-Mandel-Gemisch mit dem Eiweiß mischen und alles mit einem Holzlöffel rühren, bis eine feste Masse entstanden ist. Den Teig zu einer Kugel kneten. In Frischhaltefolie einwickeln und 30 Minuten kühl stellen.

2 Die Tarteform einfetten. Den Teig auf der bemehlten Arbeitsfläche ausrollen und die Tarteform damit auskleiden. Zugedeckt 15 Minuten kühl stellen.

3 Den Backofen auf 180 °C vorheizen. Ein Backblech in den Ofen schieben. Die Form auf das Backblech setzen und den Boden in 8–10 Minuten hellbraun backen. Die Form auf einem Kuchengitter abkühlen lassen. Den Ofen angeschaltet lassen.

4 Für die Füllung die Schokolade in eine Schüssel geben. In einem Topf die Sahne kurz aufkochen, dann über die Schokolade gießen und alles mit einem Schneebesen rühren, bis die Schokolade geschmolzen ist. Lauwarm abkühlen lassen. In einer weiteren Schüssel Eier und Eigelb verrühren. Die lauwarme Schokolade gleichmäßig unter die Eimasse rühren und die Füllung auf den Boden gießen. Die Form auf ein Backblech setzen und die Tarte 15–20 Minuten backen, bis die Füllung beginnt fest zu werden, aber in der Mitte noch weich ist. Die Pie auf einem Kuchengitter etwas abkühlen lassen, dann aus der Form lösen und vollständig abkühlen lassen.

Beeindrucken Sie Ihre Gäste mit dieser Schokoladenvariante der Millefeuilles. Teig und Füllung können einen Tag im Voraus zubereitet und kurz vor dem Verzehr im Nu geschichtet werden.

# SCHOKOLADEN-MILLEFEUILLES

**FÜR 8 PERS.**

**ZUBEREITUNG 35–40 MIN. + KÜHLEN**

**GARZEIT 25–30 MIN.**

1 Für die Füllung die Milch aufkochen, dann vom Herd nehmen. Eigelbe und Zucker 2–3 Minuten rühren, bis die Masse andickt. Erst Mehl, dann nach und nach die Milch unterrühren, bis eine glatte Masse entstanden ist. Zurück in den Topf geben und unter Rühren aufkochen, bis die Masse andickt. Die Hitze stark herunterschalten und die Creme noch 2 Minuten rühren. Abkühlen lassen, dann den Rum hineinrühren. Zugedeckt 1 Stunde kühl stellen.

2 Den Brandy in die Sahne rühren und diese zugedeckt 1 Stunde kühl stellen. Den Backofen auf 200°C vorheizen. Ein Backblech mit Wasser bespritzen.

3 Den Teig zu einem Rechteck etwas größer als das Backblech ausrollen und auf das Blech legen. 15 Minuten kühl stellen. Mit einer Gabel mehrmals einstechen, mit Backpapier auslegen und mit einem Ofengitter beschweren. Den Boden 15–20 Minuten backen. Blech und Gitter gut festhalten und den Teig umdrehen, das Backblech wieder darunterschieben. Den Boden noch 10 Minuten backen. Den Teig auf ein Brett geben, die Ränder noch warm begradigen und den Teig längs in drei Streifen schneiden. Abkühlen lassen.

4 Die Sahne steif schlagen und mit ⅔ der dunklen Schokolade unter die Creme heben. Zugedeckt kühl stellen. Einen Teigstreifen mit der übrigen Schokolade bestreichen und fest werden lassen. Einen weiteren Teigstreifen mit der Hälfte der Creme bestreichen, den letzten Teigstreifen darüberlegen und mit der übrigen Creme bestreichen. Mit dem mit Schokolade bestrichenen Teigstreifen bedecken. Weiße Schokolade mit einem Spritzbeutel auf die Millefeuilles spritzen.

## KÜCHENUTENSILIEN

**Backblech**
**Spritzbeutel mit Sterntülle**

## ZUTATEN

**FÜR DIE FÜLLUNG**
**375 ml Milch**
**4 Eigelb**
**60 g Zucker**
**3 EL Mehl, gesiebt**
**2 EL brauner Rum**
**2 EL Brandy**
**375 g Sahne**
**50 g dunkle Schokolade, geschmolzen und abgekühlt**
**30 g weiße Schokolade, geschmolzen und abgekühlt**

**FÜR DEN TEIG**
**600 g Fertig-Blätterteig (oder selbst gemachter Blätterteig s. S. 122)**

Dieses Rezept verwendet einen klassischen, italienischen Teig, genannt *pasta frolla*. Ein Hauch Orange im Teig unterstreicht die Schokoladen-Orangen-Füllung. Die Tarte mit Schlagsahne servieren.

# HASELNUSS-SCHOKO-TARTE MIT ORANGE

**FÜR 6–8 PERS.**

**ZUBEREITUNG**
**45–50 MIN.**
**+ KÜHLEN**

**GARZEIT**
**55–70 MIN.**

KÜCHENUTENSILIEN

**1 Springform (23 cm Ø)**

ZUTATEN

**FÜR DEN TEIG**

**150 g Mehl sowie Mehl zum Bestäuben**
**75 g weiche Butter sowie Butter zum Einfetten**
**50 g Zucker**
**½ TL Salz**
**abgeriebene Schale von 1 Bio-Orange**
**1 Ei**

**FÜR DIE FÜLLUNG**

**Schale von 2 Bio-Orangen, in sehr dünne Streifen geschnitten**
**125 g Haselnusskerne**
**150 g Zucker**
**150 g Butter**
**2 TL Mehl**
**2 Eigelb sowie 1 Ei**
**60 g dunkle Schokolade, in grobe Stücke gehackt**

**FÜR DIE GLASUR**

**75 g Butter, in kleinen Stücken**
**125 g dunkle Schokolade, geschmolzen**
**2 TL Grand Marnier**

1 Für den Teig das Mehl sieben und eine Mulde in die Mitte drücken. Übrige Zutaten dazugeben und alles in das Mehl einarbeiten, bis eine bröselige Masse entstanden ist. Den Teig kneten, in Frischhaltefolie einwickeln und 30 Minuten kühl stellen.

2 Die Form einfetten. Den Teig auf der bemehlten Arbeitsfläche zu einem Kreis (28 cm Ø) ausrollen, die Form damit auskleiden. Den Boden mit einer Gabel mehrmals einstechen und 15 Minuten kühl stellen.

3 Für die Füllung die Orangenstreifen in einem Topf mit Wasser aufkochen, dann bei kleiner Hitze 2 Minuten köcheln, abtropfen lassen. Den Backofen auf 180 °C vorheizen. Die Nüsse darin 5–15 Minuten rösten und in einem Küchentuch reiben, bis sich die Haut löst.

4 In einem Topf ⅓ des Zuckers mit 60 ml Wasser erhitzen, bis sich der Zucker aufgelöst hat. Die Zesten dazugeben und 8–10 Minuten köcheln, bis das Wasser verdampft ist und die Zesten weich sind. Abkühlen lassen, dann ⅔ der Zesten hacken.

5 Backblech erhitzen. In einer Küchenmaschine den übrigen Zucker mit den Nüssen mahlen. Butter cremig rühren und Mehl und Nüsse hinzufügen. Eigelbe und Ei einzeln unterrühren, dann Schokolade und Zesten unterheben. Auf dem Teig verteilen und glatt streichen. Tarte auf dem Blech 35–40 Minuten backen, dann abkühlen lassen. Für die Glasur die Butter unter die warme Schokolade rühren, Grand Marnier hinzufügen und abkühlen lassen. Die Tarte mit der Glasur überziehen und mit den kandierten Zesten garnieren.

Bereiten Sie diese Tarte für einen besonderen Anlass zu, die Zutaten finden Sie bestimmt in Ihrem Vorratsschrank. Wenn Sie einen Fertig-Mürbeteig verwenden, sparen Sie noch mehr Zeit.

# TARTE MIT BITTERSCHOKOLADE, APRIKOSEN UND MANDELN

FÜR 6–8 PERS. | ZUBEREITUNG 20 MIN. + KÜHLEN | GARZEIT 60–70 MIN.

1 Für den Teig Mehl, Zucker und Butter in einer Küchenmaschine zu einer feinbröseligen Masse mischen. Oder die Zutaten mit den Fingerspitzen reiben, bis eine feinbröselige Masse entstanden ist. Das Eigelb hinzufügen und alles zu einer Kugel kneten. Falls nötig, etwas kaltes Wasser hinzufügen. In Frischhaltefolie einwickeln und 30 Minuten kühl stellen.

2 Auf der bemehlten Arbeitsfläche den Teig etwas größer als die Form ausrollen und diese damit auskleiden. Den Teig mit Backpapier auslegen und mit den Hülsenfrüchten beschweren. Den Boden 15 Minuten backen, dann Hülsenfrüchte und Papier entfernen. Den Boden weitere 10 Minuten backen, bis er gar, aber noch hell ist.

3 Für die Füllung die gut abgetropften Aprikosen mit der Schnittfläche nach unten auf dem Boden verteilen und mit den Schokoladenstückchen bestreuen.

4 Die Butter und den Zucker in einer großen Schüssel cremig schlagen, bis eine leichte und lockere Masse entstanden ist. Die Eier einzeln in die Füllung rühren und dabei darauf achten, dass sie nicht gerinnt.

5 Die Mandeln und die Semmelbrösel unterheben. Die Füllung mit einem Löffel über Schokolade und Aprikosen verteilen und vorsichtig glatt streichen. Die Tarte 40 Minuten backen, bis sie fest und goldbraun ist. Am besten warm servieren.

## KÜCHENUTENSILIEN

**1 Tarteform (23 cm Ø)**
**Hülsenfrüchte zum Blindbacken**

## ZUTATEN

**FÜR DEN TEIG**

**150 g Mehl sowie Mehl zum Bestäuben**
**25 g Zucker**
**75 g Butter**
**1 Eigelb**
**(oder 250 g Fertig-Mürbeteig)**

**FÜR DIE FÜLLUNG**

**400 g Aprikosenhälften aus der Dose, gut abgetropft**
**100 g dunkle Schokolade, in grobe Stücke gebrochen**
**115 g Butter**
**110 g Zucker**
**2 große Eier**
**75 g gemahlene Mandeln, gemischt mit 75 g Semmelbröseln**

Eine echte Variante zum Käsekuchen bietet Ihnen dieses italienische Rezept auf Basis eines Mürbeteigs. Für ein perfektes Ergebnis am besten frischen Ricotta und echten Vanillezucker verwenden.

# CROSTATA DI RICOTTA

FÜR 8–10 PERS.

ZUBEREITUNG 35–40 MIN. + KÜHLEN

GARZEIT 60–75 MIN.

KÜCHENUTENSILIEN
1 Springform (23–25 cm Ø)

ZUTATEN

**FÜR DEN TEIG**

**250 g Mehl sowie Mehl zum Bestäuben**
**abgeriebene Schale von 1 Bio-Zitrone**
**50 g Zucker**
**175 g weiche Butter sowie Butter zum Einfetten**
**4 Eigelb sowie 1 Ei, verquirlt, zum Bestreichen**
**1 Prise Salz**

**FÜR DIE FÜLLUNG**

**1,25 kg Ricotta**
**100 g Zucker**
**1 EL Mehl**
**1 Prise Salz**
**abgeriebene Schale von 1 Bio-Orange**
**2 EL kandierte Orangenschalen, gehackt**
**etwas Vanillezucker**
**45 g Rosinen**
**30 g Mandelblättchen**
**4 Eigelb**

1 Für den Teig das Mehl auf die Arbeitsfläche sieben und eine Mulde in die Mitte drücken. Zitronenschale, Zucker, Butter, Eigelbe und Salz in die Mulde geben und alles mit den Fingerspitzen in das Mehl einarbeiten. Den Teig 1–2 Minuten kneten, dann in Frischhaltefolie einwickeln und 30 Minuten kühl stellen.

2 Die Form einfetten. Auf der Arbeitsfläche ¾ des Teiges zu einem Kreis (35–37 cm Ø) ausrollen und die Form damit auskleiden. 15 Minuten kühl stellen.

3 Für die Füllung den Ricotta in eine Schüssel geben und Zucker, Mehl und Salz hineinrühren. Orangenschale, kandierte Orangenschale, Vanillezucker, Rosinen, Mandeln und Eigelbe hinzufügen und alles gut verrühren. Die Füllung mit einem Löffel auf dem Boden verteilen und die Oberfläche glatt streichen.

4 Den übrigen Teig auf der bemehlten Arbeitsfläche zu einem Kreis (25 cm Ø) ausrollen. In etwa 1 cm breite Streifen schneiden und gitterartig auf der Füllung verteilen. Überhängenden Teig abschneiden. Die Enden der Streifen mit verquirltem Ei bestreichen und die Teigränder fest andrücken. Teiggitter mit Ei bestreichen und die Crostata 15–30 Minuten kühl stellen.

5 Den Backofen auf 180 °C vorheizen und ein Backblech zum Erhitzen hineinschieben. Die Crostata auf das Blech setzen und 60–75 Minuten backen, bis der Teig fest und goldbraun ist. In der Form etwas abkühlen lassen, dann aus der Form lösen und vollständig abkühlen lassen. Die Crostata lässt sich einen Tag im Voraus zubereiten und im Kühlschrank aufbewahren.

Dieses Rezept verwendet gemahlene Haselnusskerne, das macht den Teig etwas schwierig zu verarbeiten. Das wunderbar kräftige Aroma der Tarte rechtfertigt die Mühe allerdings.

# MOKKATARTE MIT HASELNUSSTEIG

FÜR 8 PERS.

ZUBEREITUNG
20 MIN. + KÜHLEN

GARZEIT
40 MIN.

EINFRIEREN
TEIG BIS ZU
2 MONATE

**1** Für den Teig Haselnusskerne und Zucker in einer Küchenmaschine fein mahlen und gründlich mit dem Mehl mischen. Die Butter dazugeben und alles mit den Fingerspitzen reiben, bis eine lockerbröselige Masse entstanden ist. Das Eigelb hinzufügen und alles zu einem weichen Teig kneten. In Frischhaltefolie einwickeln und 30 Minuten kühl stellen.

**2** Den Backofen auf 170 °C vorheizen. Den Teig auf der bemehlten Arbeitsfläche 7 mm dick ausrollen und die Form damit auskleiden, dabei einen überhängenden Rand von 1 cm formen. Den Boden mit einer Gabel mehrmals einstechen, mit Backpapier auslegen und mit den Hülsenfrüchten beschweren. 15 Minuten backen, dann Hülsenfrüchte und Papier entfernen und den Boden weitere 5 Minuten backen. Die Ränder noch warm begradigen.

**3** Für die Füllung die Schokolade mit der Butter über einem heißen Wasserbad schmelzen, dabei sollte das Wasser im Topf nicht die Schüssel berühren, dann abkühlen lassen. In einer großen Schüssel Eier und Zucker mit einem Schneebesen aufschlagen, bis eine leichte, dicke und schaumige Masse entstanden ist.

**4** Die kalte Schokoladenmasse unter die Eiermasse ziehen, dann den abgekühlten Espresso unterheben und alles gut verrühren. Die Füllung auf den Boden gießen und die Tarte 15–20 Minuten backen, bis die Mitte beginnt fest zu werden. Aus dem Ofen nehmen und 20 Minuten abkühlen lassen. Dann noch warm mit Schlagsahne servieren. Der gebackene Boden kann bis zu zwei Tage aufbewahrt werden. Die Tarte schmeckt am gleichen Tag am besten, kann aber auch über Nacht im Kühlschrank aufbewahrt werden.

KÜCHENUTENSILIEN

**1 geriffelte Tarteform (22 cm Ø) mit herausnehmbarem Boden**
**Hülsenfrüchte zum Blindbacken**

ZUTATEN

**FÜR DEN TEIG**

**50 g Haselnusskerne, enthäutet**
**25 g Zucker**
**150 g Mehl sowie Mehl zum Bestäuben**
**75 g weiche Butter**
**1 Eigelb**

**FÜR DIE FÜLLUNG**

**200 g hochwertige dunkle Schokolade, in Stücke gebrochen**
**100 g Butter, gewürfelt**
**3 Eier**
**50 g Zucker**
**1 EL Instant-Espressopulver, aufgelöst in 3 EL kochendem Wasser und abgekühlt**

Diese Pie aus Pennsylvania verdankt ihren Namen vermutlich der Melasse im Rezept. Die Pie war wohl so süß, dass man scharenweise Fliegen um die Pie »wegscheuchen« (»shoo«) musste.

# SHOO FLY PIE

FÜR 6–8 PERS.

ZUBEREITUNG 20 MIN. + KÜHLEN

GARZEIT 50–55 MIN.

EINFRIEREN TEIG BIS ZU 3 MONATE

### KÜCHENUTENSILIEN

1 Tarteform (22 cm Ø) mit herausnehmbarem Boden
Hülsenfrüchte zum Blindbacken

### ZUTATEN

**FÜR DEN TEIG**

**175 g Mehl sowie Mehl zum Bestäuben**
**25 g Zucker**
**100 g weiche Butter, in Stücken**
**1 Eigelb, mit 2 EL kaltem Wasser verquirlt**

**FÜR DIE FÜLLUNG**

**150 g Mehl**
**100 g brauner Zucker**
**1 TL Lebkuchengewürz**
**50 g weiche Butter**
**150 g Zuckerrohmelasse oder dunkler Rübensirup**
**½ TL Natron**
**1 Ei**

1 Für den Teig Mehl, Zucker und Butter mit den Fingerspitzen zu einer bröseligen Masse reiben. Das Eigelb hinzufügen und alles zu einem weichen Teig kneten. Falls nötig, etwas Wasser zugießen. In Frischhaltefolie einwickeln und 30 Minuten kühl stellen.

2 Den Backofen auf 180 °C vorheizen. Den Teig auf der bemehlten Arbeitsfläche 3 mm dick ausrollen und die Form damit auskleiden. Dabei einen Teigrand von mindestens 1 cm überhängen lassen und begradigen. Den Boden mit einer Gabel mehrmals einstechen, mit Backpapier auslegen und mit den Hülsenfrüchten beschweren. Den Boden auf einem Backblech 20 Minuten backen. Dann Hülsenfrüchte und Papier entfernen und den Boden weitere 5 Minuten backen. Die Ränder noch warm begradigen. Die Ofentemperatur auf 190 °C heraufschalten.

3 Für die Füllung Mehl, braunen Zucker und Lebkuchengewürz mischen. Mit der Butter zu einer feinbröseligen Masse reiben. Die Melasse in eine Schüssel geben. 100 ml kochendes Wasser mit Natron mischen und zur Melasse gießen. Alles gut verrühren, bis sich das Natron aufgelöst hat, dann abkühlen lassen.

4 Sobald der Teig fertig ist, das Ei in die abgekühlte Melassemischung rühren. 4 gehäufte EL Gewürzbrösel beiseitestellen, den Rest mit einem Schneebesen in die Melasse rühren. Die Form auf ein Backblech setzen und die Füllung vorsichtig hineingießen. Die restlichen Brösel über die Füllung streuen und die Pie 30 Minuten backen, bis sie aufgegangen und gerade fest geworden ist. Kurz abkühlen lassen, dann warm mit Schlagsahne oder Vanilleeis servieren.

Diese einfache Tarte verleiht klassischer Vanillecreme mit einem Hauch Muskatnuss einen Aromenkick. Nehmen Sie die Tarte aus dem Ofen, bevor die Füllung ganz fest ist – die Creme gart nach.

# TARTE MIT VANILLECREME

**FÜR 8 PERS.**

**ZUBEREITUNG**
**20 MIN. + KÜHLEN**

**GARZEIT**
**45–50 MIN.**

**EINFRIEREN**
**TEIG BIS ZU**
**3 MONATE**

**KÜCHENUTENSILIEN**

**1 Tarteform (22 cm Ø) mit herausnehmbarem Boden**
**Hülsenfrüchte zum Blindbacken**

**ZUTATEN**

**FÜR DEN TEIG**
**170 g Mehl sowie Mehl zum Bestäuben**
**100 g kalte Butter, gewürfelt**
**50 g Zucker**
**2 Eigelb**
**etwas Vanillezucker**

**FÜR DIE FÜLLUNG**
**225 ml Milch**
**150 g Sahne**
**30 g Zucker**
**etwas Vanillezucker**
**¼ TL frisch geriebene Muskatnuss**
**2 Eier**

**1** Für den Teig Mehl und Butter in einer Schüssel mit den Fingerspitzen reiben, bis eine feinbröselige Masse entstanden ist. Den Zucker hineinrühren, Eigelbe mit Vanillezucker verquirlen und dazugeben. Alles zu einem weichen Teig kneten. In Frischhaltefolie einwickeln und 30 Minuten kühl stellen.

**2** Den Backofen auf 180 °C vorheizen. Den Teig auf der bemehlten Arbeitsfläche 3 mm dick ausrollen, die Form damit auskleiden, einen Rand von mindestens 2 cm lassen. Den Boden mit einer Gabel mehrmals einstechen, mit Backpapier auslegen und mit Hülsenfrüchten beschweren. 20 Minuten backen. Hülsenfrüchte und Papier entfernen und den Boden noch 5 Minuten backen. Ränder noch warm begradigen.

**3** Die Ofentemperatur auf 170 °C herunterschalten. Die Cremefüllung herstellen (s. unten) und in die Form gießen. Die Tarte auf einem Backblech 20–25 Minuten backen, dann abkühlen lassen.

## Herstellen der Cremefüllung

**1** In einem schweren Topf Milch und Sahne bei mittlerer Hitze leicht zum Kochen bringen.

**2** Inzwischen Zucker, Vanillezucker, Muskatnuss und Eier in einer hitzebeständigen Schüssel verrühren.

**3** Sobald das Milchgemisch aufkocht, vom Herd nehmen und nach und nach in die Eiermischung rühren.

Backen Sie diesen französischen Klassiker mit Vanillecreme in einer tiefen Form. Der Flan schmeckt kalt am besten. Eine niedrige Ofentemperatur sorgt für die richtige Konsistenz der Füllung.

# FRANZÖSISCHE FLAN-TARTE

**FÜR 6–8 PERS.** **ZUBEREITUNG** 20 MIN. + KÜHLEN **GARZEIT** 1½ STD. **EINFRIEREN** TEIG BIS ZU 3 MONATE

**1** Für den Teig Mehl, Zucker und Butter mit den Fingerspitzen reiben, bis eine feinbröselige Masse entstanden ist. Eigelb und Vanillezucker verquirlen und hinzufügen, alles zu einem weichen Teig kneten. Falls nötig, etwas Wasser dazugeben. In Frischhaltefolie einwickeln und 30 Minuten kühl stellen.

**2** Den Backofen auf 170 °C vorheizen. Den Teig auf der bemehlten Arbeitsfläche 3 mm dick ausrollen und die Form damit auskleiden, dabei einen überhängenden Teigrand von 2 cm lassen. Abstehenden Teig begradigen. Den Boden mit Backpapier auslegen und mit den Hülsenfrüchten beschweren. Die Form auf ein Backblech setzen und den Boden 25 Minuten backen. Hülsenfrüchte und Papier entfernen und den Boden weitere 5 Minuten backen. Die Ofentemperatur auf 150 °C herunterschalten.

**3** Für die Füllung Mehl, Zucker, Eier, Butter und Vanillezucker in einem Rührbecher zu einer dicken, glatten Masse verrühren und die Milch hineinrühren. Das Backblech mit der Form an den Rand der mittleren Schiene stellen. Mit einer Hand festhalten und mit der anderen die Füllung vorsichtig auf den Teig gießen, dann die Form langsam in den Ofen schieben. Die Tarte 50–60 Minuten backen, bis sie beginnt fest zu werden, aber noch nicht aufgegangen ist. Die Oberfläche sollte goldbraun sein. Die Ränder noch warm begradigen.

**4** Vor dem Verzehr die Tarte in der Form vollständig abkühlen lassen. Der Teig kann bis zu drei Tage im Voraus hergestellt und in einem luftdichten Behältnis aufbewahrt werden.

KÜCHENUTENSILIEN

**1 Springform (18 cm Ø, 4 cm hoch) mit herausnehmbarem Boden**
**Hülsenfrüchte zum Blindbacken**

ZUTATEN

**FÜR DEN TEIG**

**150 g Mehl sowie Mehl zum Bestäuben**
**50 g Zucker**
**100 g weiche Butter**
**1 Eigelb**
**etwas Vanillezucker**

**FÜR DIE FÜLLUNG**

**100 g Mehl**
**125 g Zucker**
**3 Eier**
**50 g Butter, zerlassen und abgekühlt**
**etwas Vanillezucker**
**500 ml Milch**

Nach diesen knusprigen Törtchen mit zart schmelzender Vanillefüllung duftet ganz Portugal. Es lohnt sich, sie selbst zu backen, denn am besten schmecken sie frisch aus dem Ofen.

# PASTÉIS DE NATA

ERGIBT 16 STÜCK | ZUBEREITUNG 30 MIN. | GARZEIT 35–40 MIN.

KÜCHENUTENSILIEN
**16er-Muffinblech**

ZUTATEN

**FÜR DEN TEIG**
**500 g Fertig-Blätterteig (oder selbst gemachter Blätterteig s. S. 122)**
**Mehl zum Bestäuben**

**FÜR DIE FÜLLUNG**
**500 ml Milch**
**1 Zimtstange**
**1 großes Stück Bio-Zitronenschale**
**4 Eigelb**
**100 g Zucker**
**30 g Mehl**
**1 EL Speisestärke**

1 Den Backofen auf 220 °C vorheizen. Den Blätterteig auf der bemehlten Arbeitsfläche zu einem Rechteck (40×30 cm) ausrollen. Den Teig von einer Längsseite her aufrollen und die Endstücke begradigen. 16 gleich große Schnecken von der Teigrolle abschneiden.

2 Das Endstück jeder Schnecke einschlagen. Die Schnecke jeweils dünn zu einem Kreis (10 cm Ø) ausrollen, dabei einmal wenden. Den Teigkreis mit dem Daumen jeweils flach in eine Mulde des Muffinblechs drücken und die Mulde damit gut auskleiden. Die Böden jeweils mit einer Gabel einstechen und kühl stellen.

3 Für die Füllung in einem schweren Topf Milch, Zimtstange und Zitronenschale erhitzen. Vom Herd nehmen, sobald die Milch aufkocht. In einer Schüssel Eigelbe, Zucker, Mehl und Stärke so lange aufschlagen, bis eine dicke Masse entstanden ist. Zimtstange und Zitronenschale aus der heißen Milch entfernen und die Milch nach und nach unter Rühren in das Eigelbgemisch gießen. Alles in den Topf zurückgeben und bei mittlerer Hitze unter Rühren andicken lassen. Dann vom Herd nehmen.

4 Die Böden zu ⅔ mit der Creme füllen und auf der oberen Schiene des Ofens 20–25 Minuten backen, bis die Creme aufgegangen und teilweise schwarz an der Oberfläche ist. Abkühlen lassen. Die Törtchen verlieren nach dem Backen etwas an Volumen – das ist normal. Mindestens 10–15 Minuten abkühlen lassen und warm oder kalt verzehren. Die Törtchen können einen Tag in einem luftdichten Behältnis aufbewahrt werden. Creme und Teig lassen sich im Voraus herstellen und über Nacht im Kühlschrank aufbewahren.

Traditionell bereitet man die *Galette des Rois* in Frankreich am Dreikönigstag, dem 6. Januar, zu. Das Rezept besteht aus einem butterigen Blätterteig und köstlicher Mandelcreme.

# GALETTE DES ROIS

FÜR 6–8 PERS. ZUBEREITUNG 25 MIN. GARZEIT 30 MIN. EINFRIEREN BIS ZU 2 MONATE

1 Den Backofen auf 200 °C vorheizen. In einer Schüssel Zucker und Butter mit dem Handrührgerät cremig schlagen. Das Ei hinzufügen und alles gut verrühren. Mandeln, Mandelaroma, Rum (oder Brandy oder Milch) hineinrühren und alles zu einer dicken Masse verrühren.

2 Den Teig auf der bemehlten Arbeitsfläche 3–5 mm dick zu einem Rechteck (50 x 25 cm) ausrollen. Den Teig einmal zusammenklappen und mit einem flachen Teller zwei Kreise (25 cm Ø) ausschneiden.

3 Einen Teigkreis auf das Backblech legen. Mit etwas verquirltem Ei den Rand des Teiges bestreichen. Mit einem Löffel die Mandelcreme-Füllung auf dem Teig verteilen, dabei einen Rand von 1 cm frei lassen und die Oberfläche glatt streichen. Die Füllung mit dem zweiten Teigkreis bedecken und mit den Fingern oder einer Gabel die beiden Kreise gut zusammendrücken.

4 Mit einem kleinen, scharfen Messer feine, spiralförmige Einschnitte in den Teigdeckel schneiden, wobei diese sich nicht in der Mitte treffen sollten, da der Kuchen sonst beim Backen auseinanderbricht. Nach Belieben vor dem Backen in den Rand ein wellenförmiges Muster schneiden.

5 Den Teigdeckel mit dem verquirlten Ei bestreichen und die Galette auf der obersten Schiene 30 Minuten backen, bis der Teig goldbraun und aufgegangen ist. 5 Minuten auf dem Backblech abkühlen lassen, dann auf ein Kuchengitter setzen. Warm oder kalt servieren. Der Kuchen kann drei Tage in einem luftdichten Behältnis aufbewahrt werden. Die Füllung kann ebenfalls drei Tage im Voraus zubereitet und im Kühlschrank aufbewahrt werden.

KÜCHENUTENSILIEN
**Backblech**

ZUTATEN

**FÜR DIE FÜLLUNG**
**100 g Zucker**
**100 g weiche Butter**
**1 Ei sowie 1 Ei, verquirlt, zum Bestreichen**
**100 g gemahlene Mandeln**
**1 Tropfen Mandelaroma**
**1 EL Brandy, Rum oder Milch**

**FÜR DEN TEIG**
**500 g Fertig-Blätterteig (oder selbst gemachter Blätterteig** **s. S. 122****)**
**Mehl zum Bestäuben**

Diese fein gewürzten Filoteig-Creme-Törtchen reicht man im Nahen Osten gerne zum Abschluss eines Festmahls. Frisch aus dem Ofen schmecken die Torteletts am besten.

# FILOTEIG-TORTELETTS MIT KARDAMOMCREME

**ERGIBT 6 STÜCK** | **ZUBEREITUNG 15 MIN.** | **GARZEIT 20–25 MIN.**

KÜCHENUTENSILIEN

**6er-Muffinblech**

ZUTATEN

**FÜR DIE FÜLLUNG**

**225 ml Milch**
**150 g Sahne**
**6 Kardamomkapseln, zerdrückt**
**Mehl zum Bestäuben**
**2 Eier**
**30 g Zucker**
**Puderzucker zum Bestäuben**

**FÜR DEN TEIG**

**3 Blätter Filoteig**
**25 g Butter, zerlassen**

1 Den Backofen auf 190 °C vorheizen. In einem Topf Milch, Sahne und Kardamom zum Kochen bringen. Den Herd ausschalten und den Kardamom noch in der Sahnemilch ziehen lassen.

2 Auf der bemehlten Arbeitsfläche 1 Filoteig-Blatt ausbreiten, restliche Teigblätter mit einem feuchten Küchentuch bedecken. Das Teigblatt mit etwas zerlassener Butter bestreichen und mit einem 2. Filoteig-Blatt bedecken. Ebenfalls mit zerlassener Butter bestreichen und mit dem 3. Filoteig-Blatt bedecken. Dann die Teigplatte in sechs gleich große Stücke schneiden.

3 Die Mulden des Muffinblechs mit etwas zerlassener Butter einfetten. Jede Mulde mit einem Teigstück auskleiden und dabei gut andrücken. Der Teig sollte an manchen Stellen über den Rand abstehen und gewellt sein. Die Ränder der Teigstücke mit der restlichen Butter bestreichen und das Muffinblech mit einem feuchten Küchentuch bedecken.

4 Für die Creme das Milchgemisch erneut bei mittlerer Hitze leicht erwärmen, aber nicht kochen lassen. In einer großen Schüssel Eier und Zucker aufschlagen. Die Milch in das Eigemisch gießen, dann durch ein Sieb in einen Rührbecher geben und den Kardamom entfernen.

5 Die Creme in die Förmchen geben und die Torteletts 15–20 Minuten backen, bis die Teigränder knusprig sind und die Creme in der Mitte beginnt fest zu werden. Die Törtchen in der Form 10 Minuten abkühlen lassen, aus der Form nehmen und auf einem Kuchengitter vollständig abkühlen lassen. Zum Servieren die Torteletts mit etwas Puderzucker bestäuben.

In Osteuropa bereitet man gerne Süßspeisen mit Mohn zu. Dieses Vorzeigerezept kombiniert Quark und Mohn zu einem verführerischen Kuchen und schmeckt warm oder kalt.

# SCHLESISCHER MOHNKUCHEN

FÜR 8 PERS.

ZUBEREITUNG 35 MIN. + KÜHLEN

GARZEIT 1½ STD.

KÜCHENUTENSILIEN

**1 geriffelte Tarteform (22 cm Ø) mit herausnehmbarem Boden**

ZUTATEN

**FÜR DEN TEIG**

**250 g Mehl**
**2 TL Backpulver**
**125 g Zucker**
**etwas Vanillezucker**
**1 Prise Salz**
**1 Ei**
**125 g weiche Butter sowie Butter zum Einfetten**

**FÜR DIE FÜLLUNG**

**1 l Milch**
**150 g Butter**
**200 g Hartweizengrieß**
**200 g gemahlener Mohn**
**175 g Zucker**
**etwas Vanillezucker**
**2 Eier**
**100 g Quark**
**50 g gemahlene Mandeln**
**50 g Rosinen**
**1 Birne, geschält, entkernt und geraspelt**
**Puderzucker zum Bestäuben**

1 Für den Teig Mehl und Backpulver in eine große Schüssel sieben. Zucker, Vanillezucker, Salz, Ei, Butter und etwas Wasser hinzufügen und alles zu einem Teig kneten. Den Teig in Frischhaltefolie einwickeln und kühl stellen.

2 Für die Füllung in einem Topf Milch und Butter zum Kochen bringen. Nach und nach Grieß und Mohn hineinrühren. Bei kleiner Hitze 20 Minuten unter gelegentlichem Rühren köcheln lassen, dann vom Herd nehmen und 10 Minuten abkühlen lassen.

3 Den Backofen auf 180 °C vorheizen. Den Boden der Tarteform einfetten. Die Hälfte des Teiges ausrollen und den Boden der Form damit auslegen. Den restlichen Teig zu einem langen Streifen ausrollen und so in den Rand der Form drücken, dass ein 3 cm hoher Rand entsteht.

4 Zucker, Vanillezucker, Eier, Quark, Mandeln und Rosinen in das abgekühlte Mohn-Grieß-Gemisch rühren. Die Birnenraspel dazugeben und die Masse gleichmäßig in der Form verteilen. Den Kuchen etwa 1 Stunde backen.

5 Die Form zum Abkühlen auf ein Kuchengitter stellen und den Kuchen aus der Form lösen. Zum Servieren mit Puderzucker bestäuben.

Ein großartiges Rezept für eine Walnusstarte. Hier werden die Walnüsse gemahlen und sorgen so für eine glatte, angenehme Struktur. Diese Tarte schmeckt einfach köstlich!

# WALNUSSTARTE

FÜR 8 PERS.

ZUBEREITUNG 20 MIN. + KÜHLEN

GARZEIT 50 MIN.

EINFRIEREN TEIG BIS ZU 2 MONATE

1 Für den Teig Mehl, Zucker und Butter mit den Fingerspitzen reiben, bis eine feinbröselige Masse entstanden ist. Eigelb mit 2 EL kaltem Wasser verquirlen und dazugeben, dann alles zu einem weichen Teig kneten. Falls nötig, noch etwas Wasser dazugeben. Den Teig in Frischhaltefolie einwickeln und 30 Minuten kühl stellen, damit er leichter ausgerollt werden kann.

2 Den Backofen auf 180 °C vorheizen. Den Teig auf der bemehlten Arbeitsfläche 5 mm dick ausrollen, die Form damit auskleiden und dabei den Teig mindestens 1 cm am Rand überhängen lassen. Den Teigrand eventuell begradigen. Den Boden mit einer Gabel mehrmals einstechen, mit Backpapier auslegen und mit den Hülsenfrüchten beschweren. Die Form auf ein Backblech setzen und den Boden 20 Minuten backen. Dann Hülsenfrüchte und Papier entfernen und den Boden weitere 5 Minuten backen. Die Ränder noch warm begradigen.

3 Für die Füllung Walnusskerne und Zucker in einer Küchenmaschine sehr fein mahlen. Eier, Sahne und Vanillezucker aufschlagen, dann das Walnuss-Zucker-Gemisch hineinrühren. Die Füllung auf den Boden gießen und die Tarte 20–25 Minuten backen, bis die Füllung gerade fest geworden ist.

4 Die Tarte aus dem Ofen nehmen und mindestens 10 Minuten abkühlen lassen. Am besten noch warm mit Schlagsahne servieren. Der vorgebackene Boden kann drei Tage in einem luftdichten Behältnis aufbewahrt werden.

KÜCHENUTENSILIEN

1 geriffelte Tarteform (22 cm Ø) mit herausnehmbarem Boden
Hülsenfrüchte zum Blindbacken

ZUTATEN

**FÜR DEN TEIG**

**175 g Mehl sowie Mehl zum Bestäuben**
**25 g Zucker**
**100 g weiche Butter**
**1 Eigelb**

**FÜR DIE FÜLLUNG**

**200 g Walnusskerne, enthäutet**
**125 g Zucker**
**2 Eier**
**200 g Sahne**
**etwas Vanillezucker**

Dieser dekorative Millefeuilles eignet sich als krönender Abschluss eines Weihnachtsessens. Zum Servieren vorsichtig in Stücke schneiden, damit die Struktur nicht leidet.

# MARONEN-MILLEFEUILLES

**FÜR 8 PERS.**

**ZUBEREITUNG 35–40 MIN. +KÜHLEN**

**GARZEIT 25–35 MIN.**

**KÜCHENUTENSILIEN**
**Backblech**

**ZUTATEN**

**FÜR DIE FÜLLUNG**
**375 ml Milch**
**4 Eigelb**
**60 g Zucker**
**3 EL Mehl, gesiebt**
**2 EL brauner Rum**
**250 g Sahne**
**500 g kandierte Maronen (marron glacé; aus dem Onlinehandel), grob zerbröselt**
**45 g Puderzucker oder etwas mehr**

**FÜR DEN TEIG**
**600 g Fertig-Blätterteig (oder selbst gemachter Blätterteig s. S. 122)**

1 Für die Füllung die Milch kurz aufkochen. Eigelbe und Zucker 2–3 Minuten cremig aufschlagen, Mehl und nach und nach die heiße Milch dazugeben und alles zu einer glatten Masse verrühren. Zurück in den Topf geben und unter Rühren aufkochen, dann bei kleiner Hitze 2 Minuten rühren. Abkühlen lassen, Rum dazugeben und alles zugedeckt 1 Stunde kühl stellen.

2 Ofen auf 200 °C vorheizen. Ein Blech mit Wasser bespritzen. Den Teig 3 mm zu einem Rechteck etwas größer als das Blech ausrollen und auf das Blech legen. 15 Minuten kühl stellen, mit einer Gabel mehrmals einstechen. Mit Backpapier auslegen, mit einem Ofengitter beschweren und den Teig 15–20 Minuten backen. Blech und Gitter festhalten und den Teig wenden. Blech erneut unter den Teig schieben und 10 Minuten backen. Teigschichten vorbereiten (s. unten). Sahne steif schlagen und unter die Creme heben. Zwei Teigstreifen mit je der Hälfte von Sahne und Maronen aufeinandersetzen, letzten Streifen auflegen. Mit Puderzucker bestäuben.

## Vorbereiten der Teigschichten

**1** Den Teig aus dem Backofen nehmen und vorsichtig auf ein großes Schneidebrett gleiten lassen.

**2** Solange der Teig noch warm ist, die Ränder mit einem großen, scharfen Messer begradigen.

**3** Dann die Teigplatte der Länge nach in drei gleich große Streifen schneiden. Abkühlen lassen.

Knusprig und weich zugleich ist dieses orientalische Gebäck. Am besten passt diese Gaumenfreude zu einer Tasse Tee oder Kaffee. Natürlich können Sie auch einen anderen flüssigen Honig verwenden.

# BAKLAVA MIT NÜSSEN, HONIG UND ORANGEN

FÜR 10 PERS.

ZUBEREITUNG 25–30 MIN.

GARZEIT 1 STD.

**1** Den Backofen auf 180 °C vorheizen. Beide Nusssorten in einer Küchenmaschine grob hacken, den Zimt hineinrühren und beiseitestellen.

**2** Die Backform mit zerlassener Butter bestreichen, damit der Teig nicht austrocknet.

**3** Beginnen Sie mit dem Schichten der Filoblätter in der vorbereiteten Form, dabei jedes Blatt mit etwas zerlassener Butter bestreichen, bevor ein weiteres Blatt genau darübergeschichtet wird. Nach sechs Schichten den Teig mit der Hälfte der Nussmischung bestreuen. Diesen Vorgang wiederholen, dann die letzten sechs Blätter darüberschichten. Die Oberfläche mit zerlassener Butter bestreichen und den überhängenden Teig entfernen. In den Teig ein Rautenmuster (4–5 cm pro Raute) schneiden und darauf achten, dass das Messer auch die unterste Teigschicht durchschneidet.

**4** Baklava 40–45 Minuten backen, bis der Teig goldbraun und knusprig ist. Die Ofentemperatur auf 160°C herunterschalten, falls der Teig schnell bräunt.

**5** Für den Sirup Zucker, Honig, Zimt, Orangenschale und Gewürznelken mit 300 ml Wasser unter Rühren 15 Minuten köcheln, bis sich die Flüssigkeit um ⅓ reduziert hat. Abkühlen lassen.

**6** Die Baklava aus dem Ofen nehmen und mit der Hälfte des Sirups begießen. Nach 5 Minuten den restlichen Sirup über der Baklava verteilen. Vollständig abkühlen lassen, dann die Stücke aus der Form lösen. Die Baklava kann drei bis vier Tage in der Form aufbewahrt werden, wird dann aber weicher.

KÜCHENUTENSILIEN

1 quadratische Backform (24×24 cm)

ZUTATEN

**FÜR DIE FÜLLUNG**

**150 g Paranusskerne**
**150 g Cashewkerne**
**1½ TL gemahlener Zimt**

**FÜR DEN TEIG**

**150 g Butter, zerlassen, sowie Butter zum Einfetten**
**18 Blätter Filoteig (à etwa 25×24 cm)**

**FÜR DEN SIRUP**

**350 g brauner Zucker**
**125 g chilenischer Honig**
**1 TL gemahlener Zimt**
**abgeriebene Schale von ½ Bio-Orange**
**1 TL ganze Gewürznelken**

Das kräftige, leuchtende Grün dieser Süßspeise verdankt seine Farbe den iranischen Pistazien. Natürlich können Sie auch andere Pistazien hierfür verwenden, da die iranischen relativ teuer sind.

# PISTAZIENTARTE MIT ORANGENBLÜTENWASSER

FÜR 6–8 PERS.

ZUBEREITUNG 30 MIN. + KÜHLEN

GARZEIT 50–55 MIN.

EINFRIEREN TEIG BIS ZU 3 MONATE

1 Für den Teig Mehl, Zucker und Butter mit den Fingerspitzen reiben, bis eine feinbröselige Masse entstanden ist. Das verquirlte Eigelb hinzufügen und zu einem weichen Teig kneten. Falls nötig, etwas Wasser dazugeben. Den Teig in Frischhaltefolie einwickeln und 30 Minuten kühl stellen.

2 Den Backofen auf 180 °C vorheizen. Den Teig auf der bemehlten Arbeitsfläche 3 mm dick ausrollen und die Form damit auskleiden, dabei einen überhängenden Rand von mindestens 1 cm lassen. Teigrand begradigen. Boden mit einer Gabel mehrmals einstechen, mit Backpapier auslegen und mit Hülsenfrüchten beschweren. Die Form auf ein Backblech setzen und den Boden 20 Minuten backen. Dann Hülsenfrüchte und Papier entfernen und den Boden weitere 5 Minuten backen. Die Ränder noch warm begradigen.

3 Für die Füllung die Butter zerlassen und abkühlen lassen. Die Pistazien in einer Küchenmaschine fein mahlen. Eier, Zucker, Orangenblütenwasser und Honig aufschlagen. Die abgekühlte, zerlassene Butter hineinrühren und die gemahlenen Pistazien unterheben. Die Form auf ein Backblech setzen und die Füllung vorsichtig hineingießen. Die Tarte sofort 25–30 Minuten backen (die Masse könnte sich sonst trennen), bis die Masse anfängt in der Mitte fest zu werden, aber die Oberfläche noch nicht braun ist.

4 Die Tarte 15 Minuten abkühlen lassen, dann mit Puderzucker bestäuben und warm servieren. Dazu passt Schlagsahne mit etwas Orangenblütenwasser.

## KÜCHENUTENSILIEN

**1 geriffelte Tarteform (22 cm Ø) mit herausnehmbarem Boden**
**Hülsenfrüchte zum Blindbacken**

## ZUTATEN

**FÜR DEN TEIG**

**175 g Mehl sowie Mehl zum Bestäuben**
**25 g Zucker**
**100 g weiche Butter**
**1 Eigelb, mit 2 EL kaltem Wasser verquirlt**

**FÜR DIE FÜLLUNG**

**75 g Butter**
**200 g Pistazien, gehackt**
**4 Eier**
**100 g Zucker**
**½ EL Orangenblütenwasser**
**2 EL flüssiger Honig**
**Puderzucker zum Bestäuben**

Dieser italienische Klassiker, auch »Großmutters Torte« genannt, wird mit Ricotta hergestellt. Frisch aus dem Ofen und mit etwas Honig beträufelt schmeckt diese Tarte einfach göttlich.

# TORTA DELLA NONNA

**FÜR 6 PERS.**

**ZUBEREITUNG 20 MIN. + KÜHLEN**

**GARZEIT 65 MIN.**

**EINFRIEREN TEIG BIS ZU 1 MONAT**

KÜCHENUTENSILIEN

**1 tiefe Tarteform (20cm Ø) mit herausnehmbarem Boden**
**Hülsenfrüchte zum Blindbacken**

ZUTATEN

**FÜR DEN TEIG**

**150g Mehl sowie Mehl zum Bestäuben**
**100g Butter, gewürfelt**
**50g Zucker**
**1 Eigelb**
**etwas Vanillezucker**

**FÜR DIE FÜLLUNG**

**400g Ricotta**
**2 große Eier**
**abgeriebene Schale und Saft von 1 Bio-Zitrone**
**75g Puderzucker, gesiebt, sowie Puderzucker zum Bestäuben**
**1 Tropfen Mandelaroma**
**70g Pinienkerne, geröstet**
**30g Mandelblättchen, geröstet**

1 Für den Teig Mehl und Butter in einer Schüssel mit den Fingerspitzen reiben, bis eine bröselige Masse entstanden ist. Den Zucker hineinrühren. Eigelb und Vanillezucker hinzufügen und alles zu einem weichen Teig kneten. Falls nötig, 1–2 TL kaltes Wasser hinzufügen. Den Teig in Frischhaltefolie einwickeln und 30 Minuten kühl stellen.

2 Für die Füllung Ricotta und Eier in einer großen Schüssel glatt rühren. Zitronenschale und -saft, Puderzucker und Mandelaroma unterrühren und alles beiseitestellen. Den Backofen auf 180 °C vorheizen.

3 Den Teig auf der bemehlten Arbeitsfläche zu einem ausreichend großen Kreis ausrollen. Die Form mit dem Teig auskleiden und an Boden und Rand gut andrücken, überhängenden Teig begradigen. Den Boden mit einer Gabel mehrmals einstechen, mit Backpapier auslegen und mit den Hülsenfrüchten beschweren. Die Form auf ein Backblech setzen und den Boden 20 Minuten backen. Dann Hülsenfrüchte und Papier entfernen und den Boden in weiteren 5–10 Minuten knusprig backen.

4 Die Pinienkerne gleichmäßig auf den Boden streuen und die Ricotta-Füllung gleichmäßig darüber verteilen. Die Mandelblättchen aufstreuen und die Torta 30–35 Minuten backen, bis die Füllung gerade anfängt fest zu werden. 15 Minuten auf einem Kuchengitter abkühlen lassen, mit Puderzucker bestäubt servieren.

Zu dieser reichhaltigen Mandeltarte passt am besten ein Glas Dessertwein. Vor dem Backen die Tarte mit einer süß-sauren Glasur aus Marmelade und Orangensaft bestreichen.

# MANDEL-ORANGEN-TARTE

FÜR 8 PERS.

ZUBEREITUNG 20 MIN. + KÜHLEN

GARZEIT 45–55 MIN.

1 Für den Teig Mandeln, Mehl und Zucker in einer Küchenmaschine kurz verrühren. Butter dazugeben und alles zu einer bröseligen Masse verarbeiten. Orangenschale und Eigelb dazugeben und alles zu einem glatten Teig kneten. 15 Minuten kühl stellen.

2 Für die Füllung die geschälten Mandeln in einer Küchenmaschine grob mahlen. Die Zitrusschalen und -säfte mit dem Amaretto hinzufügen und kurz verrühren. In eine Schüssel gießen und beiseitestellen.

3 Butter und Puderzucker mischen, die Eier einzeln dazugeben und kurz verrühren. Alles zur Mandelmischung geben, gut verrühren und beiseitestellen.

4 Den Teig auf der bemehlten Arbeitsfläche ausrollen und die Form damit auskleiden. Dann 30 Minuten kühl stellen.

5 Den Backofen auf 180 °C vorheizen. Den Boden mit Backpapier auslegen, mit den Hülsenfrüchten beschweren und 10 Minuten backen. Dann Papier und Hülsenfrüchte entfernen und den Boden weitere 5 Minuten backen. Den Boden auf einem Kuchengitter abkühlen lassen.

6 Für die Glasur die Marmelade in einem Topf mit 1 EL Wasser und Orangensaft unter Rühren erhitzen und gleichmäßig auf dem Boden verstreichen. Die Füllung darauf verteilen und die Tarte 30–40 Minuten backen, bis die Füllung goldbraun ist. Die Tarte 15 Minuten abkühlen lassen, dann noch warm mit Puderzucker bestäubt servieren.

## KÜCHENUTENSILIEN

**1 geriffelte Tarteform (25 cm Ø) mit herausnehmbarem Boden**
**Hülsenfrüchte zum Blindbacken**

## ZUTATEN

**FÜR DEN TEIG**

**30 g gemahlene Mandeln**
**175 g Mehl sowie Mehl zum Bestäuben**
**1 EL Puderzucker**
**85 g weiche Butter**
**abgeriebene Schale von 1 Bio-Orange**
**1 Eigelb**

**FÜR DIE FÜLLUNG**

**200 g geschälte Mandeln**
**abgeriebene Schale und Saft von je 1 Bio-Orange und -Zitrone**
**2 EL Amaretto-Likör**
**200 g Butter**
**100 g Puderzucker**
**4 Eier**

**FÜR DIE GLASUR**

**175 g Orangenmarmelade mit kleinen Fruchtstücken**
**1 Spritzer Orangensaft**
**Puderzucker zum Bestäuben**

Dieses Mürbeteigrezept lässt sich gut in großen Mengen backen und dann einfrieren. Die Torteletts werden nur wenige Minuten im Ofen gebacken und mit einer köstlichen Kokoscreme gefüllt.

# KOKOSCREME-TORTELETTS

**ERGIBT 4 STÜCK** | **ZUBEREITUNG 30 MIN. + KÜHLEN** | **GARZEIT 20 MIN.**

KÜCHENUTENSILIEN

**4 geriffelte Tortelett-Förmchen (12 cm Ø) mit herausnehmbarem Boden**

ZUTATEN

**FÜR DIE FÜLLUNG**

**150 g Mehl sowie Mehl zum Bestäuben**
**100 g Butter, gewürfelt, sowie Butter zum Einfetten**
**50 g Zucker**
**1 Eigelb**
**etwas Vanillezucker**

**FÜR DIE FÜLLUNG**

**400 ml Kokosmilch aus der Dose**
**240 ml Milch**
**4 Eigelb**
**50 g Zucker**
**4 EL Speisestärke**
**etwas Vanillezucker**
**4 EL Kokosraspel**

1 Den Backofen auf 200 °C vorheizen. Die Förmchen einfetten. Für den Teig Mehl und Butter in einer Schüssel mit den Fingerspitzen reiben, bis eine bröselige Masse entstanden ist. Zucker, Eigelb und Vanillezucker dazugeben und alles zu einem weichen Teig kneten. Falls nötig, 1–2 EL kaltes Wasser dazugeben. In Frischhaltefolie einwickeln und 30 Minuten kühl stellen.

2 Für die Füllung Kokosmilch und Milch aufkochen. In einer hitzebeständigen Schüssel Eigelbe, Zucker, Stärke und Vanillezucker mit einem Schneebesen verrühren. Nach und nach unter Rühren die heiße Milch zugießen. Die Creme zurück in den Topf geben und bei mittlerer Hitze mit einem Holzlöffel rühren, bis sie andickt. Vom Herd nehmen und zugedeckt abkühlen lassen.

3 Den Teig vierteln und jedes Viertel auf der bemehlten Arbeitsfläche zu einem ausreichend großen Kreis ausrollen. Die Förmchen mit dem Teigkreis auskleiden, überhängenden Teig begradigen. Boden jeweils mit einer Gabel mehrmals einstechen und die Förmchen auf ein Backblech setzen. 30 Minuten kühl stellen.

4 Die Förmchen jeweils mit Alufolie auslegen und den Teig gut andrücken. Die Böden 5 Minuten backen, dann die Alufolie entfernen und die Böden noch einmal 5 Minuten backen. Abkühlen lassen.

5 In einer Pfanne ohne Fett die Kokosraspel bei mittlerer Hitze anrösten, dabei die Pfanne ab und zu rütteln. Die Böden aus den Förmchen lösen. 1 Stunde vor dem Servieren die Kokoscreme in den Förmchen verteilen und 1 Stunde kühl stellen. Mit gerösteten Kokosflocken bestreut servieren.

Diese gehaltvolle Süßspeise aus dem Orient wird kross gebacken und in Honigsirup getränkt. Am besten nach dem Abendessen mit einem starken Mokka servieren. Baklava lässt sich gut aufbewahren.

# BAKLAVA

**ERGIBT 36 STÜCK** **ZUBEREITUNG 50–55 MIN.** **GARZEIT 1½–2 STD.**

KÜCHENUTENSILIEN
tiefes Backblech (30×40 cm)
Zuckerthermometer (nach Belieben)

ZUTATEN

**FÜR DIE FÜLLUNG**
**250 g Pistazien, grob gehackt**
**250 g Walnusskerne, grob gehackt**
**50 g Zucker**
**2 TL gemahlener Zimt**
**1 gute Prise gemahlene Gewürznelken**

**FÜR DEN TEIG**
**500 g Filoteig**
**250 g Butter, zerlassen**

**FÜR DEN SIRUP**
**200 g Zucker**
**250 g Honig**
**Saft von 1 Zitrone**
**3 EL Orangenblütenwasser**

1 3–4 EL Pistazien beiseitestellen. Restliche Pistazien, Walnüsse, Zucker und Gewürze verrühren.

2 Den Backofen auf 180 °C vorheizen. 1 Filoteig-Blatt auf einem feuchten Küchentuch auslegen und mit einem weiteren bedecken. Das Backblech einfetten, mit 1 Teigblatt auskleiden und den Teig über den Rand schlagen. Mit Butter bestreichen und, falls nötig, an den Seiten umschlagen. Mit 1 weiteren Teigblatt bedecken, mit Butter bestreichen und in das Blech drücken. Vorgang insgesamt mit ⅓ des Teiges wiederholen. Dabei die Hälfte der Füllung auf dem Teig verteilen.

3 Mit einem weiteren Teigdrittel genauso verfahren und den Teig mit der restlichen Füllung bedecken. Den übrigen Teig auf die gleiche Weise darüber schichten, überhängenden Teig begradigen und mit der restlichen Butter bestreichen. Rautenmuster (je 4 cm) etwa 1 cm tief in den Teig schneiden. Die Baklava auf der unteren Schiene in 1¼–1½ Stunden goldbraun backen.

4 Für den Sirup Zucker und 250 ml Wasser in einem Topf erhitzen, bis sich der Zucker aufgelöst hat. Honig hineinrühren und alles 25 Minuten ohne Rühren kochen, bis der Sirup den »Kleinen Ballen«, d. h. eine Temperatur von 115 °C, erreicht hat. Oder den Sirup vom Herd nehmen und einen Teelöffel in den Sirup tauchen. Leicht abkühlen lassen und als Konsistenzprobe den Sirup zwischen Finger und Daumen zu einem weichen Ball rollen. Den Sirup lauwarm abkühlen lassen, dann Zitronensaft und Orangenblütenwasser hinzufügen.

5 Die Baklava aus dem Ofen nehmen und den Sirup darübergießen. Entlang der Einschnittstellen fast bis zum Boden des Backblechs in Rauten schneiden. Abkühlen lassen, dann den Teig an den markierten Stellen durchschneiden. Mit Pistazien bestreuen.

Die frittierten Teigtaschen sind ein Klassiker in Griechenland, wo man sie warm und mit Puderzucker bestäubt serviert. Statt Orangenblütenwasser können Sie auch Rosenwasser für die Füllung verwenden.

# BOUREKIA

ERGIBT 20–24 STÜCK

ZUBEREITUNG 20 MIN. + KÜHLEN

GARZEIT 10 MIN.

EINFRIEREN BIS ZU 2 MONATE

1 Für den Teig Mehl und Butter in einer Schüssel mit den Fingerspitzen reiben, bis eine lockerbröselige Masse entstanden ist. Nach Belieben Orangenblütenwasser hinzufügen, 4 EL kaltes Wasser dazugeben und alles zu einem Teig kneten. In Frischhaltefolie einwickeln und 30 Minuten kühl stellen.

2 Für die Füllung Ricotta, Zimt, Orangenschale, Zucker und nach Belieben Orangenblütenwasser in einer großen Schüssel verrühren und beiseitestellen.

3 Den Teig auf der bemehlten Arbeitsfläche so dünn wie möglich ausrollen, ohne dass der Teig dabei zu brüchig wird. 20–24 Kreise ausstechen (für ein schöneres Ergebnis eine geriffelte Ausstechform verwenden). Jeweils den Rand der Kreise mit verquirltem Ei bestreichen. 1 TL Füllung jeweils in die Teigmitte geben. Den Teigkreis von der Arbeitsfläche vorsichtig in eine Hand legen und zusammenklappen, sodass die Füllung nicht herauslaufen kann. Beiseitestellen und mit dem restlichen Teig genauso verfahren.

4 Eine ausreichende Menge Sonnenblumenöl etwa 3 cm hoch in eine große Bratpfanne gießen und erhitzen. Um zu prüfen, ob das Öl heiß genug ist, den Rand einer Teigtasche in das Öl tauchen. Sobald es brutzelt, ist das Öl heiß genug. Die Teigtaschen portionsweise in das Öl geben und bei mittlerer Hitze in 2–3 Minuten ausbacken, dabei gelegentlich wenden, bis sie goldbraun und aufgegangen sind.

5 Die Teigtaschen aus dem Öl heben, auf Küchenpapier abkühlen lassen. Mit reichlich Puderzucker bestäubt am besten heiß servieren.

KÜCHENUTENSILIEN

**runde Ausstechform (8 cm Ø)**

ZUTATEN

**FÜR DEN TEIG**

**200 g Mehl sowie Mehl zum Bestäuben**
**100 g weiche Butter**
**1 TL Orangenblütenwasser (nach Belieben)**
**1 Ei, verquirlt, zum Bestreichen**

**FÜR DIE FÜLLUNG**

**150 g Ricotta**
**½ TL gemahlener Zimt**
**abgeriebene Schale von 1 Bio-Orange**
**1 EL Zucker**
**1 TL Orangenblütenwasser (nach Belieben)**
**750 ml Sonnenblumenöl zum Frittieren**
**Puderzucker zum Bestäuben**

# REGISTER

Kursivierungen zeigen Grundteige sowie bebilderte Schritt-für-Schritt-Anleitungen an.

## A



## B



## C



## D



## E



## F